◎ 国家自然科学基金项目（42101172）资助

◎ 湖南科技大学学术著作出版基金资助

基础养老金全国统筹的省级政策协调研究

Research on Provincial Policy Coordination of National Pooling of Basic Pension

◎张松彪　著

吉林大学出版社

·长　春·

图书在版编目（CIP）数据

基础养老金全国统筹的省级政策协调研究 / 张松彪
著 . 一长春：吉林大学出版社，2023.3
ISBN 978-7-5768-1087-5

Ⅰ.①基… Ⅱ.①张… Ⅲ.①养老保险制度－研究－
中国Ⅳ.① F842.612

中国版本图书馆 CIP 数据核字 (2022) 第 217478 号

书　　名　基础养老金全国统筹的省级政策协调研究
　　　　　JICHU YANGLAOJIN QUANGUO TONGCHOU DE
　　　　　SHENGJI ZHENGCE XIETIAO YANJIU

作　　者　张松彪　著
策划编辑　李承章
责任编辑　安　斌
责任校对　王寒冰
装帧设计　朗宁文化
出版发行　吉林大学出版社
社　　址　长春市人民大街 4059 号
邮政编码　130021
发行电话　0431-89580028/29/21
网　　址　http://www.jlup.com.cn
电子邮箱　jdcbs@jlu.edu.cn
印　　刷　湖南省众鑫印务有限公司
开　　本　710 mm×1000 mm　1/16
印　　张　17
字　　数　280 千字
版　　次　2023 年 3 月　第 1 版
印　　次　2023 年 3 月　第 1 次
书　　号　ISBN 978-7-5768-1087-5
定　　价　98.00 元

张松彪　湖南株洲人，湖南科技大学商学院副院长、副教授、硕士生导师，经济学博士，湖南省青年骨干教师培养对象，湖南科技大学"奋进学者"高层次人才人选，主要从事金融经济学、创新经济学和劳动经济学等领域研究。近年来，主持国家级科研项目2项、省部级项目5项，参与完成国家社科基金重大项目2项。在《经济地理》《经济学动态》《经济评论》等CSSCI来源期刊或核心期刊发表论文20余篇，出版专著1部。获湖南省第十四届社会科学优秀成果一等奖1项。担任多家CSSCI期刊匿名审稿人。

前　言

　　自2010年《中华人民共和国社会保险法》规定"基本养老保险基金逐步实行全国统筹"之后，实现基础养老金全国统筹就频繁地出现在党和政府的重要相关文件中，并被连续列入了"十二五""十三五""十四五"规划目标。然而，在推动实现基础养老金全国统筹的过程中，受限于各地区执行养老保险政策的差异，这一工作进展并不顺利。事实上，到2020年基础养老金才实现省级层面的统收统支，推动实施基础养老金全国统筹的条件才真正成熟。按照党中央、国务院的决策部署，从2022年1月开始，正式推动实施基础养老金全国统筹。这是社会保障领域的重大事件，对建设全国统一大市场和实现经济社会高质量发展均有重要意义。

　　在这样的背景下，本书认为，推动实施基础养老金全国统筹关键在于协调好省级层面的养老保险政策。一方面，在较长时期的地区分割统筹体制下，各地区执行的养老保险政策存在较大差异，存在一定的区域利益失衡。另一方面，在推动基础养老金省级统筹的过程中，县级和市级层面的政策已经在各省内部实现了相对统一，区域间的利益失衡集中体现在各省之间。因此，抓住"省级政策协调"这一"牛鼻子"就能有效地推动实施基础养老金全国统筹。

　　本书按照"厘清省级政策协调的关键问题—寻找省级政策协调的理论依据和现实依据—提出省级政策协调方案"的思路展开研究，重点做了以下几项主要工作：

　　（1）详细梳理了基础养老金全国统筹的相关文献。从推进基础养老金全国统筹的动因、主要障碍和路径三条主线全方位呈现了相关学者的研究成果、主要观点及相关建议。通过对这些文献的梳理，本书基本上掌握该领域研究的前沿成果。

　　（2）将基础养老金省级政策不协调总结为缴费政策不协调、待遇政策不协调、转接政策不协调和补贴政策不协调四个方面。事实上，推动实施基础养老金全国统筹需要解决"怎么收""怎么支""怎么转""怎么补"四个关键问题，而恰恰在这四个方面都存在一定的省级政策不协调问题，本书对此进行了详尽的分析。

（3）阐释了用合作博弈来推动实施基础养老金全国统筹的思想。本书认为，在非合作博弈思想下，基础养老金全国统筹难以自发实现。因此，需要引导各博弈主体从非合作博弈转向合作博弈，通过做大合作剩余和制定公平的分配方案来推动实施基础养老金全国统筹。这在一定程度上为推动实施基础养老金全国统筹提供了理论依据。

（4）实证检验了基础养老金统筹层次提升过程中可能诱发的"少征"和"多发"行为。基础养老金统筹层次提升，地方政府的激励约束机制弱化，出于地方利益的考量，部分地方政府可能会放松对养老保险费的征缴，也可能会多发养老金待遇。因此，推动实施基础养老金全国统筹，需要谨防这类问题的发生。

（5）测度了基础养老金从省级统筹到全国统筹的政策效应。通过构建省级层面基础养老金收支模型，本书的测算结果表明，推动实现基础养老金从省级统筹到全国统筹，能够产生巨大的政策效应，可以有效增强养老保险基金的可持续性。这为推动实现基础养老金全国统筹提供了现实依据。

（6）考察了相关配套改革措施对推动实施基础养老金全国统筹的积极作用。本书利用系统动力学模型的仿真结果发现，在推动实施基础养老金全国统筹的同时，辅之以财政补贴政策、提高投资收益率政策、国有资本划转政策、提高遵缴率政策、提高养老金缴费率政策、降低养老金增长率政策、放开生育政策、延迟退休政策及其组合政策，能够进一步增强其政策效果。

（7）设计了一套基础养老金全国统筹的省级政策协调方案。本书的基本设计思路：通过缴费政策协调、待遇政策协调、转接政策协调和补贴政策协调实现基础养老金全国"统收、统支、统管、统兜"，进而实现基础养老金全国统筹。本书提出的这一协调方案有利于为实施基础养老金全国统筹提供解决思路和有益参考。

本书研究基础养老金全国统筹的省级政策协调，受研究对象和数据所限，调研结果未能包括我国的港澳台地区。为避免论述繁冗，本书将全国各省、自治区和直辖市统称为各省（省份），特此说明。

目 录

第1章 导论 ……………………………………………………………… 1

  1.1 研究背景和意义 ………………………………………………… 1

    1.1.1 研究背景 …………………………………………………… 1

    1.1.2 研究意义 …………………………………………………… 3

  1.2 研究对象的界定 ………………………………………………… 5

  1.3 研究思路、主要内容及方法 …………………………………… 6

    1.3.1 研究思路 …………………………………………………… 6

    1.3.2 主要内容 …………………………………………………… 7

    1.3.3 研究方法 …………………………………………………… 10

  1.4 主要观点、创新点与不足之处 ………………………………… 11

    1.4.1 主要观点 …………………………………………………… 11

    1.4.2 创新点 ……………………………………………………… 16

    1.4.3 不足之处 …………………………………………………… 18

第2章 文献综述 ………………………………………………………… 19

  2.1 推进基础养老金全国统筹的动因研究 ………………………… 20

    2.1.1 有关制度层面动因研究 …………………………………… 20

    2.1.2 有关社会层面动因研究 …………………………………… 21

    2.1.3 有关企业层面动因研究 …………………………………… 23

    2.1.4 有关个人层面动因研究 …………………………………… 23

  2.2 推进基础养老金全国统筹的主要障碍研究 …………………… 24

    2.2.1 区域利益失衡障碍 ………………………………………… 24

2.2.2 央地权责划分障碍 ·· 25

2.2.3 基金管理体制障碍 ·· 26

2.2.4 信息管理系统整合障碍 ·· 27

2.2.5 其他障碍因素 ·· 27

2.3 推进基础养老金全国统筹的路径研究 ·························· 28

2.3.1 关于推进步骤的争论 ·· 28

2.3.2 关于推进时机的选择 ·· 29

2.3.3 关于推进的相关方案及建议 ·································· 29

2.4 研究述评 ·· 32

第3章 基础养老金全国统筹的省级政策协调现状分析 ·········· 35

3.1 基础养老金统筹层次的演变 ·································· 35

3.1.1 全国统筹阶段（1951—1968） ································ 35

3.1.2 企业统筹阶段（1969—1985） ································ 36

3.1.3 县市级统筹与行业统筹并行阶段（1986—1997） ········· 37

3.1.4 县市级统筹为主阶段（1998—2008） ······················ 38

3.1.5 省级统筹阶段（2009—2017） ································ 38

3.1.6 省级统筹与中央调剂并行阶段（2018—2021） ············ 39

3.1.7 全国统筹实施阶段（2022—） ······························ 40

3.2 基础养老金省级政策不协调的主要方面 ···················· 40

3.2.1 缴费政策不协调 ·· 40

3.2.2 待遇政策不协调 ·· 45

3.2.3 转接政策不协调 ·· 50

3.2.4 补贴政策不协调 ·· 52

3.3 基础养老金省级政策不协调的主要影响因素 ··············· 56

3.3.1 区域经济发展不平衡 ·· 56

3.3.2 各省养老负担苦乐不均 ·· 60

3.3.3 基金结余集中于少数发达省份 ································ 60

  3.3.4 历史债务未能妥善处理 …………………………… 62
3.4 本章小结 …………………………………………………… 63

第4章 基础养老金全国统筹的省级政策协调理论分析 ……… 65
4.1 理论基础 …………………………………………………… 65
  4.1.1 社会保险理论 …………………………………… 65
  4.1.2 权利配置理论 …………………………………… 67
  4.1.3 制度变迁理论 …………………………………… 68
  4.1.4 博弈论 …………………………………………… 69
4.2 非合作博弈分析 …………………………………………… 71
  4.2.1 中央政府与省级政府之间的博弈分析 ………… 71
  4.2.2 省级政府之间博弈分析 ………………………… 74
  4.2.3 地方政府与企业之间的博弈分析 ……………… 75
  4.2.4 地方政府与退休职工之间的博弈分析 ………… 78
4.3 合作博弈分析 ……………………………………………… 81
  4.3.1 各省参与合作博弈的可能性 …………………… 81
  4.3.2 合作博弈的夏普利值法 ………………………… 83
  4.3.3 省级政府之间的合作博弈分析 ………………… 84
  4.3.4 流动人口、户籍地和流入地之间的合作博弈分析 … 87
4.4 构建利益均衡机制的关键点 ……………………………… 89
  4.4.1 尽可能做大合作博弈剩余 ……………………… 89
  4.4.2 分配要体现平均边际贡献 ……………………… 89
  4.4.3 承诺长期利益补偿协议 ………………………… 90
  4.4.4 明确中央与地方政府的财政补贴责任 ………… 90
  4.4.5 建立基金征缴的激励机制 ……………………… 91
  4.4.6 规范养老金待遇计发与调整办法 ……………… 91
  4.4.7 切实保障流动人口养老金权益 ………………… 92
4.5 研究假说 …………………………………………………… 92

4.6 本章小结 ……………………………………………… 93

第5章 统筹层次提升与省级基础养老金缴费政策不协调的实证分析 ………… 95

5.1 关键指标的选取 …………………………………… 95

5.1.1 统筹层次指标 …………………………………… 95

5.1.2 征缴政策效果指标 ……………………………… 96

5.1.3 征缴机构指标 …………………………………… 98

5.2 研究设计 …………………………………………… 98

5.2.1 计量模型的构建与变量说明 …………………… 98

5.2.2 数据来源 ………………………………………… 99

5.2.3 描述性统计 ……………………………………… 99

5.3 回归结果及分析 …………………………………… 100

5.3.1 基准回归结果分析 ……………………………… 100

5.3.2 分区域回归分析 ………………………………… 104

5.3.3 分不同征缴机构回归分析 ……………………… 108

5.3.4 分不同省级统筹模式回归分析 ………………… 109

5.4 本章小结 …………………………………………… 111

第6章 全国统筹背景下省级基础养老金待遇政策不协调的实证分析 ………… 113

6.1 典型事实 …………………………………………… 113

6.2 不平等指标、模型及数据 ………………………… 116

6.2.1 不平等指标选取 ………………………………… 116

6.2.2 模型的构建 ……………………………………… 118

6.2.3 数据来源 ………………………………………… 119

6.3 养老金待遇不平等的测度及分析 ………………… 120

6.3.1 基于绝对不平等指标分析 ……………………… 120

6.3.2 基于相对不平等指标分析 ……………………… 121

6.3.3 不平等分解分析 ………………………………… 122

6.4 基于空间杜宾模型的回归分析 …………………… 123

6.4.1　空间相关性检验 ……………………………………… 123

6.4.2　基准回归结果分析 …………………………………… 124

6.4.3　分时段回归分析 ……………………………………… 128

6.4.4　稳健性分析 …………………………………………… 130

6.5　本章小结 …………………………………………………… 131

第7章　基础养老金全国统筹的省级政策协调效应测算 ………… 133

7.1　基本假设与测算模型的构建 …………………………… 133

7.1.1　基本假设 ……………………………………………… 133

7.1.2　测算模型的构建 ……………………………………… 134

7.2　参数设定与数据说明 …………………………………… 137

7.2.1　参数设定 ……………………………………………… 137

7.2.2　数据说明 ……………………………………………… 140

7.3　基准测算结果及分析 …………………………………… 140

7.3.1　年度基金缺口（或结余）测算结果及分析 ………… 140

7.3.2　累计基金缺口（或结余）测算结果及分析 ………… 143

7.3.3　人口出生率的敏感性分析 …………………………… 146

7.4　促进基础养老金全国统筹的相关政策效应分析 ……… 152

7.4.1　养老保险基金中央调剂的效应测算及分析 ………… 152

7.4.2　缴费政策协调的效应测算及分析 …………………… 156

7.4.3　待遇政策协调的效应测算及分析 …………………… 164

7.4.4　综合政策协调的效应测算及分析 …………………… 166

7.5　本章小结 …………………………………………………… 168

第8章　基础养老金全国统筹的系统动力学政策仿真模拟 ……… 171

8.1　系统动力学政策仿真的主要步骤 ……………………… 171

8.2　系统动力学政策仿真模型的构建 ……………………… 172

8.2.1　建模目的及假设 ……………………………………… 172

8.2.2　确定系统边界 ………………………………………… 174

8.2.3 因果关系图 ······ 174

8.2.4 模型主要变量方程及参数设定 ······ 175

8.3 政策仿真结果及分析 ······ 177

8.3.1 基准政策仿真结果及分析 ······ 177

8.3.2 财政补贴政策仿真结果及分析 ······ 178

8.3.3 国有资本充实养老保险基金政策仿真结果及分析 ······ 179

8.3.4 提高投资收益率政策仿真结果及分析 ······ 180

8.3.5 提高遵缴率政策仿真结果及分析 ······ 181

8.3.6 提高养老保险缴费率政策仿真结果及分析 ······ 182

8.3.7 降低养老金增长率政策仿真结果及分析 ······ 183

8.3.8 进一步放开生育政策的仿真结果及分析 ······ 184

8.3.9 延迟退休政策仿真结果及分析 ······ 185

8.4 综合政策仿真结果及分析 ······ 187

8.4.1 不考虑延迟退休的综合政策仿真及分析 ······ 188

8.4.2 仅考虑"新人"延迟退休的综合政策仿真及分析 ······ 189

8.4.3 考虑"中人"和"新人"均延迟退休的综合政策仿真及分析

······ 194

8.5 本章小结 ······ 198

第9章 基础养老金统筹层次提升的典型案例及启示 ······ 201

9.1 陕西实现基础养老金省级统筹的政策协调及启示 ······ 201

9.1.1 陕西推进省级统筹的背景及动因 ······ 201

9.1.2 陕西推进省级统筹的主要做法及分析 ······ 203

9.1.3 陕西实施省级统筹的主要启示 ······ 204

9.2 湖南实现基础养老金省级统筹的政策协调及启示 ······ 205

9.2.1 湖南推进省级统筹的背景及动因 ······ 205

9.2.2 湖南推进省级统筹的主要做法及分析 ······ 207

9.2.3 湖南实施省级统筹的主要启示 ······ 209

9.3　广东实现基础养老金省级统筹的政策协调及启示 ………… 210

　　9.3.1　广东推进省级统筹的背景及动因 ………… 210

　　9.3.2　广东推进省级统筹的主要做法及分析 ………… 212

　　9.3.3　广东实施省级统筹的主要启示 ………… 213

9.4　本章小结 ………… 215

第10章　基础养老金全国统筹的省级政策协调方案设计 ………… 217

10.1　方案设计原则和思路 ………… 217

　　10.1.1　设计原则 ………… 217

　　10.1.2　设计思路 ………… 218

10.2　具体省级政策协调方案设计 ………… 219

　　10.2.1　缴费政策协调方案 ………… 219

　　10.2.2　待遇政策协调方案 ………… 221

　　10.2.3　转接政策协调方案 ………… 225

　　10.2.4　补贴政策协调方案 ………… 226

10.3　相关配套政策改革建议 ………… 228

　　10.3.1　合理实施延迟退休政策 ………… 228

　　10.3.2　提高国有资本收益充实养老保险基金的比例 ………… 228

　　10.3.3　提高养老保险基金投资收益率 ………… 229

　　10.3.4　进一步放开生育政策 ………… 230

　　10.3.5　继续扩大全国社会保障基金规模 ………… 230

　　10.3.6　建立基础养老金全国统筹工作协调委员会 ………… 231

10.4　本章小结 ………… 231

参考文献 ………… 233

附录：参考的主要政策文件 ………… 251

后记 ………… 257

第1章 导 论

1.1 研究背景和意义

1.1.1 研究背景

党的十九大报告明确提出"尽快实现养老保险全国统筹","十四五"规划①更是将"实现基本养老保险全国统筹"列为既定目标。其实,早在1987年3月,国家体改委、劳动人事部就开始呼吁要提高基础养老金的统筹层次,鼓励有条件的地方可以进行全省统筹试点,自此拉开了基础养老金统筹层次提升的序幕。1991年,《国务院关于企业职工养老保险制度改革的决定》明确提出"尚未实行基本养老保险基金省级统筹的地区,要积极创造条件,由市、县统筹逐步过渡到省级统筹"。然而,收效甚微,在很长的一段时间内基础养老金的统筹层次都集中在"县级统筹"和"市级统筹"。后来,《国务院关于实行企业职工基本养老保险省级统筹和行业统筹移交地方管理有关问题的通知》明确提出在1998年底以前实现企业职工基本养老保险省级统筹的设想,但受限于当时的经济社会条件,依旧未能实现。为改变这一局面,2007年劳动和社会保障部、财政部联合下发了《关于推进企业职工基本养老保险省级统筹有关问题的通知》,明确提出了企业职工基本养老保险省级统筹的六个标准,这对加快实现省级统筹起到了积极作用。到2009年,全国所有省级行政区都制定了省级统筹制度,但严格来说,仅有少数几个省市实现了真正意义上的省级统筹,绝大部分省份采取的还是省级调剂金制度。在此基础上,2010年,《中华人民共和国社会保险法》第八章第六十四条规定,"基本养老保险基金逐步实行全国统筹"。同年,"十二五"规划也提出"实现基础养老金全国统筹",2012年党的十八大报告、2013年党的十八届三中全会、2015年党的十八届五中全会均提出"实现基础养老金全国统筹",但这一目标在当时并未实现。到了

---

① 《中华人民共和国国民经济和社会发展第十四个五年规划和2035年远景目标纲要》的简称。

"十三五"规划时期,国家继续将"实现职工基础养老金全国统筹"作为奋斗目标,但由于当时省级统筹工作开展尚不平衡,一些地区还存在政策不统一、管理不规范等问题,给推动实现基础养老金全国统筹造成了很大的阻力(夏杰长 等,2016;曹光源,2017;刘畅,2018)。为此,人社部和财政部在 2017 年联合发布了《关于进一步完善企业职工基本养老保险省级统筹制度的通知》,进一步规范了省级统筹的标准,并强调要在"六个统一"标准的基础上实现基本养老保险省级统收统支。为了减轻改革阻力,人社部从 2018 年开始在全国实施了基本养老保险基金中央调剂制度,迈出了基础养老金全国统筹的第一步(戈戈,2018),但这并非真正意义上的全国统筹。严格来说,直到 2020 年我国才基本实现了基础养老金省级统收统支,并未在"十三五"时期实现基础养老金全国统筹的目标。由此可见,推进基础养老金全国统筹的难度之大。

与此同时,在多年严格执行的计划生育政策和人均预期寿命延长等综合因素作用下,我国的人口老龄化问题越来越严重。根据第七次全国人口普查公布的关键数据显示,我国 60 岁及以上人口占比已经高达 18.70%,65 岁及以上人口占比也达到了 13.50%,距离深度人口老龄化只有一步之遥①。在严峻的人口老龄化挑战下,有关基础养老金的公平性和可持续性问题引发了社会广泛关注(田月红 等,2016;彭希哲,2018;杨宜勇 等,2019;郑功成,2020;龙玉其,2020)。不少研究指出,我国企业职工基本养老保险基金在未来将面临较大的收支缺口,为避免出现养老金债务危机,需要尽早采取相关应对措施(刘学良,2014;王晓军 等,2016;王红茹,2017;彭浩然 等,2018)。然而,由于历史原因和多种因素掣肘,我国的企业职工基本养老保险依旧停留在省级统筹阶段(郑功成,2015;薛惠元 等,2017)。在省级统筹体制下,一方面,全国层面存在大量的基本养老保险基金累计结余,2020 年,企业职工基本养老保险基金累计结余已经高达 48 317 亿元;但另一方面,大部分的结余集中在东部地区的少数几个发达省份,如果剔除政府财政补贴,已经有超过一半的省份在当期出现了收不抵支(郑秉文 等,2012)。这一局面在实施

---

① 根据国际通行的划分标准,当一个国家或地区的65岁及以上人口占比超过7%就进入了老龄化社会;当这一占比超过14%就进入了深度老龄化社会;当这一占比超过20%就进入了超级老龄化社会。

了养老保险基金中央调剂制度之后虽有所缓解，但各省之间的余缺调剂矛盾依旧很大，很难在省级统筹层次上得到妥善解决。为此，积极应对人口老龄化，推动实现基础养老金全国统筹的呼声高涨（董登新，2018；李纪恒，2020）。按照党中央、国务院的决策部署，从 2022 年 1 月开始，正式推动实施基础养老金全国统筹，这是社会保障领域的重大事件，对建设全国统一大市场和实现经济社会高质量发展均有重要意义。

基于这样的政策背景和现实背景，本书认为，在较长时期的地区分割统筹体制下，各地区执行的养老保险政策存在较大差异，已经造成了一定的区域利益失衡。目前，基础养老金由省级统筹提升至全国统筹，关键是要做好"省级政策协调"这一工作，这样才能真正有效地实施基础养老金全国统筹。因此，研究基础养老金全国统筹的省级政策协调问题具有重要的理论意义和现实意义。

1.1.2 研究意义

本书旨在通过协调好省级层面的养老保险政策来高质量实施基础养老金全国统筹工作，其研究意义主要体现为以下几个方面：

第一，本书的研究有利于拓展社会保险理论、权利配置理论、制度变迁理论和博弈论等在基础养老金全国统筹领域的应用研究，具有较好的学术研究价值。基础养老金全国统筹本质上是为了更好地保障职工的养老金权益，促进社会公平和劳动力合理流动，确保制度的公平性和可持续性；而省级政策协调则是为了在此基础上更好地均衡各省级统筹单位之间的利益关系。因此，从养老金制度的属性来看，必然涉及社会保险理论；从养老金的保障对象来看，必然涉及权利配置理论；从基础养老金统筹层次提升来看，必然涉及制度变迁理论；从省级政策协调来看，必然涉及博弈论。尤其是博弈论的分析，既涉及省级政策不协调的非合作博弈分析，又涉及实现省级政策协调的合作博弈分析。这就有利于从理论上深化基础养老金全国统筹的研究内容，为实施基础养老金全国统筹提供理论基础。

第二，本书的研究有利于为政府进一步推进基础养老金全国统筹工作提供决策参考，具有较强的应用价值。本书通过调研和剖析省级层面的养老保险政策，找出了各省由省级统筹向全国统筹推进的难点，深入剖析了其不协调背后的原因，并在此基础上提出了基础养老金全国统筹的省级政策协调方案。具体而言，本书在现状分析、理论分析和实证分析的基础上，重点依据缴费政策、待遇政策、转接政策和补贴政策设计了具体的协调方案，并提出了相关配套政策改革建议，对破解当前基础养老金全国统筹的难题具有较大的参考价值和应用价值。

第三，本书的研究有利于丰富基础养老金全国统筹领域的文献，打开从"养老保险省级政策协调"的视角对此进行研究的新思路。从现有文献研究来看，大部分专家和学者均认为区域利益失衡是阻碍基础养老金全国统筹的最大障碍，这一点已经取得了学界的共识。事实上，造成地区间养老金利益失衡的根本原因是各地区执行的养老保险政策存在较大差异，因此，要实现区域间养老保险的利益均衡，关键是要协调好各地区之间的养老保险政策，这才是解决基础养老金全国统筹难题的症结所在。然而，从这一视角来对此进行研究的文献还相对较少，或者缺乏较为系统性的分析，本书的研究正好能够在一定程度上弥补这一不足，也可以引导相关学者从这一视角展开研究。

第四，本书的研究有利于厘清基础养老金全国统筹的来龙去脉，清晰呈现基础养老金统筹层次提升的历史逻辑。新中国成立以来，企业职工基本养老保险制度的统筹层次大致经历了全国统筹、企业统筹、县市级统筹与行业统筹并行、县市级统筹为主、省级统筹、省级统筹与中央调剂并行、全国统筹实施七个阶段，每一个阶段都有其特定的历史背景和特征，通过对每一阶段背后的改革逻辑进行梳理和分析，能够进一步明确未来基础养老金全国统筹的方向和重点工作。本书的这一工作使得设计出的协调方案或提出的改革建议能够更加"接地气"，有效避免与现实改革逻辑"脱节"的问题，能够更好地据此指导实践。

第五，本书的研究有利于贯彻"协调"和"共享"的新发展理念，推动"双循环"新发展格局的构建。一方面，本书的研究较好地贯彻了"协调"发展的理念。"协调"是五大发展理念之一，其本质内涵是要坚持统筹兼顾、综合平衡，把发散的局部功能整体化，把分散的部分系统化，在均衡协调发展中实现整个社会的福利最大化。本书聚焦于基础养老金全国统筹过程中的省级政策协调问题，本质上来说也是"协调"发展理念的重要内容之一，是要促进各省养老保险利益的协调，进而实现整个社会的养老金福利最大化。另一方面，本书的研究也较好地贯彻了"共享"发展理念。基础养老金实现全国统筹能够在全国范围内实现余缺调剂，均衡各省的养老缴费负担，使得偏远落后地区也能较为公平地共享经济社会发展的成果，真正体现社会养老保险互助共济的功能。本书自始至终都把"共享"发展理念作为出发点和落脚点，显然是对这一理念的遵循和具体化运用。在贯彻"协调"和"共享"新发展理念的基础上，做好基础养老金全国统筹实施工作，有利于构建全国统一的劳动力市场和促进人才合理流动，进而推动"双循环"新发展格局的构建。

1.2　研究对象的界定

新中国成立70多年来，我国的基本养老保险制度体系不断完善，逐步形成了以城镇职工基本养老保险和城乡居民基本养老保险为主体的基本养老保险体系。前者主要覆盖城镇就业职工，包含企业职工基本养老保险和机关事业单位工作人员基本养老保险[①]；后者则主要覆盖农村居民和城镇非就业居民。然而，就本书的研究对象而言，仅限于企业职工基本养老保险制度中的基础养老金部分。具体来讲，我国企业职工基本养老保险实行的是"统账结合"的模式，统筹账户的养老保险基金主要由企业缴费筹集，由统筹单位在全社会进行统筹使用，实行现收现付制；个人账户的养老保险基金主要由职工个人缴费积累筹集，归职工个人所有，实行基金积累制。本书研究的对象为前者，即统筹账户的养老保险基金，也称为基础养老金。需要注意的是，在中央或地方政府的相关政策文件中对此的提法存在一些细微的差异，如在《中华人民共和国社会保险法》中对此的提法是"基本养老保险基金"，"十二五"规划的提法是"基础养老金"，"十三五"规划的提法是"职工基础养老金"，党的十九大报告的提法是"养老保险"，"十四五"规划的提法则是"基本养老保险"，尽管存在这些差异，但其所指的对象是明确的，即企业职工基本养老保险中的基础养老金部分，因此，本书将尽量统一用"基础养老金"来对此行文。

对于"全国统筹"这一概念的内涵，部分文献对此存在一定的争议。少部分学

---

① 目前，机关事业单位基本养老保险基金单独建账，与企业职工基本养老保险基金分别管理使用。

者认为基础养老金实行中央调剂就算实现了全国统筹，理由是已经实现了基本养老保险基金在全国范围内的调剂使用；但更多的学者认为，只有实现了基础养老金在全国层面的统收统支才能算是真正意义上的全国统筹（何文炯，2018；董登新，2018）。本书遵循学术界主流的看法，认为后者才是基础养老金全国统筹的真正内涵，这也与政府文件的精神相一致。因此，本书将基础养老金在全国层面统收统支界定为全国统筹。

另外，由于基础养老金在2020年已经基本实现省级统筹，实施基础养老金全国统筹的重点应该是关注各省养老保险政策不协调问题，即更加关注省级层面的养老保险政策差异分析，对省级层面以下的养老保险政策虽然也有所涉及，但不做重点分析，这是由本书的研究目的所决定的。

总之，本书的研究对象为中国企业职工基本养老保险制度中的基础养老金全国统筹问题，重点研究各省级统筹单位之间的养老保险政策协调问题，以期通过省级政策协调更好地做好基础养老金全国统筹实施工作。

1.3 研究思路、主要内容及方法

1.3.1 研究思路

本书按照"厘清省级政策协调的关键问题——寻找省级政策协调的理论依据和现实依据——提出省级政策协调方案"的研究思路，分为四大部分进行研究，如图1-1所示。首先，在对相关文献进行详尽梳理之后，提出本书的研究视角和重点方向，对基础养老金省级政策不协调的现状进行剖析。然后，在此基础上阐释省级政策协调的理论基础，包括社会保险理论、权利配置理论、制度变迁理论和博弈理论模型，并运用非合作博弈和合作博弈模型对其进行深入分析，据此提出构建利益均衡机制的几个关键点和研究假说。接着，运用相关实证分析方法对此进行检验：一是对基础养老金统筹层次提升过程中省级政策不协调可能产生的问题进行检验；二是对实现基础养老金全国统筹的预期政策效果进行测算和政策仿真；三是选择基础养老金统筹层次提升的典型案例进行剖析。据此，探索到省级政策协调的可行路径。最后，在现状分析、理论分析和实证分析的基础上设计具体的省级政策协调方案。

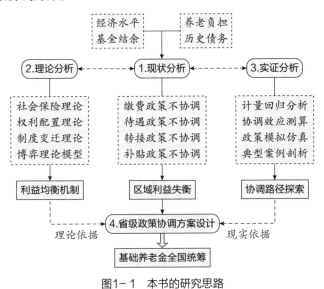

图1-1　本书的研究思路

1.3.2　主要内容

第1章：导论。本部分首先交代了本书研究的政策背景和现实背景，并对本书的研究意义和价值进行了阐释。其次，对本书研究对象进行了界定，厘清了一些关键的概念和范畴。再次，对本书的研究思路、研究章节内容和主要研究方法进行了简要阐述。最后，重点阐释了本书的主要观点、创新之处和不足之处。

第2章：文献综述。此部分按照"为什么要推进全国统筹—全国统筹的主要障碍是什么—如何来进行全国统筹"的脉络来对相关文献进行梳理。首先，从制度层面、社会层面、企业层面和个人层面梳理了推动基础养老金全国统筹的动因。其次，综合相关文献，将基础养老金全国统筹的主要障碍归纳为区域利益失衡障碍、央地权责划分障碍、基金管理体制障碍、信息管理系统整合障碍和其他障碍等。再次，对现有专家和学者关于推进基础养老金全国统筹路径的一些观点进行了阐述，主要包括关于基础养老金全国统筹推进步骤的争论、推进时间的把握、推进的相关方案和举措等。最后，对此进行了研究述评，并提出了本书研究视角和重点突破方向。

第3章：基础养老金全国统筹的省级政策协调现状分析。此部分先对我国基础养老金统筹层次的演变历程进行了跟踪，按照每个阶段统筹层次的主要特点，大致经历了全国统筹、企业统筹阶段、企业统筹与行业统筹并行阶段、县市级统筹为主阶段、省级统筹阶段、省级统筹和中央调剂并行阶段。然后，对基础养老金省级政策不协调的主要方面进行了分析，包括缴费政策不协调、待遇政策不协调、转接政策不协调和补贴政策不协调四个方面。最后，对造成基础养老金省级政策不协调的主要影响因素进行了剖析，主要包括经济发展水平差异、养老负担差异、基金结余差异和历史债务差异等，正是这些因素的综合影响造成了养老保险区域利益失衡。

第4章：基础养老金全国统筹的省级政策协调理论分析。本部分首先对基础养老金全国统筹和省级政策协调的理论基础进行了阐释，包括社会保险理论、权利配置理论、制度变迁理论和博弈论。然后，重点运用非合作博弈模型分析了省级政策不协调的行为，运用合作博弈模型分析省级政策协调的可能性。接着，在理论上提出了构建利益均衡机制需要把握的几个关键点，包括尽可能做大合作剩余、分配要体现平均边际贡献、承诺长期利益补偿协议、明确中央与地方的财政补贴责任、建立基金征缴的激励机制、规范养老金待遇计发与调整办法和切实保障流动人口养老金权益等。最后，据此提出了本书需要进行实证分析的几个研究假说。

第5章：统筹层次提升与省级基础养老金缴费政策不协调的实证分析。此部分主要探究在基础养老金统筹层次由县市级统筹向省级统筹演变的过程中，对基础养老金缴费政策效果的影响。具体而言，基于相关数据构建计量回归模型，主要探讨基础养老金统筹层次提升是否会带来征缴激励的弱化或扩面的受阻等，以及是否与征缴机构选择有关等问题。据此，提出在基础养老金全国统筹过程中需要注意的一些省级缴费政策协调问题。

第6章：全国统筹背景下省级基础养老金待遇政策不协调的实证分析。此部分主要运用空间计量回归模型来检验在全国统筹背景下省级基础养老金待遇政策不协调问题。具体而言，通过构建地理空间权重矩阵和经济距离空间权重矩阵，在对基础养老金全国统筹的预期下，对各省之间的基础养老金待遇调整是否存在"拉高看齐"的"攀比效应"进行考察。据此探究到基础养老金统筹层次提升可能带来待遇政策不协调问题，为提出相应的待遇政策协调方案提供参考。

　　第 7 章：基础养老金全国统筹的省级政策协调效应测算。本部分主要是对实现基础养老金全国统筹的政策效果进行测算，即在假定实现省级政策协调的前提下，预计基础养老金全国统筹预期能够达到的政策效果。具体而言，通过构建省级层面基础养老金收支模型，在一定的参数假定下对各省基础养老金的可持续性进行测算，得到基准的测算结果。然后，通过将全国统筹的一些政策在此基础上进行模拟比较，得出促进基础养老金全国统筹相关政策的效果。最后，通过综合比较分析，测算出基础养老金全国统筹的预期效果，为实施基础养老金全国统筹提供现实依据。

　　第 8 章：基础养老金全国统筹的系统动力学仿真模拟。本部分则是运用系统动力学模型对基础养老金全国统筹的政策效果及相关配套政策效果进行仿真模拟。具体而言，通过构建系统动力学模型，对实现基础养老金全国统筹后的一些政策参数进行模拟仿真，先测算得到基准政策仿真结果，在此基础上，再对投资收益率、国有资本收益充实养老保险基金、财政补贴政策、提高遵缴率政策、提高养老金缴费率政策、降低养老金增长率政策、放开生育政策、延迟退休政策和综合政策效果进行仿真模拟，并考虑了不同延迟退休方案对基础养老金全国统筹的政策效果的影响。据此，为最终提出有效的省级政策协调方案提供可靠的依据。

　　第 9 章：基础养老金统筹层次提升的典型案例比较及启示。基础养老金从省级统筹向全国统筹过渡与各省从县、市级统筹向省级统筹过渡所面临的政策协调问题存在一定类似性，通过选择部分实现了真正意义上的省级统筹的省份进行案例剖析，对提出基础养老金省级政策协调方案具有重要的借鉴意义。本部分主要是选取西部的陕西省、中部的湖南省和东部的广东省作为典型省份，分析其从县市级统筹向省级统筹过渡过程中的做法，总结其中的经验教训，为本书最终提出省级政策协调方案提供有益启示。

　　第 10 章：基础养老金全国统筹的省级政策协调方案设计。综合前面的现状分析、理论分析和实证分析，本部分主要在遵循一定的原则和思路下，设计出具体的省级政策协调方案，主要包括缴费政策、待遇政策、转接政策和补贴政策协调方案，并在此基础上提出相关配套政策改革建议，以期推动实现基础养老金全国统筹。

1.3.3　研究方法

（1）调查研究法。在研究过程中，笔者奔赴广东、陕西、湖南、贵州、云南、江西、山东等多个地区进行了实地调研和政策访谈，获取了丰富的数据资料。与此同时，笔者专门走访了多位学术界的专家，对整个书稿的研究框架和思路做了进一步的优化和调整，并对书稿研究过程中的一些关键问题进行了咨询，获得了较好的解答和指导。另外，笔者还专门咨询了部分人社系统、财务系统和税务系统等相关实务领域从业人员，对部分政策的出台和实施等问题进行了交流和探讨，这为本书开展政策研究提供了极大的便利。

（2）比较分析法。一方面，本书对比分析了各省级统筹单位之间的养老保险政策差异，以厘清省级政策协调的关键问题和原因；另一方面，本书对比分析了现有基础养老金全国统筹方案之间的异同，找出其中的可取之处和需要改进之处。

（3）案例分析法。本书分别选取了东部、中部和西部的一个典型省份作为案例进行剖析，主要分析这些省份从县市级统筹向省级统筹过渡过程中的一些做法或模式，以总结经验和教训，为基础养老金从省级统筹迈向全国统筹过渡提供启示和借鉴。

（4）计量回归分析法。本书的第5章和第6章运用计量回归分析方法考察了基础养老金统筹层次提升过程中省级缴费政策和待遇政策不协调的效果，实证检验了基础养老金统筹层次提升可能带来的"少征"和"多发"的可能，这本质上是由于激励约束机制弱化。通过计量回归方法的运用，能够较为准确地为基础养老金全国统筹的省级政策协调提供现实依据。

（5）统计精算测算法。基础养老金从省级统筹向全国统筹过渡可能带来多大的政策效果？为回答这一问题，本书在第7章专门构建统计精算模型，测算了基础养老金全国统筹对养老保险基金可持续的影响，并分别考察了各相关政策效果，这为推动实现基础养老金全国统筹提供了可靠的测算依据。

（6）政策仿真法。为回答基础养老金全国统筹的相关政策参数如何确定，本书建立了系统动力学（SD）模型对此进行政策仿真，对相关政策参数进行了校准和比较。在具体操作时，本书运用了VENSIM仿真软件，模拟了不同政策参数下基础养老金全国统筹的政策效果，具体见本研究报告第8章。

1.4　主要观点、创新点与不足之处

1.4.1　主要观点

（1）基础养老金全国统筹的关键在于协调好省级层面的养老保险政策。多年分割统筹带来的区域利益失衡对实施基础养老金全国统筹造成了较大的阻力。本书认为，在地区分割统筹体制下，各地区执行的养老保险政策存在较大差异，是导致区域利益失衡格局难以协调的根本原因。将基础养老金统筹层次由省级层面提升至全国层面，关键是要抓住"省级政策协调"这一"牛鼻子"。

（2）基础养老金省级政策不协调集中表现为缴费政策不协调、待遇政策不协调、转接政策不协调和补贴政策不协调。由于各省在经济发展水平、养老负担、基金结余和历史债务等方面存在较大差异，造成了省级层面养老保险政策不协调。缴费政策不协调主要表现为各省执行的基础养老金缴费率不统一、缴费基数存在一定差异、征收管理体制仍待理顺、征缴力度大小不一等。待遇政策不协调主要表现为绝对养老金待遇与相对养老金待遇不匹配、部分地区养老金增长与工资增长呈现出"倒挂"现象、养老金调整政策与地区养老负担关联性较低、养老金待遇调整政策未能充分考虑到基金的可持续性等。转接政策不协调主要表现为转入地和转出地之间存在"愿转不愿接"的现象、流动人口在不同省份退休领取养老金待遇差别很大、部分参保人员养老保险关系转移接续依旧存在不小困难等。补贴政策不协调主要表现为政府对养老保险基金的财政补贴规模越来越大、不同省份需要承担的养老金财政补贴责任存在较大差异、不同省份建立的省、市、县各级政府的基金缺口分担机制不统一等。

（3）实施基础养老金全国统筹需要用合作博弈的思想来协调各利益主体之间的关系。在省级政策协调的过程中，由于各博弈主体存在利益冲突，如果任其在个体理性的前提下进行非合作博弈，则很难自发实现基础养老金全国统筹，因此，需要引导各博弈主体从非合作博弈转向合作博弈。按照合作博弈的思想，各省级统筹单位之所以愿意通过合作博弈，推动实现基础养老金全国统筹，一个最为根本的前提就是能够产生较大的合作剩余，这就要求必须尽可能做大合作博弈剩余。与此同时，必须制定一个较为"公平"的分配方案，确保各博弈主体参与大联盟能

够获取比"单干"更大的预期收益，或者至少不低于"单干"时的收益。根据本书的研究，这种"公平"分配的方案可以遵循夏普利值方法进行分配，即分配要体现平均边际贡献。

（4）基础养老金统筹层次提升会在一定程度上弱化地方政府的征缴激励，从而导致部分地方政府纵容企业"逃费"现象，产生"少征"行为。本书的实证研究表明：第一，整体来看，基础养老金从县市级统筹提升到省级统筹会在一定程度上降低养老保险的实际缴费率和足额征缴率，但这一负面影响主要出现在东部地区和由税务机关负责征缴的地区，在中西部地区和由社保经办机构征缴的地区这一负面影响不显著。第二，基础养老金由县市级统筹提升到省级统筹能够在一定程度上提高养老保险参保率，有利于保障劳动者的养老金权益，实现基本养老保险由制度全覆盖向人员全覆盖转变。第三，就"省级调剂金"和"省级统收统支"两种省级统筹模式而言，在2005—2010年间，"省级调剂金"模式有利于提高参保率，但不利于提高养老保险实际缴费率和足额征缴率，而"省级统收统支"模式则对此的影响方向相反；在2011—2019年间，推动基础养老金从"省级调剂金"模式转变为"省级统收统支"模式则是一件顺理成章的事情，并未产生负面影响。第四，在基础养老金统筹层次提升过程中地方征缴机构采取的"少征"行为，主要是通过降低养老保险实际缴费率和适用较低的养老保险缴费基数这种相对"隐性"的行为实现的，而不会采取降低养老保险参保率这类"显性"行为。

（5）在基础养老金全国统筹的预期下，各省级统筹单位维持基金收支平衡的压力被弱化，一定程度上出现了养老金省际福利竞赛行为，即"多发"养老金待遇。本书的实证研究表明：第一，绝大多数省份的养老金实际增长率超过了规定增长率，存在养老金"多发"的行为，并且随着基础养老金全国统筹步伐的加快，这一现象更为突出。第二，各省之间的养老金待遇绝对不平等程度一直在拉大，但相对不平等程度却在2016年以后才开始逐步拉大，并且这种不平等程度更多地体现为区域内不平等，西部地区省份的养老金不平等程度最高，东北部最低，东部和中部居中。第三，各省养老金待遇存在明显的空间关联效应，会受到与之地理距离较近或经济距离较近省份的养老金待遇政策的影响，从而产生"赶超效应"或"类比效应"；但这种空间关联效应在2013年以后一定程度被弱化。

（6）实施基础养老金全国统筹，能够产生巨大的政策效应，有效增强养老保险基金的可持续性。本书的测算结果表明：第一，如果继续实施基础养老金省级统筹，基础养老金从 2027 年开始将出现累计基金缺口，并且累计基金缺口规模越来越大，到 2050 年将形成高达 1 201 209.65 亿元的累计基金缺口。第二，养老保险基金中央调剂制度能够实现部分养老保险基金在全国范围内调剂使用，均衡各省之间的养老保险缴费负担，但这仅仅是一种存量调整，并不能从根本上化解未来基础养老金缺口。第三，通过缴费政策协调来实施基础养老金全国统筹，能够产生巨大的政策效应。将养老保险费改由税务部门征收和统一养老保险缴费率，可以使得 2050 年的基础养老金累计基金缺口规模降至 988 305.20 亿元。第四，通过待遇政策协调来实施基础养老金全国统筹，也能产生巨大的政策效应，在三种方案下可以分别实现 2050 年的累计基金缺口规模缩减至 1 171 935.78 亿元、1 142 661.91 亿元和 1 113 388.04 亿元。第五，在同时实现缴费政策协调和待遇政策协调的前提下，实施基础养老金全国统筹产生的政策效应更大，三种综合方案下可以分别使得 2050 年的累计基金缺口规模分别缩减至 959 031.33 亿元、929 757.47 亿元和 900 483.60 亿元。

（7）在实施基础养老金全国统筹的同时，辅之以相关配套政策改革措施，能够进一步增强养老保险基金的可持续性。通过对基础养老金全国统筹的系统动力学仿真模拟，本书发现：第一，在基础养老金全国统筹后，增加财政补贴和国有资本收益充实养老保险基金两大收入来源，可以极大地提高基础养老金的可持续性，但测算末期依然会出现较大的累计基金缺口规模，需要进一步采取相关配套政策来缩小这一缺口。第二，除延迟退休外，单一的配套政策，如提高政府财政补贴、提高遵缴率、提高国有资本收益充实养老保险基金的比例等，尽管能够在一定程度上延缓基础养老金累计基金缺口出现的时间或缩小基础养老金累计基金缺口规模，但政策效果有限。第三，综合政策的效果要远远大于单一政策的效果，通过合理设置综合政策组合方案，可以实现基础养老金可持续、降低企业缴费负担和不增加政府财政负担"三赢"。第四，延迟退休的政策效果非常明显，只要将退休年龄延迟至 63 岁以上，则不论是仅延迟"新人"退休，还是"中人"和"新人"均延迟退休，都可以较好地实现基础养老金在测算期间的财务收支平衡，甚至出现较大规模的累计基金结余。第五，将延迟退休政策与其他配套政策组合起来的政策效果更佳，在这样的综合政策配套下，可以获得更大的合作博弈剩余，有利于高质量实施基础养老金全国统筹工作。

（8）中央政府出台政策强力推动是实施基础养老金全国统筹的必要路径。通过对部分省份基础养老金统筹层次提升的案例进行剖析可知，不同地区面临的约束条件存在较大差异，如果没有中央政策的强力推动，部分地方政府可能不愿意提升基础养老金统筹层次。因此，为了破除地方利益的掣肘，中央政府必须加强顶层设计，在协调好省级政策的基础上出台相关政策强力推动。

（9）要通过缴费政策协调、待遇政策协调、转接政策协调和补贴政策协调来实现基础养老金全国"统收、统支、统管、统兜"。就缴费政策协调而言，关键要在"应收尽收、应保尽保"的目标下，统一缴费标准、统一征缴模式，提高足额征缴率和养老保险覆盖率，杜绝"少征"行为，进而实现基础养老金全国"统收"。就待遇政策协调而言，关键要在"适度再分配、合理增长"的目标下，促进待遇计发政策和待遇调整政策的协调，在确保退休人员老年生活水平不降低的前提下适当分享经济发展成果，杜绝"多发"行为，进而实现基础养老金全国"统支"。就转接政策协调而言，关键要在"转接顺畅、利益均衡"的目标下，统一经办规程和信息系统互联互通，确保按照"新老划断、分段计算、统一支付"来维护流动人口的正当权益，进而实现基础养老金全国"统管"。就补贴政策而言，关键要在"权责清晰、激励相容"的目标下，对累计结余基金进行合理处置，并建立基金缺口分级分担机制，确保养老金按时足额发放，进而实现基础养老金全国"统兜"。

（10）逐步降低基础养老金缴费率有利于协调各省缴费政策，进而实现基础养老金缴费率的全国统一。虽然我国的基础养老金缴费率已经降至16%，但广东省和浙江省执行的基础养老金缴费率依然为14%，部分省份省内重点园区执行的基础养老金缴费率依然偏低。另外，个体工商户、自由职业者和灵活就业人员执行的基础养老金缴费率为12%。为此，短期内，可以考虑将养老保险缴费率统一降至15%，广东省和浙江省提高至15%，先实现各省基础养老金缴费率的统一；中期内，视基础养老金财务收支状况，可以考虑进一步降低至14%或13%；长期内则可以考虑将基础养老金缴费率降至12%，实现所有参保人群都执行统一的缴费率。

（11）待遇计发政策的协调需要将全国平均工资和个人缴费率指数纳入。一方面，在现有省级社会平均工资的基础上，引入全国社会平均工资，可在全国层面实现一定程度的再分配，有利于养老金待遇的横向公平，但全国社会平均工资的权重开始应相对较低，避免制度出现剧烈波动。另一方面，因为不同省份实际执行的养老保险缴费率在很长时间是存在一定差异的，需把缴费率的差异纳入基础养老金待遇确定公式，即引入个人缴费率指数，可以兑现"多缴多得"的制度承诺，有利于养老金待遇的纵向公平。

（12）基础养老金待遇调整政策协调可以考虑采取物价调整、激励调整、省内共享调整和全国共享调整四个部分。基本思路是在确保退休职工基本养老金购买力不下降的前提下，加强缴费与待遇之间的联系，合理共享省内经济发展成果和全国经济发展成果。物价调整，以上一年度个人领取的养老金为调整基数，以该省城镇居民消费价格指数的上涨幅度为调整比例，实现"应调尽调"，确保老年人领取到的养老金购买力不下降。激励调整，应以职工上一年度领取到的基础养老金待遇作为调整基数，是为了兑现"多缴多得、长缴多得"的制度承诺，激励职工参保缴费，从而增强参保的吸引力。省内共享调整，应以省内上年度平均基础养老金待遇作为调整基数，要体现对本省经济发展成果的普遍共享，让老年人也能分享到省内经济发展成果的好处。全国共享调整，应以全国上年度平均基础养老金待遇作为调整基数，是要体现全国经济发展成果全民共享，老年人也应当从全国经济发展中分享到一定的好处。

（13）"新老划断、分段计算、汇总支付"是协调基础养老金转接政策的可行办法。新老划断，是指以前已经进行跨省转接的人员则继续执行原来的办法，对未完成转接的流动人口则适用新的转接办法。分段计算，是指"在哪里参保缴费就在哪里计算养老金待遇"。汇总支付，是指将每个地区计算得到的养老金待遇汇总后支付给退休职工。

（14）对各省累计结余基金处置的关键是要做好"留、收、记、补"四个字。本书认为，既要承认地方政府在征缴养老保险基金收入方面做出的积极贡献，调动地方政府的积极性，又要坚持养老保险基金全国统收统支的基本方向，最大限度地实现养老保险基金在全国范围的余缺调剂。可以采取这样的处置方案：省级政府留下一小部分累计结余作为过渡基金，中央政府收走大部分累计结余基金用于全国统筹，中央政府记下各省上缴的累计结余基金额度，承诺在上缴基金额度内优先用于弥补未来该省应承担的基金缺口。这一处置方案，对于存在累计结余基金的省份来说，既在短期内让其能够继续保留部分养老金支配的权益，又在长期内获得了优先用于兑现其未来可能需要承担缩小基础养老金收支缺口的承诺，有效地实现了短期利益和长期利益的均衡；对于全国而言，则实现了绝大部分累计结余基金的统筹，有利于基础养老金全国统筹工作的实施。

（15）基础养老金全国统筹需要建立权利与义务相对应、事权与财权相匹配、激励与约束相结合的中央、省、市、县四级政府责任分担机制。根据基金缺口形成的原因，可将其分为地方一般性收支缺口和地方管理性缺口。对于地方一般性收支缺口，因为主要受一些客观因素影响，可由中央政府承担绝大部分填补任务，省、市和县级政府承担小部分填补任务，地方政府具体分担比例按照各地收支缺口占编制预算时上年度各省、市、县决算的可用财力（扣除部分专项化一般转移支付资金）比重分档确定。对于地方管理性缺口，由于更多受主观因素影响，原则上应由地方政府自行承担填补任务。因未完成年度养老保险收入预算和同级财政补助预算造成基金减收的，由地方政府筹措资金补足；因违规支出造成基金增支的，由地方政府全额追回，并依法追究相关人员责任。

1.4.2　创新点

第一，将博弈论纳入基础养老金全国统筹的理论分析框架，注重对各省级统筹单位之间的博弈行为分析，在一定程度上拓展了该领域的理论研究。本书在第四章专门对基础养老金全国统筹的省级政策协调问题进行了博弈分析，研究结果表明，由于各博弈主体存在利益冲突，如果任其在个体理性的前提下进行非合作博弈，则很难自发实现基础养老金全国统筹，因此，需要将这种非合作博弈转变为合作博弈，利用合作博弈的思想来协调各利益主体之间的关系，促进实现省级政策协调，进而实现基础养老金全国统筹。

第二，突出解决基础养老金全国统筹的现实问题，将研究重心聚焦于"省级政策协调"。本书认为，在地区分割统筹体制下，各地区执行的养老保险政策存在较大差异，是导致区域利益失衡格局难以协调的根本原因。目前，推进基础养老金由省级统筹向全国统筹过渡的关键在于协调好省级层面的养老保险政策，要充分考虑各省经济发展水平、养老负担、历史债务、基金结余等差异，理顺中央与地方、地方之间、地方与企业、企业与职工之间的权责利关系，进而构建有效的利益均衡机制。

第三，与大多数研究从全国层面进行测算不同，本书构建了省级层面的基础养老金缺口（或结余）测算模型，并在此基础上考察了从省级统筹向全国统筹过渡的政策效应。本书充分考虑了各省在人口死亡率、出生率、流动人口、工资水平、城镇化率等方面的差异，详细测算了各省年度基金缺口和累计基金缺口规模，对各省基金缺口的演变趋势、规模大小和出现时间等方面进行了比较分析，并重点考察了促进基础养老金全国统筹的相关政策对化解基础养老金缺口的政策效应，这样的测算结果相对更加符合现实，也更加准确，进而更加具有参考价值。

第四，针对基础养老金全国统筹的省级政策协调问题，建立系统动力学（SD）模型进行政策仿真，拓展了该研究方法的应用范围和领域。本书使用 VENSIM 系统动力学软件，建立基础养老金全国统筹的系统动力学仿真模型，较为全面地模拟了基础养老金全国统筹的政策效应，并详细考察了相关配套改革可能取得的政策效果，为本书设计基础养老金全国统筹的省级政策协调方案提供了充分的现实依据。

第五，从缴费政策、待遇政策、转接政策和补贴政策四个方面设计了一套基础养老金全国统筹的省级政策协调方案，提出了通过"统收、统支、统管、统兜"来实施基础养老金全国统筹的政策构想。本书研究发现，省级政策不协调集中表现为缴费政策不协调、待遇政策不协调、转接政策不协调和补贴政策不协调，因此，本书分别从这四个方面设计了具体的省级政策协调方案，并在此基础上提出了相关配套改革举措。本书提出的这一协调方案有利于为实施基础养老金全国统筹提供解决思路。

第六，采用跨学科分析方法对基础养老金全国统筹的省级政策协调问题进行分析。本书在研究的过程中，在主要使用经济学分析方法的同时，还用到了人口学、社会学、地理学、政治学等学科的相关分析方法，使得本书的研究具有明显学科交叉性。

1.4.3　不足之处

本书的不足之处主要表现为：

（1）从政策资料分析来看，主要集中在全国和省级层面的基础养老金相关政策方面，对县市级地方政府出台的政策文件未能进行深入剖析。

（2）从数据缺失来看，本书对基础养老金省级缴费政策和待遇政策的相关数据获取相对容易，但对转接政策和补贴政策方面的相关数据获取相对较难，故而对转接政策的分析更多的是基于政策模拟，对各省的财政补贴情况仅能通过间接指标进行分析。

（3）从省级政策协调方案设计来看，由于部分具体参数需要结合现实情况来确定，甚至需要采取动态调整的办法，故而在设计部分具体协调方案时仅提供了协调的基本思路或需遵循的基本原则。

第2章 文献综述

养老保险最早为德意志帝国俾斯麦政府于1889年颁布养老保险法所创设，后来逐渐形成了两种主要模式：俾斯麦模式（Bismarck System）和贝弗里奇模式（Beveridge System）。而关于养老保险制度变迁研究的早期经典文献可追溯到Samuelson（1958）、Diamond（1965）和Aaron（1966），他们开创了在一般均衡理论框架下研究养老保险制度变迁的先河。后来，Feldstein（1974）和Barro（1974）进一步深化了这一研究，Kotlikoff和Laurence（1987）则在此基础上创立了动态生命周期模拟模型，并大大拓展了这方面研究。接下来，更多的研究则是针对具体国家养老保险制度的分析，主要集中于养老保险制度改革的收入分配效应（Diamond，1977；Hurd et al.，1985；Nelissen，1987；Borella，2010；Hoven et al.，2020）、现收现付制与基金制的争论（Diamond，1996；Feldstein et al.，2002；Zhang et al.，2004；Piirits et al.，2019）、养老保险对储蓄与消费的影响（Hubbard，1986；Gale，1998；Li et al.，2007；Fedor et al.，2020）、养老金参数改革（Brunello et al.，2015；Freudenberg et al.，2018）、养老保险改革的劳动供给效应（Li et al.，2016；Lalive et al.，2017；Fedor et al.，2020）、养老金对代际关系的影响（Chen et al.，2017）、养老金可持续性（Humberto et al.，2016；Romp et al.，2020）等。然而，关于统筹层次以及由此引起的相关问题，是一个具有很强"中国特色"的课题（何文炯 等，2015），直接对我国基础养老金全国统筹问题进行研究的外文文献较为鲜见，这方面的研究主要集中在国内，大致沿着"为什么要推进全国统筹—全国统筹的主要障碍是什么—如何来进行全国统筹"的脉络形成了较为丰富的文献。

2.1 推进基础养老金全国统筹的动因研究

郑功成（2015）指出，基础养老金存在的最大问题是地区分割、统筹层次低，根本缺陷是地区分割统筹导致了国家法定的统一制度沦为地方性的制度安排，解决这一问题的根本出路在于真正实现全国统筹。不少学者很早就开始呼吁要尽快实现基础养老金全国统筹（郑功成，2008，2010，2013；郑秉文，2012；褚福灵，2013），并从多个角度阐释了推进基础养老金全国统筹的必要性，归结起来，主要包括以下四个层面的动因：

2.1.1 有关制度层面动因研究

区域分割统筹体制下基本养老保险制度的公平性不足，其运行也面临可持续性的巨大挑战，这是推进基础养老金全国统筹的核心动因。实现基础养老金全国统筹有利于建立更加公平、更可持续的基本养老保险制度。这体现为以下几个方面：

就增进制度公平性而言，实现基础养老金全国统筹能够有效地确保待遇公平和筹资公平。从待遇公平来看，基础养老金本质上是为了保障职工退休后的基本生活，确保基本的生存权与发展权，其构筑的是防止老年人陷入贫困的一道基本防线，理论上应该对所有参保员工一视同仁，至少保证同一条件的参保职工在全国各地获得基本一致的养老金待遇。然而现实情况却是，在地区分割统筹下，即使历年的缴费工资总额、缴费率、缴费时间等完全相同，但职工在不同的地区领取到的养老金会存在较大差异，这明显有悖公平（王晓军 等，2006；阳义南，2011；周明，2011；李连芬 等，2013；李实 等，2013；李琼 等，2018；张松彪，2020）。实现基础养老金全国统筹后，将有效避免此类情况的发生，确保基础养老金待遇公平，大大增强职工对基础养老金的认同感。从筹资公平性来看，各地区的企业所承担的养老保险缴费负担应该大体一致，不因所处地区不同而存在较大差异。但实际情况是，由于我国不同地区的经济发展水平、养老负担、历史债务、人口结构等存在较大差别，各统筹单位根据自身实际情况制定了不同的缴费工资水平和缴费率，导致不同地区的企业承担着不一致的养老保险负担，并未做到筹资公平（成泽枫，2014；郑功成，2015；董才生 等，2020）。这类情况在当前区域分割统筹体制下难以消除，只有实现了基础养老金全国统筹，并在全国实行统一的养老保险筹资制度后，才能予以根除，实现制度的筹资公平（李连芬 等，2015；庞凤喜 等，2014；韩喜平 等，2019；杨继军 等，2019；曹信邦 等，2021）。

就增强制度可持续而言，实现基础养老金全国统筹至少可以在增收、增值和降费三个方面促进基础养老金的财务平衡。从增收的角度来看，基础养老金全国统筹后可以有效地避免部分地区养老保险缴费基数不实、"逃费"等现象，进一步规范各地的保费征缴，防止地方政府片面地为了招商引资而免除或降低部分企业养老保险缴费责任（李静，2012；宋晓梧，2017；唐珏 等，2020；张松彪 等，2021；景鹏 等，2021）。从养老金保值增值角度来看，由于大部分省份并没有实现基础养老金省级层面的统收统支，巨额的养老保险基金结余依旧呈现出严重的"碎片化"状态，难以集中起来进行有效的投资运营。加上各地的相关人员缺乏资金运作经验，专业素质不高，造成养老金的投资效率低下（郑秉文，2013），甚至低于同期的通货膨胀率，导致养老金严重缩水（丛春霞 等，2016）。基础养老金全国统筹后，将各地分散的养老金汇聚成一个超大规模的基金，可以有效地发挥规模效应，进行资产的合理配置，加之全国社会保障基金前期的投资运作经验，更有利于实现基础养老金的保值增值（金辉，2012；郑秉文，2015；邓大松 等，2019）。从降低管理费用的角度来看，在省级统筹下，各地养老保险基金处于分散管理状态，其管理成本较高，据统计，我国社会保险资金的管理成本高达3%（林毓铭，2007）。推进全国统筹能够有效地避免管理系统和基金信息平台的重复建设，降低管理成本，为经济社会发展节约财力，增强财政对基础养老金的补贴能力（李连芬 等，2013；张苏 等，2021）。另外，基础养老金全国统筹后，各地基础养老金的收支预算将更加可控，并且能够制定出更加科学的养老金待遇调整办法（徐延君，2010），通过合理的余缺调剂实现财务长期平衡与短期平衡的有机统一（王晓芳 等，2010；殷宝明 等，2014；应逸，2017；杜娟，2019；李林，2020）。

2.1.2 有关社会层面动因研究

从社会层面来讲，基础养老金全国统筹是基本养老保险制度社会化属性的内在要求，养老保险应该更多地强调互助共济和保障功能的制度本质（夏珺 等，

2016；郑秉文 等，2021）。推动基础养老金由省级统筹向全国统筹转变，能够有效地强化养老保险互济能力和保障功能，促进社会公平。

其一，促使养老金在全国范围内收支与调剂，较省级统筹能够更加有效地发挥养老保险的共济功能。在地区分割统筹体制下，城镇职工基本养老金保险制度存在一个悖论：一方面，全国的养老保险基金存在大量的结余；另一方面，剔除财政补贴之后却有超过半数省份养老金已经出现了收不抵支（郑秉文 等，2012）。但在地区分割统筹体制下，养老金不能有效地在不同统筹单位之间进行余缺调剂，造成了部分省份在出现收不抵支的状况时，依然只能依靠财政资金支持（程睿娴，2012；韩小凤 等，2020）。据统计，各级财政补贴规模占全部基本养老保险基金总收入的比重已经达到两位数（李连芬，2015）。实现基础养老金全国统筹后，中央政府能够有效地将这些结余的养老金在各省之间进行合理的调剂使用，促进养老金在更大的范围内发挥其互助共济的功能（王雯，2018；房连泉和魏茂淼，2019；肖严华，2019；张松彪，2019；秦愿，2020）。

其二，有利于发挥养老保险的收入再分配功能，缩小收入差距（齐海鹏等，2016）。我国城镇职工基本养老保险基金实行的是"统账结合"运营模式，由统筹账户和个人账户组成（霍旋，2012；卞昕韵，2014；郑秉文 等，2018），其中，统筹账户（基础养老金）实行现收现付制，由整个社会进行统筹，更加强调制度的公平属性，实现全国统筹能够促使职工基本养老保险制度发挥更大的收入再分配作用（黄万丁 等，2015）。尤其在当前收入差距相对较大的现实背景下，充分发挥养老保险制度的收入再分配功能，不仅能够有效地缩小居民之间的收入差距，促进"橄榄型"收入分配格局的形成；更为重要的是，能够避免将退休前的收入差距带到退休之后，防止出现老年贫困（贾洪波 等，2015；李实 等，2020；仲超，2021）。

其三，能够更加有效地降低参保人的风险，增强养老保险的保障功能。养老保险的统筹层次越高，同一风险的参保者越多，其承受的风险越分散，保障能力就越强（庞凤喜 等，2016）。根据大数法则，基本养老保险统筹范围与抗风险能力成正比，基础养老金全国统筹能够有效地分散风险，增强抵御风险的能力（吕学静等，2017）。这里的风险包括经济风险和社会风险。就经济风险来看，一方面可以促进基本养老保险基金的保值增值，化解贬值风险；另一方面可以通过养老保险的跨区域调剂，化解部分地区的基金短缺风险。就社会风险来看，全国统筹意味着中央政府掌握着基本养老保险基金的管理权和使用权，能够有效地预防由于统筹层次低带来的地方政府挤占、挪用基本养老保险基金的问题 (夏珺 等，2016)。

2.1.3 有关企业层面动因研究

从企业层面来看，基础养老金全国统筹有利于建设高效的劳动力市场，为区域经济协调发展创造公平的竞争环境 (王亚柯 等，2021；曾益 等，2021)。何文炯等 (2015) 指出，提高基本养老保险统筹层次、实行全国统筹最重要的学理基础是劳动力市场一体化，进而构建全国统一的劳动力市场和促进人才合理流动 (张松彪等，2019)。一方面，基础养老金全国统筹能够均衡各地企业的劳动力基础成本，实现企业承担的养老负担公平。在地区分割统筹体制下，各地的养老负担畸轻畸重 (马光荣 等，2010；陈曦 等，2017；张立琼 等，2021)，处于不同区域的企业承担的养老金成本存在较大差异，实现基础养老金全国统筹后，将采用统一的缴费率，并规范缴费基数的确定方法，则全国各地的用人单位劳动力的养老缴费负担将相对均衡 (肖严华，2020；郭秀云，2020)。另一方面，实现基础养老金全国统筹能够有效地促进劳动力自由流动，促使劳动力资源在全国范围内实现优化配置 (丛春霞 等，2019；于新亮 等，2021)，进而促进"双循环"新发展格局的构建。

2.1.4 有关个人层面动因研究

从个人层面而言，推动实现基础养老金全国统筹能够有效地保障个人的基本养老金权益。劳动者不论在哪里参加养老保险，不论把钱缴到哪个地区，所形成的养老保险基金都是劳动者的权益。这些权益应当随劳动者的转移而转移，应该在全国范围都能享有 (褚福灵，2013；殷宝明，2020)。然而现实情况却是，按照《城镇企业职工基本养老保险关系转移接续暂行办法》规定，劳动者从一个省份转移到另一个省份，其基础养老金只能转移缴费的 12%，剩余的 8% 则被滞留在了原来的统筹地区"充公"，这明显损害了劳动者的正当权益。这种异地转移实质上是将劳动者的权益在"转出地"和"转入地"之间进行再分配，各统筹单位出于自身的利益考量出现了"愿转不愿意接"的现象，这就导致养老保险关系转移接续不够顺畅问题突出（林宝，2016）。在当前劳动力全国性流动的大背景下，劳动者的正当养老金权益在转移过程中难以得到充分保证，导致部分劳动者，尤其是农民工群体选择"断保""退保"，甚至与雇主合谋不缴纳养老保险费。实现基础养老金全国统筹将有效清除这一弊端，从根本上保障劳动者的养老金权益（穆怀中 等，2012；龙玉其 等，2020）。

2.2　推进基础养老金全国统筹的主要障碍研究

基础养老金全国统筹进程缓慢，困难重重，这与历史上几次基本养老保险制度改革有很大的关系（李雪 等，2010）。实现基础养老金全国统筹是一项庞大的系统工程，要改变养老保险地区分割的状况，涉及多方利益的调整（刘洪伟 等，2020），矛盾和问题很多，难点集中在协调横向的区域之间、纵向的中央与地方之间、地方政府与企业之间的利益关系（张梦洁，2015）。总体来看，推进基础养老金全国统筹的障碍主要包括区域利益失衡障碍、央地权责划分障碍、基金管理体制障碍和信息管理系统整合障碍等。

2.2.1　区域利益失衡障碍

将基础养老金由现在的省级统筹提升到全国统筹本质上是对区域利益格局的重新调整，必然会打破现有利益格局（庞凤喜 等，2015）。在缺乏有效的利益协调机制时，部分既得利益地区出于追求自身利益最大化的目的必然不愿意提高基础养老金统筹层次（陈元刚 等，2012）。主要表现为：

一是基金结余地区对提升基础养老金统筹层次的积极性不高。我国经济发展不平衡，区域经济差异比较大，不同地区的基础养老金盈余情况存在较大差别（王晓军，2005）。一般而言，东部发达地区基础养老金结余较多，并且已经形成了较大规模，而中西部欠发达地区基础养老金结余较少，甚至在扣除政府财政补贴之后，出现了较大缺口。这些养老金结余已形成了较大的地方利益，并且呈日益固化的趋势，如何解决不同地区养老金结余的利益问题是摆在基础养老金全国统筹过程中的最大难点（夏杰长 等，2016）。若是单纯地将这些地区的养老金结余全部收归中央统筹使用，用于补贴中西部欠发达地区的养老金缺口，则必然会招致基

金结余地区的抵制 (李连芬 等，2013)。若是将这些养老金结余全部滞留在地方，继续承认这些地方利益，那么，基础养老金全国统筹则又变成了地方统筹，地方政府还是对基金结余有较大的支配权。

二是经济发达地区担心全国统筹后带来的养老金待遇下降，从而不愿意提升统筹层次。基础养老金全国统筹后，养老金的待遇计发办法也必然实现全国统一。按照当前的养老保险制度规定，基础养老金月标准的发放以当地上一年度在岗职工月平均工资和本人指数化月平均缴费工资的平均值为基数，缴费每满 1 年发给 1%[①]。若将基础养老金的统筹层次由现在的省级统筹提升到全国统筹层次，则养老金待遇计发办法则可能变为以全国上年度在岗职工月平均工资和本人指数化月平均缴费工资的平均值为基数，这对于高收入地区的职工而言，其退休后所领取到的养老金势必会减少 (李雪 等，2010；贾晗睿 等，2021)。这种收入再分配做法在一定程度上必然会挫伤经济发达地区劳动者的积极性，导致其对提升统筹层次出现抵制倾向 (邹丽丽，2014；徐雷 等，2021)。

三是全国统筹后带来部分地区劳动力成本上升。在养老保险基金地方统筹的背景下，各地养老负担存在畸轻畸重的问题 (程煜 等，2021)。一方面，一些经济发达地区由于养老金结余较多，缴费率相对较低，且征缴力度也较为缓和；另一方面，一些相对落后或偏远地区由于基金缺口较大，缴费率相对较高，且征缴力度也较大 (褚福灵，2013)。实行基础养老金全国统筹后，在全国必然实行统一的缴费率，届时，那些缴费率较低的地区势必要提高养老保险缴费率。缴费率上升势必提高当地企业的劳动力成本，削弱当地企业的竞争力，对当地招商引资也会造成一定的负面影响 (刘长庚 等，2014；路锦非，2016)。因此，这些地区必然不希望提升基础养老金统筹层次。

2.2.2　央地权责划分障碍

企业职工基本养老保险制度虽然规定了财政承担基金出现缺口时的补贴责任，但中央与地方之间对养老保险的实际责任分担并没有明确的制度依据 (林治芬，

[①] 按照规定，缴费需满15年退休后才可以获得基础养老金的支付。

2015)①，致使当前对职工基本养老保险基金的财政补贴欠规范，从而引发道德风险（王平，2012；周心怡，2021；李国和，2021）。② 这种划分不清的事权导致了两种不同的反应：第一种是"甩包袱"。部分养老金收不抵支的省份支持提高统筹层次，很大程度上是为了减轻自身的财政负担，将承担补贴的主要责任转移给中央财政，而不是着眼于促进当地职工基本养老保险制度的进一步完善。这实质上是一种"逆向选择"，本质上还是基于地方利己主义行为的被迫选择。第二种反应则是"争取更多财权"。在当前财税体制下，财权和事权是相对应的，争取更多财权的前提是要争取更多的事权。部分地方政府，尤其发达地区政府认为，基础养老金统筹层次提升将事权上移至中央势必会剥夺其财权，减少地方财政收入，不利于地方经济的发展，因此，对提升基础养老金统筹层次的积极性不高（何文炯，2018；刘洪伟等，2020）。

2.2.3　基金管理体制障碍

在地区分割统筹体制下，社会保险经办机构实行的双重领导体制，上一级社保经办机构更多是在业务上进行指导，在具体人事安排、财务支持、政策执行力度等方面则更多是体现地方政府的意志。正是在这种统筹体制下，地方政府拥有较多的自主权，导致各省的基金管理体制不统一（杨立雄 等，2007；张生银，2014；郑秉文，2019）。主要表现为：一是有的省份实现了五险合一，有的省份管理体制仍然分散；二是各省的养老保险征缴体制不同，有的由经办机构直接征收，有的由地税部门代征③，甚至同一省份内不同地区这种征缴机构也存在一定的差别。三是基金管理方面，有的省份已经实行了全省范围内的统收统支，实施时间较长，并且相对管理成熟；有的省份可能刚刚实施养老保险基金省级层面统收统支，实

---

① 在2018年的养老保险基金中央调剂制度的文件中对此进行了一定的明确，但主要是压实了省级政府的补贴责任。

② 王平：《财政补助基本养老保险：成因、风险和机制建设》，《广西大学学报（哲学社会科学版）》2012年第1期。

③ 尽管《国税地税征管体制改革方案》明确从2019年1月1日起，将各项社会保险费交由税务部门统一征收，但目前依然未能完全执行到位。

施时间较短，甚至可能还处于过渡期，依然在实施省级调剂金制度。这些养老保险基金管理体制上的差别如何过渡统一是进一步推进实施基础养老金全国统筹的又一障碍。

2.2.4　信息管理系统整合障碍

实施基础养老金全国统筹需要在全国建立统一兼容的养老保险信息管理系统，但由于多年的养老保险区域分割统筹，各地之间的养老保险信息系统存在一定的差异，信息系统整合存在较大的难度（夏杰长 等，2016）。表现为：一方面，各地的养老保险信息系统的建立未能遵循统一的指导标准，尤其是系统间的兼容性相对不足，导致不同地区的养老金信息管理系统存在较为严重的"信息孤岛"现象（刘洪伟 等，2020）。另一方面，就算解决了不同区域间信息管理系统的兼容性问题，整合各地区海量的信息也是一项庞大的工程。更为困难的是，这些不同地区的养老保险信息背后体现的参保人权益存在较大差别，如参保人类型、缴费率、缴费年限、缴费基数等参数均可能有较大差异（董克用 等，2020），如何对其进行整合则又是一项十分烦琐的工作。由此可见，如何构建统一的养老保险信息管理系统，公平、高效地在全国层面进行信息化管理，也在一定程度上增加了实施基础养老金全国统筹的难度。

2.2.5　其他障碍因素

由于省与省之间的经济社会发展差异较大，各省区的基本养老保险历史债务、覆盖率、待遇水平、缴费率、征缴力度等方面都存在较大的地域差别，这些养老保险指标各异或不统一，势必对实施基础养老金全国统筹造成较大障碍（王晓军 等，2006；赵绍阳 等，2021；汪伟 等，2021）。肖严华等（2015）则进一步指出，养老保险强制缴费率过高不利于基础养老金全国统筹。当然，各省统筹层次提升的步骤或模式存在一定的差异也会对基础养老金全国统筹造成一定阻碍（张生银，2014）。另外，实施基础养老金全国统筹存在一定的逆向选择和道德风险，如何防范和化解这些潜在风险，也是必须考虑的障碍因素（邹丽丽 等，2016）。

2.3 推进基础养老金全国统筹的路径研究

基础养老金全国统筹的基础是制度统筹，核心是基金统筹。要充分考虑当前利益和长远发展，减少盲目性，增加理性，减少特权，增加平等，才能真正实现全国统筹的目标。不少专家和学者对基础养老金全国统筹的推进步骤、推进时机、推进的相关方案及建议等方面进行了较为深入的研究。

2.3.1 关于推进步骤的争论

如何从基础养老金区域分割统筹的现状跨越到全国统筹主要出现了以下五类不同的观点：第一种为渐进式提高统筹层次的"三步走"观点，即认为基础养老金要逐步经历县市级统筹、省级统筹再到全国统筹（董登新，2018；孙维，2021）。这类观点的好处是能够逐步夯实全国统筹的基础，避免制度的剧烈变迁，符合我国改革的一贯思路，是较为稳妥的做法，缺点是推进全国统筹的步伐较慢，容易形成更大的区域利益阻碍统筹层次的提高（房连泉，2019）。第二种则为"毕其功于一役"的"一步走"观点，即认为基础养老金应该从分割统筹一步跨越到全国统筹（戴由武，2014；姜春力，2016）。这类观点的好处是能够尽快地实现全国统筹的目标，避免更大的区域利益失衡格局的出现，缺点是做法过于激进，可能对统筹层次提高过程中潜在的风险估计不足。第三种观点认为在省级统筹的基础上还应该先建立中央调剂金制度作为过渡，逐步实现基础养老金的全国统收统支（白维军，2011；薛惠元 等，2017）。这类观点由于能够在一定程度上折中以上两种观点，且较为容易推行，得到了国家有关部门的采纳，2018 年推出的养老保险基金中央调剂制度正是这类观点的体现。第四种观点则认为，在省级统筹的基础上还应该经历一个东、中、西部区域统筹，最后才能实现全国统筹（张向达 等，2011）。这类观点虽然在理论上来说有一定的道理，能够缓和统筹层次提升过程中的一些区域利益冲突，但在统筹过程中又增添了一个区域统筹层次，实质上还是区域分割统筹，一定程度上也延缓了统筹层次提升的步伐，不利于尽快实现职工基础养老金全国统筹的政策导向。第五种观点认为，应该先从流动人口出发，使流动人口的养老保险不经过省级统筹直接进入全国统筹，即先统筹流动人口，随着流动人口的逐步扩大再进一步推进全国统筹（吴钢强 等，2015）。这类观点着眼于流动人口的养老保险转移接续问题，能够较好地保障流动人口的养老金权益，但这对流动人口信息质量要求较高，其管理过程也相对复杂，一定程度上增加了养老金的管理成本。

2.3.2 关于推进时机的选择

选择什么样的时机来推进基础养老金全国统筹？郑功成（2010）认为，应该尽快推进城镇职工基本养老保险全国统筹，并曾呼吁在2012年之前就实现基础养老金全国统筹。艾慧等（2012）则认为，中国城镇职工养老保险制度的统筹账户年度支付缺口将会在2018—2036年间出现，届时对绝大多数省份来说养老金支付将成为"烫手的山芋"，这一时期便是提升统筹层次的良机，应该在这一时期实现基础养老金全国统筹最为有利。马骏等（2013）进一步指出，在2022年之前中国城镇养老金收支处于宽松期，是进行养老金改革的最佳时机，如果错过这一窗口期，推进基础养老金全国统筹的难度将会加大。但王雯等（2016）的研究却指出，在全国统筹的预期下，中央与地方政府之间的博弈已经发生，这种博弈行为在一定程度上对养老保险制度的可持续性和保障功能造成了不利影响，故而当前不应盲目推动实现基础养老金全国统筹，而应进一步夯实省级统筹，并完善中央调剂制度。综合来看，尽管对推动实现基础养老金的时间选择存在一定的争议，但绝大部分学者都认同要尽快推动实现基础养老金全国统筹（尤方明，2021；肖潇，2021），由此可见，在"十四五"规划时期实施基础养老金全国统筹可能是较为恰当的时机，这与目前国家的政策导向也较为一致。

2.3.3 关于推进的相关方案及建议

推进基础养老金全国统筹需回答"统、支、收"三个基础性问题（席恒 等，2011）。对于"统"的问题，目前有三种主要思路：一是完全实现全国层面的统收统支，即将统筹基金全部集中起来，统一征缴统一发放（穆怀中 等，2016），但对养老金收支缺口财政应承担多大比重的补贴责任，以及这些补贴责任如何在中央财政和地方财政之间进行划分存在一定的分歧。二是考虑到制度推行的阻力，建议只将社会统筹基金的部分集中起来，一部分交给中央，一部分截留在地方（郑功成，2015)，但对应该将多大比例的养老金结余截留地方，学者们并未达成统一的意见。三是将社会统筹基金直接划入个人账户进行全国统筹管理（郑秉文 等，2012)，这种做法的好处是能够快速地将养老金统筹起来，但将统筹账户的收入再分配功能抹杀了，变成了仅仅具有激励和积累功能的个人账户养老金。

对于"支"的问题，学界也发表大量文献进行了深入探讨，归结起来主要包括以下四种主要思路：第一种思路是基于全国平均工资计算出全国平均的基础养老金，其理论基础是基于国民平等的原则，实现基础养老金的无差别化。第二种思路是考虑各地的生活水平差异计算出各地区有差别的基础养老金（雷晓康 等，2011)。第三种思路是考虑全国平均工资、地方平均工资和个人缴费基数进行加权平均确定基础养老金（穆怀中 等，2014)。第四种思路则是在第三种方案的基础上再考虑个人的缴费贡献，用实际缴费率和制度缴费率的比值进行加权计算出各地的基础养老金（林宝，2016)。综合来看，这方面的研究还未取得一致的共识，究其原因，关键在于养老金的发放涉及广大职工退休后的切身利益，且存在地区差异、政策差异等客观条件，如何平衡各地区之间、不同缴费群体之间的利益关系存在困难，要形成一个让大部分人满意的方案相对较难。

对于"收"的问题，学者们关注的主要是以下几个方面：一是关于养老保险企业缴费率的探讨。降费有利于提高覆盖率、遵缴率和工资增长率，具有财政的可行性（赵静 等，2016；彭浩然 等，2018，王翠琴 等，2021)，且能够实现降费不减基金收入和降费不减待遇的效果（郑秉文，2016；肖严华 等，2017；汪敏，2021)。但具体降为多少最为有利，并没有一个较为统一的结论，肖严华（2011)建议将统筹缴费率降至12%，姜春力（2016)建议将统筹缴费率降为14%，席恒等（2011)则认为应该降至12%~15% 之间，而薛惠元等（2017)则建议应将企业缴费比例统一降至19%。二是关于养老保险"逃费"行为的探讨。基础养老金全国统筹有可能导致地方政府的激励机制弱化，进而"纵容"地方企业的养老保险"逃费"行为（封进 等，2012；赵绍阳 等，2016；邹丽丽 等，2016；彭浩然 等，2018；侯晓娜 等，2019；鲁於 等，2019)。三是关于基础养老金全国统筹的征收机构的选择。彭雪梅等（2015)的实证研究发现，社保经办机构征收效果总体上好于地方税务机关征收；但赵仁杰等（2020)的研究结果却显示，养老保险统筹层次提升后，社保经办机构会放松对养老保险费的征缴力度，税务机关的征收效果相对更好，据此提出要以划转税务部门征收为前提来推动基础养老金全国统筹。四是关于养老保险费改为养老保险税。部分学者提出以社会保险"费改税"来推进基础养老金全国统筹（付文林 等，2021；董登新，2021）。

当然，还有很多学者提出了具体的改革方案和建议。如穆怀中等（2016）设计了养老保险分层平均全国统筹与分比例全国统筹两大类型及六种具体实施方案，并比较了各自方案的优劣势。杨一心等（2016）则指出，基础养老金要全国统筹更要制度改革，改革和全国统筹要同步推进。基础养老金全国统筹是一项极为复杂的系统工程，需要顶层全面系统设计，尤其是统账分管、央地分责、制度整合三大关键点必须统筹攻坚（林治芬，2015；李珍 等，2016）。林毓铭（2013）和陈雷等（2021）指出，理顺体制，完善机制，调整利益分配格局、综合配套改革多管齐下是迈向成功的关键。要从组织管理体制、新旧制度断开、权利责任清单、约束机制等方面推进基本养老保险全国统筹（夏珺 等，2016）。全国统筹要注意避免道德风险和逆向选择问题（郑秉文 等，2012；朱恒鹏 等，2020），也要注意控制政策执行风险（邹丽丽 等，2016）。统筹层次提升应充分考虑各区域养老保险制度运行差异，综合地区养老保险发展实际采取差别化的提升策略（邓大松 等，2016；邹丽丽 等，2017；要恒，2020）。

另外，单纯地推进职工基础养老金全国统筹并不能完全保证制度的健康可持续发展，还需要实施一些相关的配套改革举措，这些举措包括：一是适当延迟退休年限，探索实行弹性退休制度。针对目前我国人均寿命延长带来的养老金支付风险，必须早做防范，适当延迟退休年限不仅是国际上的普遍做法，在我国也具有一定的可行性（王晓军 等，2016；刘晏斌，2018；王兆鑫，2019；邱牧远 等，2020；景鹏 等，2020；穆怀中 等，2021；王翠琴 等，2021；彭希哲 等，2021）。二是面对越来越严峻的老龄化挑战，要逐步优化我国的人口年龄结构，在"全面二孩"政策的基础上进一步放开生育政策，甚至可以考虑出台鼓励生育的政策，提升居民生育意愿，促使我国生育率水平回升到相对合理的区间（于洪 等，2015；曾益 等，2016；景鹏 等，2016；张心洁 等，2018）。三是应该大力发展职业年金，推动形成多层次的养老金体系（姜春力，2016；董登新，2019；边恕 等，2019；李心萍，2021）。应该进一步加大税收优惠力度，吸引更多企业为职工建立职业年金（王贞琼，2021）。

2.4 研究述评

近年来基础养老金全国统筹已经成为理论研究的热点，丰硕的研究成果为本书研究提供了极具启发性的参考。从以上研究成果可知，学者们在许多关键问题上已经取得较好的共识，在实施基础养老金全国统筹的认识上也愈发理性，但在不少具体操作问题上仍然存在较大分歧，值得进一步深入研究。

共识方面主要表现为：一是对实施基础养老金全国统筹的必要性进行了充分论证。基础养老金全国统筹不是"要不要"的问题，而是该深入探讨如何做好全国统筹的问题。二是关于基础养老金全国统筹的内涵已基本明确。实现基础养老金全国层面的"统收统支"才是真正意义上的全国统筹，只有这样才能有效地维护参保人的养老金权益和实现社会公平，构建统一高效的劳动力市场，促进职工基本养老保险制度健康可持续发展。三是关于推进基础养老金全国统筹的步骤已经渐渐清晰。虽然存在"一步到位"和"渐进式统筹"的争论，但从目前推出的基本养老保险基金中央调剂制度来看，政府在稳步推进中央调剂金制度的基础上，已经开始推进基础养老金全国统筹。四是关于实现基础养老金全国统筹的时机已经确定。"十四五"规划期间实施基础养老金全国统筹是较为有利的时机，这也在"十四五"规划中明确提出。五是关于社保经办机构管理体制改革也确定了基本方向。为摆脱地方利益的掣肘，需改变现在的"双重领导"体制，实行中央对地方经办机构人、财、物的垂直管理。六是关于实施基础养老金全国统筹的技术支撑也进入实质性阶段。为有效整合各地区分散的、难以兼容的养老保险管理信息平台，正在构建全国统一的养老保险信息系统。

争议方面主要表现为：

（1）关于各地累计结余的基础养老金处置问题。目前，存在三种争议，第一种认为应该全数上缴中央，由中央进行统筹安排使用，理由是基础养老金是全体参保职工的共有权益，而非哪个地方或哪个部门的私有权益。第二种认为应该将全国统筹之前形成的全部结余截留在地方，主要是考虑地方在形成基金结余方面的贡献，以及"新老制度划开"较为容易推进全国统筹。第三种则是前面两种的折中，即部分上缴中央、部分截留地方。

（2）关于统筹缴费率下调的幅度。虽然普遍认为应该通过下调统筹养老金缴费率来进一步推进全国统筹，但具体下调多少或者下调至哪个区间，并没有形成一致的意见。

（3）关于基础养老金待遇计发基数的确定。这里的争议主要是再分配的力度问题，支持较大再分配力度的学者主张将全国平均工资纳入计算公式或者干脆实行统一的国民养老金，支持较小再分配力度的学者则建议充分考虑各地方的消费水平以及个人缴费的贡献。

（4）关于中央与地方事权的划分。全国统筹需明确划分中央与地方的事权，但对于养老金出现收支缺口应承担的补贴责任如何在中央与地方政府之间划分，以及现有的地方财政补贴是否继续维持，存在一定分歧。

（5）关于个人账户是否需做实。"统账分离"这一点已经大致明确，但对于个人账户是否需要做实存在三种不同的声音，即全部做实、部分做实和不做实。争议主要涉及做实后能否保证基金的保值增值、是否区分新旧制度和不同参保人群、是否能够保障当期养老金按时足额发放等。

综上，当前实施基础养老金全国统筹还存在诸多需要进一步协调解决的问题，问题的核心在于多年分割统筹带来的区域利益失衡。本书认为，在地区分割统筹体制下，各地区执行的养老保险政策存在较大差异，是导致区域利益失衡格局难以协调的根本原因，因此，实施基础养老金全国统筹的关键在于协调好省级层面的养老保险政策。然而，学术界对此问题的研究还存在一些不足；一方面，基础养老金全国统筹的方案设计对各省之间的博弈行为分析较为缺乏，尚待从理论上对此做进一步分析；另一方面，对各省之间的养老保险政策差异及由此带来的不同利益诉求还缺乏系统性分析，尤其是对基础养老金全国统筹过程中的省级政策协调问题还有待进一步深入研究。基于此，本书以"基础养老金全国统筹的省级政策协调研究"为主题，在现状分析、理论分析和实证分析的基础上，提出具有针对性和可操作性的省级政策协调方案，以期为高质量实施基础养老金全国统筹提供有益参考。

第3章 基础养老金全国统筹的省级政策协调现状分析

本章主要是对基础养老金全国统筹的省级政策协调现状进行分析。首先，对新中国成立以来的基础养老金统筹层次的演变历程进行动态跟踪，按照每个阶段统筹层次的主要特点，大致分为全国统筹、企业统筹、企业统筹与行业统筹并行、县市级统筹为主、省级统筹、省级统筹和中央调剂并行、实施全国统筹七个阶段。然后，对基础养老金省级政策不协调的主要方面进行了分析，包括缴费政策不协调、待遇政策不协调、转接政策不协调和补贴政策不协调。最后，对造成基础养老金省级政策不协调的主要影响因素进行了剖析，主要包括区域经济发展不平衡、各省养老负担苦乐不均、基金结余相对集中和历史债务未能妥善处理等。

3.1 基础养老金统筹层次的演变

我国企业职工基本养老保险可以追溯到新中国建立的劳动保险制度，发展至今，根据基础养老金统筹层次的主要特点，大致可以划分为七个阶段，即1951—1968 年的全国统筹阶段、1969—1985 年的企业统筹阶段、1986—1997 年的县市级统筹与行业统筹并行阶段、1998—2008 年的县市级统筹为主阶段、2009—2017 年的省级统筹阶段、2018—2021 年的省级统筹与中央调剂并行阶段、2022 年开始实行的全国统筹实施阶段。

3.1.1 全国统筹阶段（1951—1968）

新中国成立后不久，政务院（国务院的前身）就开始建立城镇职工劳动保险制度，养老保险制度也就在这个制度框架内得以建立[1]。1951 年，政务院正式颁布实

---

① 当时的劳动保险计划项目包括了养老、医疗、生育、病假、工伤等。

施了《中华人民共和国劳动保险条例》，并在 1953 年对其进行了部分修改和完善[1]，该条例详细规定了劳动保险的覆盖范围、基金的筹集与保管、待遇水平的确定等。例如，对职工退职养老的规定是，男性年满 60 岁且工龄满 25 年，女性年满 50 岁且工龄满 20 年，就可以达到退职养老的条件，可以领取到的养老金待遇为退职前工资水平的 50%~70%。这一时期，劳动保险基金的筹集办法是，规定各企业按照工资总额的 3% 进行提留，职工个人无须承担缴费责任[2]。所提留的劳动保险基金归企业工会管理，其中，70% 留在基层工会用于发放各类劳动保险待遇，30% 则需要上交到全国总工会，总工会将这些劳动保险基金在全国范围内进行调剂使用。从这个角度来看，该时期的养老保险基金已经具备了一定的全国统筹性质，属于现收现付制养老保险制度。后来，国家虽然对劳动保险制度有所调整和修正，如降低退休养老工龄年限的要求、将集体所有制企业纳入保障范围等，但这种养老保险基金全国统筹的做法仍一直延续到了 1968 年。

3.1.2 企业统筹阶段（1969—1985）

在 1966—1977 年间，受当时历史背景和政治运动的影响，工会组织被撤销，劳动保险基金全国统筹的做法受到了较大冲击，全国的养老保险制度建设处于停滞和倒退的状态（申曙光 等，2009）。为了应对这一局面，1969 年财政部正式下发了《关于国营企业财务工作中几项制度的改革意见（草案）》，明确规定企业可以不再提留劳动保险基金，转而将企业职工的退休费用等开支改为在营业外科目中列支，即由企业自行负责劳动保险基金的统筹。这就意味着，养老保险基金从原来的全国统筹层次下放到了企业统筹层次，各企业要负责员工的退休费用统筹，使得养老保险基金丧失了在全国层面进行调剂使用的功能。尽管这样，对于当时的计划经济体制而言，这一改变对企业的影响有限，因为无论是国营企业还是集体企业都是计划经济体制下的一个生产单位，企业并不需要自负盈亏，只要按照计划进行生产即可。然而，随着改革开放的推进，国有企业和集体企业等开始逐渐成为自负盈亏、拥有一定自主经营权的实体单位，这种企业统筹的养老保险制度就开始越来越不能适应

---

[1] 即1953年通过的《中华人民共和国劳动保险条例若干修改意见的决定》。

[2] 实际上职工个人是通过接受较低的工资水平来换取这一劳动保险福利。

市场竞争的需要，推动养老保险基金社会统筹的改革势在必行。

3.1.3　县市级统筹与行业统筹并行阶段（1986—1997）

为了配合国有企业改革，均衡各企业的职工养老负担，国家开始逐步推动养老保险社会化改革。自 1984 开始，选择了四川自贡市、辽宁黑山县、江苏泰州市、广东东莞市等地区进行养老保险社会化改革试点，逐步探索改革经验。到 1986 年，国务院正式颁布了《国营企业实行劳动合同制暂行规定》，明确提出"国家对劳动合同制工人退休养老实行社会保险制度"，要求建立县一级或市一级的养老保险社会统筹制度，由此建立起了县市级统筹的养老保险制度。养老保险基金(或退休养老基金)由企业和职工共同承担，企业按照合同制工人工资总额的15%左右缴纳，职工缴纳的标准不超过其工资的3%。这一举措在很大程度上缓解了统筹地区内新老企业养老负担苦乐不均的矛盾，但并不能跨区域均衡养老保险负担。为此，1987 年 3 月，国家体改委、劳动人事部提出"全国大多数市、县实行退休费用社会统筹，有条件的地方也可以进行全省统筹的试点"。后来，又在 1991 年《国务院关于企业职工养老保险制度改革的决定》中再次提出"尚未实行基本养老保险基金省级统筹的地区，要积极创造条件，由目前的市、县统筹逐步过渡到省级统筹"，但遗憾的是，限于这一阶段的历史条件，未能达成这一目标，基础养老金依旧停留在县市级统筹阶段。

值得注意的是，与此同时，国家相关部门又批准了一些经济效益相对较好的行业或大型企业实行养老保险基金行业统筹，包括铁道、煤炭、邮电、银行、民航等11 个行业。这些行业的职工养老保险费用由各自行业内部进行统筹，与养老保险县市级统筹相互独立。如果说养老保险基金县市级统筹造成了"块块分割"的局面，养老保险行业统筹就造成了"条条分割"的局面，二者共同运行造成了这一阶段的养老保险基金"条块分割"的局面。之所以出现这种局面，很大程度上是当时采取"自下而上"探索的结果，各地区、各行业在建立社会养老保险制度时存在较大的自主权利。但随着市场经济改革的深入，这种"条块分割"的弊端也逐步显现，迫切需要建立全国统一的企业职工基本养老保险制度。

3.1.4 县市级统筹为主阶段（1998—2008）

为了改变养老保险"条块分割"的局面，国家在1997年正式颁布了《国务院关于建立统一的企业职工基本养老保险制度的决定》，决定建立全国统一的、"统账结合"的养老保险制度。这一文件大体上奠定了我国企业职工基本养老保险制度的基本框架，明确了养老保险制度改革的方向——由现收现付制向部分积累制转轨。部分积累制综合了现收现付制和基金积累制的优点，统筹账户基金（基础养老金）纳入社会统筹，实行现收现付制；个人账户基金则归个人所有，实行基金积累制。在此基础上，1998年，国务院下发了28号文件，即《国务院关于实行企业职工基本养老保险省级统筹和行业统筹移交地方管理有关问题的通知》，明确提出"在1998年8月31日以前，实行基本养老保险行业统筹企业的基本养老保险工作，按照先移交后调整的原则，全部移交省、区、市管理"。至此，基本养老保险行业统筹退出历史舞台，转而实行养老保险县市级统筹。值得注意的是，在此期间，国家曾多次提到要提高基本养老保险统筹层次，积极推动基本养老保险省级统筹。国发〔1998〕28号文件曾提出在1998年底要实行企业职工基本养老保险省级统筹，但未能按期实现。国发〔2005〕38号文件也明确提出要尽快提高统筹层次，实现省级统筹。为了进一步加快实现基本养老保险省级统筹，2007年，原劳动和社会保障部下发了《关于推进企业职工基本养老保险省级统筹有关问题的通知》(劳社部发〔2007〕3号) 的文件，明确了企业职工基本养老保险省级统筹的标准。这在一定程度上推动了各地区加快省级统筹的步伐，如北京、陕西省、福建省等省份均在此期间实现了基本养老保险省级统筹，但大部分省份依然停留在县市级统筹阶段，或者仅仅实行的是养老保险基金省级调剂金制度 [①]，故而这一阶段依然是县市级统筹为主的阶段。

3.1.5 省级统筹阶段（2009—2017）

在国务院和相关部门的积极推动下，到2009年，中国大陆31个省（市、区）和新疆生产建设兵团均宣布制定了养老保险省级统筹办法，基本上实现了养老保险省级统筹，从此，基础养老金进入了省级统筹阶段。值得注意的是，这一阶段

---

① 部分文献也将之称为"预算管理模式"。

的基础养老金省级统筹大致存在两种模式，一种是基本养老保险基金由省级统一调度使用，实行统收统支，由省级政府直接管理，即"省级统收统支"模式；另一种是采取省级统一核算、省和地（市）、县管理的方式，其中，中央财政、省级财政补助资金和上解的调剂金由省级统一调剂使用[①]，即"省级调剂金"模式。在这一阶段，由于直接从县市级统筹上升到省级统收统支有一定的困难，很多省份选择了"省级调剂金"模式，但这并非真正意义上的省级统筹，因此，还需要进一步将之转变为"省级统收统支"模式。为进一步完善省级统筹制度，2017 年，人力资源社会保障部和财政部联合下发了《人力资源社会保障部财政部关于进一步完善企业职工基本养老保险省级统筹制度的通知》，规定"各地要在基本养老保险制度、缴费政策、待遇政策、基金使用、基金预算和经办管理实现'六统一'的基础上，积极创造条件实现全省基本养老保险基金统收统支"，并提出"目前企业职工基本养老保险费率尚未统一的省份，要制定过渡措施，最迟 2020 年实现全省费率统一"，进一步明确了基础养老金省级统筹的标准和时间表。

在推动基础养老金省级统筹的同时，这一阶段国家也开始大力推动实现基础养老金全国统筹的工作。2010 年，《中华人民共和国社会保险法》第八章第六十四条明确规定，"基本养老保险基金逐步实行全国统筹"，这就从法律上明确了基本养老保险基金统筹的层次为全国统筹，明确了制度改革的方向。同年，"十二五"规划进一步将其明确为"实现基础养老金全国统筹"，并在后来党的十八大、党的十八届三中全会、党的十八届五中全会、"十三五"规划、党的十九大等均强调要实现这一目标。但遗憾的是，由于基础养老金省级统筹还有待进一步完善，由省级统筹向全国统筹的阻力相对较大，这一时期未能实现这一目标，依然停留在省级统筹阶段。

3.1.6　省级统筹与中央调剂并行阶段（2018—2021）

在上一阶段推动基础养老金全国统筹工作受阻之后，这一阶段则重点推进两方面的工作：一方面，继续推动基础养老金省级统收统支工作，夯实基础养老金省级统筹，并在 2020 年基本上实现了基础养老金在省级层面统收统支。另一方面，

---

① 详见《关于推进企业职工基本养老保险省级统筹有关问题的通知》的附件。

则开始建立养老保险基金中央调剂制度[①]，以此作为推动实现养老保险基金全国统筹的第一步，力图通过不断加大调剂力度，尽快实现养老保险全国统筹。2018年、2019年、2020年和2021年的养老保险基金上解比例分别为3%、3.5%、4%和4.5%，基金调剂规模分别为2 422亿元、6 303亿元、7 400亿元和9 327亿元，中央调剂力度逐年增大。养老保险基金中央调剂制度的建立，一定程度上破除了养老保险基金"区域分割"的制度"藩篱"，实现了部分养老保险基金在全国范围内调剂使用（于彬，2019）。然而，需要注意的是，养老保险基金中央调剂制度并不是真正意义上的全国统筹，仅仅是从省级统筹到全国统筹的过渡性举措，是加快这一进程的重要促进手段，基础养老金实质上还处于省级统筹阶段。尽管如此，这两项工作的推进，在很大程度上减轻了基础养老金全国统筹的阻力，也为在"十四五"规划期间实现基础养老金全国统筹的目标奠定了基础。

3.1.7　全国统筹实施阶段（2022—）

在前期养老保险基金中央调剂的基础上，按照党中央、国务院的决策部署，从2022年1月开始，实施基础养老金全国统筹。这意味着，基础养老金全国统筹的工作正式进入了推进阶段。值得注意的是，多年来各地区执行的养老保险政策依然还存在一定差异，如何协调好这些省级政策、进而实现真正意义上的基础养老金全国统筹依然是"十四五"时期的工作重点。

3.2　基础养老金省级政策不协调的主要方面

3.2.1　缴费政策不协调

1. 各省执行的基础养老金缴费率不统一

一是不同省份执行的基础养老金名义缴费率依旧未能实现全国统一，仍待进一步实质性整合。按照企业职工基本养老保险制度的规定，基础养老金的名义缴费率为20%。近年来，在供给侧结构性改革的大背景下，为有效降低企业用工成本、增强企业活力，国家先后多次明确降低或阶段性降低社会保险费率。其中，基础养老金名义缴费率已从原来的20%降至16%，这在很大程度上减轻了企业社

---

① 参见《国务院关于建立企业职工基本养老保险基金中央调剂制度的通知》。

保负担，也统一了绝大多数省份的基础养老金名义缴费率，但广东省和浙江省执行的基础养老金名义缴费率依旧为14%。另外，少部分省份内部的基础养老金名义缴费率仍然未能实现全省统一 (宋晓梧，2017)，如广西在降低基础养老金缴费率的过程中就采取了差别化政策，对重点产业园区的内的企业按照14%的缴费率征收，其他企业则按照16%的缴费率征收。

二是不同省份执行的基础养老金实际缴费率存在较大差异，养老保险缴费负担畸轻畸重的现象依然存在。根据《国家统计年鉴》的数据进行估算，2019年度各省的基本养老保险实际缴费率估算结果如表3-1所示。从中可以看出，养老保险实际缴费率最低的前4位分别为福建、广东、北京和山东，均为东部发达省份，而缴费率最高的后4位分别是湖北、西藏、青海和黑龙江，均为东北部和中西部省

表3-1　2019年度各省的基本养老保险缴费率估算结果

地区	实际缴费率（%）	地区	实际缴费率（%）	地区	实际缴费率（%）
北京	12.26	安徽	21.18	四川	15.85
天津	22.89	福建	7.36	贵州	12.47
河北	28.18	江西	16.62	云南	24.68
山西	29.63	山东	11.75	西藏	30.83
内蒙古	28.19	河南	14.97	陕西	16.60
辽宁	29.93	湖北	30.15	甘肃	23.22
吉林	29.26	湖南	20.85	青海	33.53
黑龙江	34.20	广东	10.56	宁夏	19.00
上海	19.63	广西	23.77	新疆	25.46
江苏	14.33	海南	14.76	全国	21.07
浙江	13.04	重庆	18.17		

注：实际缴费率 = 基金年度收入 / 参保在职职工 / 年平均缴费工资 − 个人缴费率（8%）。需要注意的是基金年度收入除了包含企业缴费和个人缴费外，还包括了政府补贴收入、利息收入等，对于政府补贴收入比较多的省份，可能会存在一定程度高估。当然，由于估算采用各省年缴费基数估计，还存在缴费基数上限和下限的规定，对于部分省份也可能存在低估或高估，但总体上可以反映各省实际缴费率情况。另外，受本书的研究对象和数据所限，调研结果未能包括我国的港澳台地区，下同。

资料来源：《2020年国家统计年鉴》。

份。值得一提的是，养老保险缴费率最高的省份与最低的省份差距悬殊，前者是后者的近5倍。这表明，在基础养老金省级统筹体制下，虽然实现了大部分省份的名义缴费率统一，但在实际执行过程中各地还存在较多的自主权，以至于不同地区企业承担的养老保险缴费负担依然存在"苦乐不均"的现象。

三是不同类型的参保人员执行不同的基础养老金缴费率，给部分地区就业人员缴纳养老保险费留下了一定的操作空间。按照政策规定，个体工商户、自由职业者和灵活就业人员的基础养老金缴费率为12%，比正规就业群体低4个百分点，但在计发待遇办法中却可以享受与正规就业人员一样的待遇。这一做法虽然在一定程度上有利于养老保险制度扩面，吸引这些就业人员积极参加基本养老保险，但也存在部分地区的就业人员在这两种缴费率中进行套利，或者与企业合谋，即本该按照正规就业职工进行缴费，却按照灵活就业人员对此进行缴费，以此减轻缴费负担。

2. 各省执行的基础养老金缴费基数存在一定差异

按照《国务院办公厅关于印发降低社会保险费率综合方案的通知》（国办发〔2019〕13号）的规定，各省应以本省城镇非私营单位就业人员平均工资和城镇私营单位就业人员平均工资的加权平均工资核定养老保险的缴费基数，改变了以往以"城镇非私营单位就业人员平均工资"作为核定依据的做法，对降低企业养老保险缴费负担具有重要的意义。但各省在执行这一政策时却存在一定差异，不同省份的养老保险缴费基数具体规定并不完全一致。根据公开数据查找，笔者整理的2019年度各省的养老保险缴费基数如表3-2所示。从中可以看出，各省公布的养老保险缴费工资相差较大，如上海的缴费工资基准值已经高达8 211元／月，但辽宁省的缴费基准值最低的仅为4 321元／月，前者是后者的近2倍。值得注意的是，部分省份还采取了按地区分档的方式执行不同的养老保险缴费基数，如湖北、辽宁等。以湖北为例，对武汉和省直机关设置6 233元／月的缴费基数，为第一档；黄石、十堰、襄阳等7个地市则设置4 800元／月的缴费基数，为第二档；荆州、鄂州等9城则设置4 500元／月的缴费基数，为第三档。这也意味着，同一省份不同地区的缴费基数标准也存在较大差异。另外，部分省份在设置养老保险缴费基数下限时，并未严格按照"以本省全口径城镇单位就业人员平均工资的60% 确定下限"

的规定进行设置，如北京的缴费基数下限应为4 713元／月，但实际执行的标准仅为3 613元／月。由此可见，实施基础养老金全国统筹，还需进一步规范各省养老保险缴费基数的确定方法。

表3-2　2019年度各省的养老保险缴费基数

单位：元／月

地区	缴费工资基准值	上限	下限
北京	7 855	23 565	3 613
天津	5 871	17 613	3 364
河北	4 727	14 181	2 836
山西	4 565	13 695	2 739
内蒙古	5 257	15 771	3 154
辽宁	4 801 / 4 513 / 4 321	14 403 / 13 539 / 12 963	2 881 / 2 708 / 2 593
吉林	5 049	15 147	3 029
黑龙江	4 608	13 823	2 765
上海	8 211	24 633	4 927
江苏	5 614	16 842	3 368
浙江	5 536	16 608	3 322
安徽	5 028	15 085	3 017
福建	5 389	16 168	3 234
江西	4 736	14 208	2 842
山东	5 449	16 347	3 270
河南	4 575	13 725	2 745
湖北	6 223 / 4 800 / 4 500	18 669 / 14 400 / 13 500	3 734 / 2 880 / 2 700
湖南	4 764	14 292	2 859
广东	6 338	19 014	3 803 / 3 376 / 3 126 / 2 924
广西	4 925	14 775	2 955
海南	5 704	17 112	3 422
重庆	5 469	16 407	3 282
四川	5 393	16 179	3 236 / 2 697
贵州	5 663	16 988	3 398
云南	5 179	15 537	3 107

续表

地区	缴费工资基准值	上限	下限
西藏	7 815	23 445	4 689
陕西	5 201	15 603	3 121
甘肃	5 156	15 467	3 094
青海	5 683	17 049	3 410
宁夏	5 171	15 513	3 103
新疆	5 392	16 176	3 235

资料来源：https://baijiahao.baidu.com/s?id=1645966526414975630&wfr=spider&for=pc。

3. 各省养老保险征收机构管理体制仍待理顺

长期以来，我国的养老保险费征收存在两种情况，一种是由社保经办机构负责征收，另一种则是由税务机构负责征收，各省在征收机构选择上存在一定的差异（郑秉文，2019）。北京、天津和新疆等13个省份实施社保经办机构征收，黑龙江、河北和广东等其他18个省份实行的是地方税务机构征收。直到《国税地税征管体制改革方案》明确了社会保险费交由税务机关全责征收[①]，各省份才陆续发布企业社会保险费交由税务部门征收的公告，并在2020年11月1日基本实现了社会保险费交由税务部门全责征收。尽管这样，部分地区的改革依然未能完全一次性到位，还有部分后续事宜亟待移交和整合。此外，对社会保险经办机构的管理模式选择，各省也存在一定的差异，上海、黑龙江、陕西、天津、吉林等省份在省级统筹的改革过程中就已经实现了垂直管理模式，在这种模式下，社保经办机构受县市级政府干预相对较弱；而其他很多省份却一直实行双重管理模式，在这种模式下，地方政府对其干预相对较强，仅仅是在业务这一块接受上一级经办机构的指导。很显然，各省养老保险经办机构的不同管理模式会对养老保险费的征缴效果产生不同的影响。这也意味着，实施基础养老金全国统筹需要进一步理顺养老保险征收机构的管理体制。

---

① 一些地方追缴企业的历史欠费，引发关注，对于社保缴费是否移交给税务部门全责征收，国务院提出，企业职工基本养老保险和企业职工其他险种缴费，原则上暂按现行征收体制继续征收，稳定缴费方式，"成熟一省、移交一省"。

4. 各省基本养老保险费征缴力度大小不一

各省在征缴养老保险费时存在一定自主权，有的省份基金收支平衡压力大，征缴力度较大；有的省份基金平衡压力小，征缴力度较小，这就造成了各省之间在基本养老保险费征缴力度方面的不协调。反映这一现象的指标包括养老保险参保率和足额征缴率，前者可以反映地方政府扩面的努力，让更多就业人员参保缴费；后者可以反映养老保险征缴的效果。笔者对2019年各省的养老保险参保率和足额征缴率进行了估算，估算结果如图3-1所示。从企业职工参保率来看，有的省份参保率相对较高，超过了90%，而有的省份则相对较低，不到30%，二者相差悬殊。这说明，各省的养老保险制度扩面力度存在差异，并未真正实现从制度全覆盖到人员全覆盖。从足额征缴率来看，这一指标在各省也存在较大差异，黑龙江、青海和西藏等省份相对较高，而北京、福建等省份相对较低。这意味着，很多省份在征收养老保险费时并未完全做到应征尽征，很可能存在部分"逃费"现象。

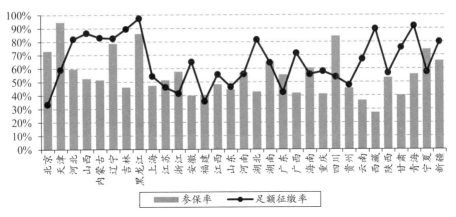

图3-1　2019年各省份的养老保险参保率和足额征缴率

注：参保率=参保在职人数/（城镇非私营单位就业人数＋私营企业和个体就业人数）；足额征缴率=企业职工基本养老保险企业缴费收入/企业职工基本养老保险应征缴保费收入。

资料来源：笔者根据《2020国家统计年鉴》整理计算后绘制。

3.2.2　待遇政策不协调

1. 绝对养老金待遇和相对养老金待遇不匹配

按照养老金待遇计发办法，实行"老人老办法、中人中办法、新人新办法"，

"老人"领取的养老金按照其退休前工资的一定比例发放，并执行养老金调整办法；"中人"的养老金由过渡性养老金、基础养老金和个人账户养老金构成，也执行养老金调整办法；"新人"的养老金则由基础养老金和个人养老金构成。但由于各省份参保人群的构成不一样，以及执行的养老金待遇计发标准存在一定差异，造成了不同省份的养老金待遇存在较大差距，尤其表现为绝对养老金待遇和相对养老金待遇不匹配。从2005至2019年全国及各省人均养老金和养老金替代率（见图3-2）来看，除去个别特殊省份外，往往是经济较为发达的省份养老金绝对待遇偏高，但相对待遇却偏低；而经济相对落后的省份则是绝对养老金待遇偏低，但相对养老金待遇偏高。以北京和上海为例，在此期间二者是所有省份中养老金替代率最低的两个，分别仅为36.71%和34.69%；但二者却是除西藏以外的省份中养老金绝对待遇最高的两个省份，在此期间人均养老金分别高达32 625元/年和30 741元/年。这就很可能导致一种"选择性呼吁"现象，即东部发达省份会以养老金替代率偏低要求提高养老金待遇，而中西部相对落后省份则可能会以养老金绝对待遇水平相对较低而要求提高养老金待遇。这就给各省份的养老金待遇计发和调整政策造成了一定的协调难度。

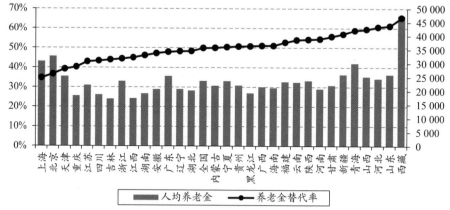

图3-2 2005—2019年全国及各省份人均养老金和养老金替代率

注：人均养老金等于年度养老金支出总额除以离退休人数，为各省历年的算术平均值，养老金替代率等于人均养老金与非私营单位在岗职工平均工资之比。

资料来源：笔者根据历年《国家统计年鉴》整理计算后绘制。

2. 部分省份的养老金增长与工资增长呈现出"倒挂"现象

根据当前的养老金调整政策,遵循的是"中央制定标准、地方自拟方案"的原则对养老金进行调整。这意味着地方政府在养老金调整政策上具有一定的自主权,使得各省养老金增长速度不一,甚至不少省份出现了养老金增长与工资增长"倒挂"的现象。如表3-3所示,虽然在全国层面上人均养老金增长率与平均工资增长率保持了相对较好的联动性,但在省级层面二者的关联性相对较弱,尤其是不少中西部地区的养老金增长率超过了工资增长率。2005—2019年间,共计有11个省份的人均养老金增长率超过了平均工资增长率,其中,有7个是中西部省份。这表明,省级层面的养老金调整政策存在不协调,部分省份未能较好地贯彻合理分享经济发展成果的要求,可能存在养老金不合理增长现象,需要进一步对此进行规范和协调。

表3-3　2005—2019年全国及各省份人均养老金增长率和平均工资增长率

地区	养老金增长率	工资增长率	增长率之差	地区	养老金增长率	工资增长率	增长率之差
安徽	13.80%	12.96%	0.85%	辽宁	11.34%	11.22%	0.12%
北京	11.30%	12.29%	−0.99%	内蒙古	11.90%	12.85%	−0.94%
福建	10.56%	11.73%	−1.17%	宁夏	11.34%	12.49%	−1.15%
甘肃	10.65%	11.98%	−1.32%	青海	14.11%	11.80%	2.31%
广东	12.04%	10.51%	1.53%	山东	9.43%	12.32%	−2.89%
广西	12.66%	12.29%	0.38%	山西	11.89%	12.02%	−0.13%
贵州	12.04%	13.60%	−1.56%	陕西	13.00%	12.82%	0.19%
海南	11.96%	13.38%	−1.42%	上海	10.77%	11.38%	−0.62%
河北	13.34%	12.32%	1.02%	四川	10.61%	12.64%	−2.04%
河南	12.09%	12.23%	−0.15%	天津	11.41%	11.38%	0.03%
黑龙江	11.22%	12.03%	−0.81%	西藏	14.99%	10.53%	4.46%
湖北	12.44%	13.60%	−1.16%	新疆	13.00%	12.11%	0.89%
湖南	11.21%	11.87%	−0.66%	云南	13.23%	12.65%	0.58%
吉林	10.90%	12.68%	−1.78%	浙江	8.73%	10.12%	−1.39%
江苏	9.62%	11.80%	−2.18%	重庆	12.42%	12.77%	−0.35%
江西	12.08%	13.00%	−0.92%	全国	11.81%	12.17%	−0.36%

资料来源:笔者根据历年《国家统计年鉴》经计算后得到。

3. 省级养老金调整政策与地区养老负担的关联性较低

面对较为严峻的人口老龄化挑战，适当考虑人口老龄化的影响，引入养老负担调整系数，是国际上对养老金增速进行调整的普遍做法。我国同样也面临越来越严重的人口老龄化挑战，并且各地区的老龄化程度差别很大，但各省份的基本养老金增长却未能较好地考虑当地的养老负担的影响。这就导致制度赡养率[①]高的地区养老金增长率不一定低，而制度赡养率低的地区养老金增长率不一定高。如图 3-3 所示，2005—2019 年间，浙江、山东和江苏的人均养老金增长率最低，分别仅为 8.82%、9.03% 和 9.62%，但三者的平均制度赡养率都非常低，分别仅为 24.27%、26.88% 和 30.95%。而黑龙江、吉林和重庆的制度赡养率最高，分别达到了 62.50%、56.50% 和 53.71%，但其年人均养老金增长率却分别达到了 11.22%、10.90% 和 12.13%，高于不少养老负担较轻的省份。这表明，部分省份的养老金增长并未重点将人口老龄化负担考虑进去，养老负担对养老金增长的约束作用未能得到充分发挥，这对于"实施积极应对人口老龄化战略"是极为不利的。

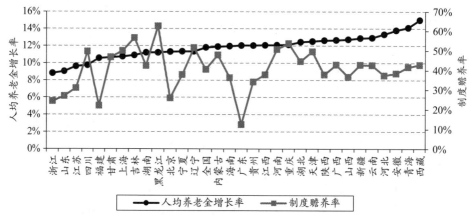

图3-3 2005—2019年全国及各省份人均养老金增长率和制度赡养率

资料来源：笔者根据历年《国家统计年鉴》整理计算后绘制。

4. 部分省份的养老金调整政策未能充分考虑到基金的可持续性

高质量、健康运行的基本养老金制度必须是公平性和可持续性兼顾，这样才

[①] 制度赡养率等于当年领取养老金的离退休人口除以当年在职参保缴费人口，这一指标越小表明养老负担越轻，这一指标越大则表明养老负担重。

能真正实现"老有所养"，故而在确定养老金调整政策时应该将基金的可持续性纳入考虑。但事实上，由于有政府财政作为最后担保人，部分省份的养老金增长并未与基金的可持续挂钩。以黑龙江省为例，到2019年底已经出现了433亿元的累计基金缺口，是全国第一个出现累计基金缺口的省份，但其平均增长率竟然也达到了11.22%，比浙江、山东、江苏、四川、福建、甘肃、上海、吉林和湖南等这些未出现基金缺口的省份都要高。尽管出现缺口，黑龙江省在2019年还是实现了12.33%的高增长率，比当年国家规定的增长率（5%）高出一倍多，明显存在一定的不合理性。因此，要协调好省级层面的养老金调整政策需要考虑到养老保险基金财务可持续性，这样才能有利于实施基础养老金全国统筹。

表3-4　2005—2019年人均养老金增长率和基金累计结余

地区	养老金增长率	累计结余（亿元）	地区	养老金增长率	累计结余（亿元）
安徽	13.80%	1 909.7	辽宁	11.34%	303.7
北京	11.30%	6 018.5	内蒙古	11.90%	595.9
福建	10.56%	976.2	宁夏	11.34%	261.5
甘肃	10.65%	467.0	青海	14.11%	37.0
广东	12.04%	12 343.6	全国	11.81%	54 623.3
广西	12.66%	755.2	山东	9.03%	2 217.2
贵州	12.04%	894.0	山西	12.74%	1 639.8
海南	11.96%	281.4	陕西	12.63%	804.2
河北	13.34%	910.0	上海	10.74%	2 290.3
河南	12.09%	1 326.3	四川	9.75%	3 759.5
黑龙江	11.22%	−433.0	天津	12.52%	556.5
湖北	12.44%	1 017.1	西藏	15.00%	171.2
湖南	11.21%	1 836.7	新疆	12.89%	1 307.0
吉林	10.90%	501.9	云南	12.93%	1 325.2
江苏	9.62%	4 932.4	浙江	8.82%	3 585.4
江西	12.08%	824.6	重庆	12.13%	1 090.1

资料来源：笔者根据历年《国家统计年鉴》整理计算后得到。

3.2.3 转接政策不协调

在地区分割统筹体制下，为了实现基本养老保险关系能够异地转移接续，国家颁布了《城镇企业职工基本养老保险关系转移接续暂行办法》(国办发〔2009〕66号)、《人力资源社会保障部关于城镇企业职工基本养老保险关系转移接续若干问题的通知》(人社部规〔2016〕5号)、《人力资源社会保障部办公厅关于职工基本养老保险关系转移接续有关问题的补充通知》(人社厅发〔2019〕94号)等政策，这在一定程度上解决了劳动力跨省流动的养老保险关系转接问题。但在实际操作过程中，养老保险关系在不同省份之间进行转移时出现了以下主要问题：一是出现了"愿转不愿接"的现象。按照现行办法，统筹基金(企业缴纳的基础养老金部分)只能将各年度实际缴费工资为基数的12%转移，另外的8%则截留在当地。这实际上是对流动人口缴纳的统筹基金在流出地和流入地之间进行再分配，很显然是有利于流出地，因此，流出地愿意转，但流入地则不愿意接。二是在不同省份退休领取养老金待遇差别很大。按现有政策规定，共存在四种确定待遇领取地的办法，即按照在某一地区是否缴费满10年、是否是户籍所在地等条件确定其待遇领取地[①]。但不同省份的养老保险缴费基数和退休时的社会平均工资存在较大差别，这就导致部分条件相差不大或缴费贡献相差不大的参保者，最后领取的养老金却存在较大差距。三是部分参保人员养老保险关系转移接续依旧存在不小困难(殷宝明，2020；周心怡 等，2021)。部分流动人口辗转多个省份务工，并且在多地都缴纳了一段时间的养老保险费，在办理转移接续手续时将变得十分烦琐；那些有视同缴费的"中人"办理退休时则需要的手续更多。这也在很大程度上导致养老保险关系转移不畅。四是存在少部分流动人口重复领取养老金待遇的可能。按照现行规定，参保人只要满足15年最低缴费年限就可以获得领取养老金待遇的权利，但如果流动人口在两个省份都缴费超过了15年；或者虽然在多个省份参保，但按照规定可以在两个省份都凑足超过15年；那么，就存在可以领取两份养老金待遇的可能。

---

① 参见《城镇企业职工基本养老保险关系转移接续暂行办法》(国办发〔2009〕66号)第六条的四个具体条款规定。

这一现象在人社厅发〔2019〕94号文件①出台之前存在的可能性更大。

为了更好地说明转接政策不协调的问题，笔者根据现有转移接续办法模拟三种流动人口转接情形：第一种情形为在北京缴费10年和在湖南缴费5年，但湖南和北京都不是户籍所在地；第二种情形为在湖南缴费10年和在北京缴费5年，但湖南和北京都不是户籍所在地；第三种情形则为在北京缴费9年和在湖南缴费6年，湖南为户籍所在地。为了简化处理，假设在此期间流动人口均在城镇非私营企业工作，北京和湖南的社会平均工资和缴费工资基准值均按照2019年的标准进行估算②，不考虑通货膨胀和工资增长等，模拟结果③见表3-5。

表3-5　不同情形下基础养老金关系转移接续比较分析

情形一						
北京		湖南		转移		领取的基础养老金
缴费年限	缴费金额	缴费年限	缴费金额	领取地	转移金额	
10	188 520	5	57 168	北京	34 300	19 132.2
情形二						
北京		湖南		转移		领取的基础养老金
缴费年限	缴费金额	缴费年限	缴费金额	领取地	转移金额	
5	94 260	10	114 336	湖南	56 556	11 032.13
情形三						
北京		湖南（户籍地）		转移		领取的基础养老金
缴费年限	缴费金额	缴费年限	缴费金额	领取地	转移金额	
9	169 668	6	68 601.6	湖南	101 800.8	11 773.97

注：缴费年限的单位为年，缴费金额、转移金额和领取的基础养老金的单位均为元。

资料来源：笔者自行测算。

---

① 这一文件规定，"重复领取的基本养老保险待遇应予退还"，说明已经发现存在这类问题需要解决。

② 2019年北京的缴费工资基准值和非私营单位在岗职工平均工资为7 855元/月和173 205元/年；湖南省对应的分别为4 764元/月和77 563元/年。

③ 按照规定，"参保人员转移接续基本养老保险关系后，符合待遇领取条件的，以本人各年度缴费工资、缴费年限和待遇领取地对应的各年度在岗职工平均工资计算其基础养老金"。

从情形一来看，由于在北京缴费满了 10 年，所以养老金待遇领取地应为北京，湖南缴纳的统筹基金应该转移至北京，但只有 60% 的统筹账户资金转到了北京，另外 40% 则被留在了湖南。按照现行的基础养老金待遇计发办法，这种情形的流动人口退休后每年可以领取到的基础养老金为 19 132.2 元。从情形二来看，由于在湖南缴费满了 10 年，故而应在湖南领取养老金待遇，北京的缴纳的统筹基金应转移至湖南，也只能转移 60%，其他 40% 则留在北京了。这种情形的流动人口退休后每年可以领取到的基础养老金为 11 032.13 元，较情形一整整低了 8 100 元 /年。第三种情形则是在北京和湖南都没有交满 10 年，但由于湖南是其户籍地，按照规定应在湖南领取养老金待遇，但能够领取到的基础养老金待遇仅为 11 773.97元 / 年。尽管情形三和情形一的缴费年限一样，相差的仅仅是，有一年一个在北京缴费，一个在湖南缴费，但二者领取的基础养老金待遇却相差 7 358.24 元 / 年，情形三的流动人口权益明显受损。

总之，从模拟结果来看，无论是哪一种养老保险关系转移接续，能够从流出地转入的统筹基金只有流出地缴纳金额的 60%，但却要在流入地享受待遇，这对流入地而言是一种损失，故而流入地不愿意接。另外，同样是缴费 15 年，在不同地区缴费年限不一样，就可能导致在不同的地方领取养老金待遇，尤其是领取的基础养老金待遇差距较大。这也表明，在工资相对较高的省份领取基础养老金待遇要明显优于在欠发达地区领取的基础养老金待遇，这种转移接续办法在一定程度上造成了养老金待遇领取的不公平。

3.2.4　补贴政策不协调

按照《国务院关于建立企业职工基本养老保险基金中央调剂制度的通知》（国发〔2018〕18 号）的规定，"现行中央财政补助政策和补助方式保持不变。中央政府在下达中央财政补助资金和拨付中央调剂基金后，各省份养老保险基金缺口由地方政府承担。省级政府要切实承担确保基本养老金按时足额发放和弥补养老保险基金缺口的主体责任。"这就明确了省级政府承担的是主体责任，但在部分省份发布的政策文件中，对弥补养老保险基金缺口规定了不同级别的地方政府承担不同的比例，即建立了养老保险基金缺口共担机制，如河北省按照收支缺口的不同情况建立了五档补贴责任分担机制①。但在实际操作过程中，由于不同省份的经济发展状况、人口结构、就业状况、抚养比等存在差异，政府对养老保险基金的财政补贴政策依然存在不少不协调现象，主要体现为：

一是政府对养老保险基金的财政补贴规模越来越大。从政府财政对基本养老保险基金的补贴规模来看，2002年，这一补贴规模仅为456亿元，占职工缴费收入的比例为17.88%；到2017年，这一规模已经上涨至8 004亿元，占职工缴费收入的比例也提高到了23.96%；在2018—2020年间，虽然没有明确公布具体的数据，但据推断这一财政补贴规模可能还在扩大。从这一期间财政补贴规模的上涨趋势来看，2015年开始出现急速上涨，正好这一年也是在全国层面剔除财政补贴出现收支赤字的第一年②，这表明，随着各地区养老金收支失衡的加剧，政府承担的财政补贴责任也将越来越大。

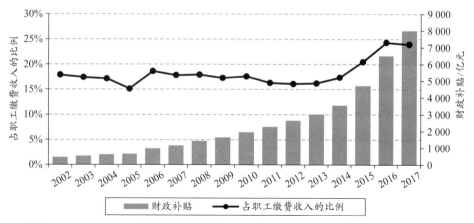

图3-4 2002—2017年政府财政对养老保险基金的补贴规模和占职工缴费收入的比例

注：2018—2020年的人力资源与社会统计公报未公布养老保险基金的财政补贴规模，故数据只到2017年。

资料来源：历年《人力资源与社会保障事业发展统计公报》。

二是不同省份政府需要承担的养老金补贴责任存在较大差异。由于每一个省份的养老保险缴费负担存在差异，有的省份已经出现了累计基金缺口，如黑龙江

---

① 河北省人民政府关于进一步完善企业职工基本养老保险省级统筹制度的通知。

② 当年，剔除政府财政补贴，出现了1 188亿元的年度收支缺口，但由于当年政府财政补贴高达4 716亿元，故而当年还出现了3 528亿元的年度结余。

省，需要大量的财政补贴来弥补；有的省份则出现了年度基金缺口，但累计基金还有结余，仅靠累计基金结余就可维持收支平衡或仅需要较少的财政补贴；还有的省份则既存在累计基金结余有存在年度基金结余，且累计基金结余还在逐年递增，无须财政补贴就可以维持收支平衡[①]。2019年度各省基本养老保险基金收支状况如表3-6所示，从中可以发现，已经有10个省份的养老保险基金在当年度出现了基金缺口，但只有黑龙江省出现了累计基金缺口；另外21个省份在没有剔除财政补贴的前提下，或多或少存在年度基金结余和累计基金结余。这就造成了不同省份的养老保险基金财政补贴责任存在差异，尽管近年来实施了养老保险基金中央调剂制度，一定程度上减小了这一差异，但未能从根本上均衡各省份的养老保险财政补贴责任。

表3-6 2019年度各省份基本养老保险基金收支状况　（单位：亿元）

地区	基金收入	基金支出	累计结余	年度结余
北京	2 760.6	1 698.3	6 018.5	1 062.3
天津	1 021.2	1 000.5	556.5	20.7
河北	2 437.4	2 425.7	910.0	11.7
山西	1 232.5	1 168.8	1 639.8	63.7
内蒙古	1 060.9	1 201.4	595.9	−140.5
辽宁	2 486.4	2 950.0	303.7	−463.6
吉林	1 142.8	1 263.6	501.9	−120.8
黑龙江	1 785.4	2 094.8	−433.0	−309.4
上海	2 933.7	2 779.7	2 290.3	154.0
江苏	3 759.2	3 382.3	4 932.4	376.9
浙江	3 040.0	3 138.5	3 585.4	−98.5
安徽	1 514.6	1 298.9	1 909.7	215.7
福建	931.8	782.2	976.2	149.6
江西	1 047.2	1 083.9	824.6	−36.7
山东	2 784.7	2 872.7	2 217.2	−88.0

[①] 需要注意的是，这些省份依然可能会有财政补贴，因为省份内部某些地区出现了收支缺口，政府可能为此提供财政补贴。

续表

地区	基金收入	基金支出	累计结余	年度结余
河南	2 053.0	1 931.0	1 326.3	122.0
湖北	2 418.0	2 264.5	1 017.1	153.5
湖南	1 767.5	1 620.2	1 836.7	147.3
广东	5 593.2	3 761.5	12 343.6	1 831.7
广西	1 128.7	1 079.7	755.2	49.0
海南	324.5	280.1	281.4	44.4
重庆	1 238.3	1 192.5	1 090.1	45.8
四川	2 754.9	2 764.2	3 759.5	−9.3
贵州	725.6	613.5	894.0	112.1
云南	951.3	764.5	1 325.2	186.8
西藏	139.1	107.4	171.2	31.7
陕西	1 254.0	1 187.5	804.2	66.6
甘肃	598.5	599.3	467.0	−0.8
青海	300.5	323.3	37.0	−22.8
宁夏	269.1	266.8	261.5	2.3
新疆	1 137.1	1 040.9	1 307.0	96.2

资料来源:《2020年中国统计年鉴》。

三是不同省份建立的省、市、县各级政府的基金缺口分担机制不统一。纵观各省份出台的有关建立或完善企业职工基本养老保险省级统筹的制度或文件,尽管绝大多数省份都提到要建立省、市、县各级政府基金缺口分担机制,但这些机制的具体操作存在一定差别。部分省份由于暂时的财政补贴压力不大,仅仅是在文件中提出原则性的规定,并未进一步细化操作机制;部分省份则由于财政补贴压力大,明确提出省、市、县各级政府具体的基金缺口分担比例,且操作规则较为明确;还有部分省份则将这些基金缺口补贴责任与县市级政府养老保险基金收支预算完成绩效挂钩,制定了具有一定激励效果的基金缺口分担机制。总体来看,各省份建立的基金缺口分担机制差别较大,操作规则不统一,这在很大程度上给实施基础养老金全国统筹造成了阻力。

3.3 基础养老金省级政策不协调的主要影响因素

从以上分析可知，省级基础养老金在缴费政策、待遇政策、转接政策和补贴政策等方面都存在不协调，这些省级政策不协调又在很大程度上造成了区域利益失衡格局难以协调，对实施基础养老金全国统筹造成了较大阻碍。那么，有哪些因素造成了基础养老金省级政策不协调？笔者认为，各省份在经济发展水平、养老负担、基金结余和历史债务等方面的差异是其主要影响因素，也是各省制定和执行养老保险政策的主要依据，深入剖析这些影响因素，有利于协调好省级层面的养老保险政策，进而构建区域利益均衡机制。

3.3.1 区域经济发展不平衡

改革开放 40 多年以来，我国各省份在经济发展上均取得了巨大成就，但由于政策、区位、历史等综合因素的影响，各省份的经济发展步伐快慢不一，逐渐造成了区域经济发展不平衡。一般而言，东部沿海省份发展较快，东北部和中西部省份发展相对滞后。以 2019 年为例，GDP 总量最高的省份为广东，高达 107 671 亿元；最低的为西藏，仅为 1 698 亿元；前者是后者的 63.41 倍。从人均 GDP 来看，最高的为北京，高达 164 220 元；最低的为甘肃，仅为 32 995 元；前者是后者的近 5 倍。各省份经济发展不平衡可以通过多种路径影响到养老保险政策的制定和执行，进而导致省级政策不协调，具体表现见图 3-5。

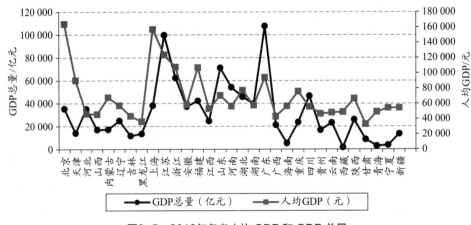

图3-5 2019年各省人均 GDP 和 GDP 总量

资料来源：《2020年中国统计年鉴》。

（1）经济发展水平较高的省份平均工资水平较高，进而养老保险缴费基数和待遇计发基数也会较高，反之则相反。各省制定的养老保险缴费基数基准值是城镇私营单位在岗平均工资和城镇非私营单位在岗平均工资的加权值，并据此设定缴费基数的上下限。以2019年为例，人均GDP最高的北京，城镇非私营单位在岗职工平均工资最高，缴费工资基准值也最高，为7 855元/月，分别占城镇非私营单位在岗平均工资和私营单位在岗平均工资的54%和111%；而人均GDP最低的甘肃，城镇非私营单位在岗平均工资也相对较低，缴费工资基准值则设定为5516元/月[①]，虽然不是全国最低，但也体现了一定的关联性。待遇计发基数则由退休时的社会平均工资和个人指数化平均缴费工资确定，前者直接由当年退休地的社会平均工资决定，后者则由退休地对应年份的社会平均工资和个人缴费工资确定，虽然存在一定的收入再分配效应，但与各省份的平均工资水平也存在一定的关联性。

表3-7　2019年各省份平均工资和养老保险缴费基准值之间的关系

地区	城镇私营在岗平均工资（元/月）	城镇非私在岗平均工资（元/月）	缴费工资基准值（元）	基准/非私	基准/私营
北京	7 105	14 434	7 855	54%	111%
天津	5 379	9 300	5 871	63%	109%
河北	3 577	6 315	4 727	75%	132%
山西	3 125	6 017	4 565	76%	146%
内蒙古	3 624	6 940	5 257	76%	145%
辽宁	3 485	6 272	4 513	72%	129%
吉林	3 136	6 367	5 049	79%	161%
黑龙江	3 056	6 050	4 608	76%	151%
上海	5 352	12 648	8 211	65%	153%
江苏	4 860	8 222	5 614	68%	116%
浙江	4 699	8 500	5 536	65%	118%
安徽	4 038	6 844	5 028	73%	125%
福建	4 762	7 031	5 389	77%	113%
江西	3 862	6 344	4 736	75%	123%
山东	4 623	7 007	5 449	78%	118%

---

① 缴费工资基准值的确定可能还受其他因素影响，故而不一定完全由单一经济因素决定。

续表

地区	城镇私营在岗平均工资（元/月）	城镇非私在岗平均工资（元/月）	缴费工资基准值（元）	基准/非私	基准/私营
河南	3 600	5 692	4 575	80%	127%
湖北	3 628	6 794	4 800	71%	132%
湖南	3 501	6 464	4 764	74%	136%
广东	5 210	8 391	6 338	76%	122%
广西	3 579	6 626	4 925	74%	138%
海南	4 454	7 055	5 704	81%	128%
重庆	4 570	7 476	5 469	73%	120%
四川	3 915	7 238	5 393	75%	138%
贵州	3 794	7 331	5 663	77%	149%
云南	3 903	7 651	5 179	68%	133%
西藏	−	10 254	7 815	76%	−
陕西	3 623	6 843	5 201	76%	144%
甘肃	3 476	6 445	5 156	80%	148%
青海	3 311	7 792	5 683	73%	172%
宁夏	3 658	7 346	5 171	70%	141%
新疆	3 822	6 838	5 392	79%	141%

资料来源：前三个指标根据《2020年中国统计年鉴》和网上公开数据而得，后两个指标据此计算而得。

（2）经济发展水平较高的省份能够吸引较多的外来人口流入，增加养老保险参保缴费收入，基金收支平衡压力小，故而可以执行相对较低的缴费率和缴费基数，甚至在一定程度上减小征缴力度；而那些经济发展水平较低的省份则可能出现人口净流出，参保缴费人口减少，基金收支平衡压力大，不得不执行相对较高的缴费率和缴费基数，并执行较为严格的征缴力度。以2020年为例，从外省（自治区、直辖市）流入人口占比超过10%的省份包括广东、浙江、上海、江苏、北京和福建等。大规模的外省流入人口使得这些省份的参保缴费收入增长较快，并且出现了大量的累计基金结余，目前应对基金收支平衡的压力相对较小，以至于部分省份，如广东省和浙江省目前执行的基础养老金缴费率依旧为14%，执行的缴费工资基准值也相对较低。

表3-8　2020年部分省 / 市外省流入人口情况

地区	常住人口（万人）	外省流入人口（万人）	外省人占比
广东	12 601.25	2 962.21	23.51%
浙江	6 456.76	1 618.65	25.07%
上海	2 487.09	1 047.97	42.14%
江苏	8 474.48	1 030.86	12.16%
北京	2 189.31	841.80	38.45%
福建	4 154.01	488.99	11.77%

资料来源：https://baijiahao.baidu.com/s?id = 1703996871811676287&wfr = spider&for = pc。

（3）经济发展水平较高的省份财政实力相对雄厚，对基金缺口的补贴能力强，但无须提供财政补贴或仅需提供少量财政补贴，故而部分省份并未明确建立基金缺口分级分担机制；而经济发展水平相对滞后的省份财政实力相对较弱，甚至需要大量的中央财政转移支付，对基金缺口的补贴能力弱，但可能却要承担相对较大的补贴责任，故而不少省份建立了基金缺口分级分担机制。以2019年为例，上海和北京的人均财政收入最高，分别高达29 510元和23 139元；而最低的为甘肃和黑龙江，分别仅为3 213元和3 366元，最高的上海是最低的甘肃的9.18倍，差距悬殊。在如此大的财政实力差距下，财政实力较强的省份有足够的底气应对基金缺口补贴压力，故而在制定或执行基金缺口分级分担机制上步伐较慢；而那些

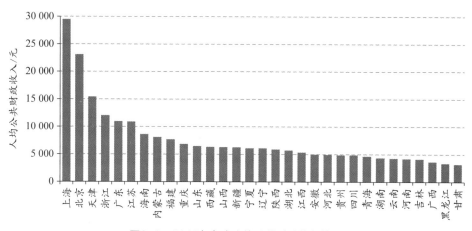

图3-6　2019年各省人均公共财政收入情况

资料来源：笔者根据《2020年中国统计年鉴》计算而得。

财政实力较弱的省份则面临基金缺口补贴责任的较大压力，故而在制定或执行基金缺口分级分担机制等政策方面较为积极。这种来自财政实力差距的影响，是造成基础养老金省级补贴政策不协调的一个重要原因。

3.3.2 各省养老负担苦乐不均

养老负担的轻重是各省养老保险政策制定和执行必须要考虑到的一个重要因素（陈曦 等，2019），对缴费政策、待遇政策、转接政策和补贴政策的协调均可能产生较大影响。就缴费政策而言，养老负担较重的省份可能执行较高的缴费基数和缴费率，并且执行较为严格的征缴力度，养老负担较轻的省份则可能相反；就待遇政策而言，养老负担较重的省份养老金待遇水平可能会受到一定的制约，而养老负担较轻的省份则可能相对慷慨，并且可能有进一步提升养老金待遇的冲动；就转接政策而言，养老负担较重的省份很可能"愿转不愿接"，因为养老保险关系转出有利于减轻养老负担，而养老负担转入则可能增加养老负担；而养老负担较轻的省份则可能对执行养老保险转移接续政策较为相对宽松；就补贴政策而言，养老负担较重的省份可能希望获得国家更多的财政补贴或调剂基金收入，甚至出于"甩包袱"的目的，希望通过实施基础养老金全国统筹来减轻这一负担；而养老负担较轻的省份则能够较为轻松地应对，甚至担心被其他省份"搭便车"，反而在一定程度上担心实施基础养老金全国统筹可能导致地方利益损失。以2019年为例，养老保险制度赡养率最高的三个省份分别为黑龙江、吉林和辽宁，均为东北部省份，分别高达78.39%、74.26% 和67.42%，远高于全国平均水平43.36%；而同期最低的三个省份分别为广东、北京和福建，均为东部发达省份，分别仅为16.94%、20.93% 和21.22%，远低于全国平均水平。在如此大的养老负担差异下，出于地方利益的考量，各省出台或执行的省级养老保险政策必然存在差异，对实施基础养老金全国统筹的意愿也必然存在差别。

3.3.3 基金结余集中于少数发达省份

养老保险累计基金结余是各省份历年通过收支盈余积累而得，是体现养老保险基金可持续性的重要指标。各省份在制定和执行养老保险政策时，必然也会受到养老保险基金结余情况的影响。2019年各省份累计基金结余占比情况如表3-9所示。

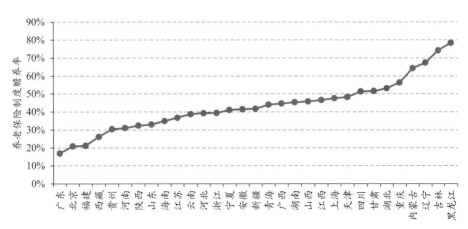

图3-7　2019年各省养老保险制度赡养率

注：制度赡养率等于领取养老金的离退休人数除以在职参保人数。

资料来源：笔者根据《2020年中国统计年鉴》计算而得。

表3-9　2019年各省份养老保险基金累计结余占比

	累计结余（亿元）	占比		累计结余（亿元）	占比
广东	12 344	22.65%	河北	910	1.67%
北京	6 019	11.04%	贵州	894	1.64%
江苏	4 932	9.05%	江西	825	1.51%
四川	3 760	6.90%	陕西	804	1.48%
浙江	3 585	6.58%	广西	755	1.39%
上海	2 290	4.20%	内蒙古	596	1.09%
山东	2 217	4.07%	天津	557	1.02%
安徽	1 910	3.50%	吉林	502	0.92%
湖南	1 837	3.37%	甘肃	467	0.86%
山西	1 640	3.01%	辽宁	304	0.56%
河南	1 326	2.43%	海南	281	0.52%
云南	1 325	2.43%	宁夏	262	0.48%
新疆	1 307	2.40%	西藏	171	0.31%
重庆	1 090	2.00%	青海	37	0.07%
湖北	1 017	1.87%	黑龙江	-433	-0.79%
福建	976	1.79%			

资料来源：笔者根据《2020年中国统计年鉴》计算整理而得。

从上表可以发现，广东省的累计基金结余占比最高，占全国的22%；北京市次之，但占比也达到了11%；广东省和北京市合计占据了全国的1/3；江苏省、四川省、浙江省、上海市和山东省等占比也分别达到了9%、7%、6%、4%和4%，这7个省份合计占据了全国累计基金结余的近2/3。可以说，全国绝大部分的养老保险累计基金结余都集中在这7个省份，呈现出高度集中的分布。并且，在这些省份中，除四川省外，其他6个省份均为东部发达省份。然而，其他省份的养老保险基金结余非常少，黑龙江省甚至已经出现较大亏空。在这种情形下，这些基金结余较多的省份担心基础养老金全国统筹后本地结余被"充公"，失去这块既得利益，对实施基础养老金全国统筹的积极性不高，以至于在执行养老保险政策时可能出现"少征"或"多发"的可能；而那些基金结余较少的省份则希望基础养老金全国统筹能够带来较大的收入再分配，以减轻这些省份维持养老保险基金平衡的压力，故而在实施基础养老金全国统筹方面相对积极。需要注意的是，这两种截然不同的态度，本质上都是基于地方利益出发的，一种是为了既得利益不受"损失"，另一种则是为了从中央或其他地区获取额外的利益再分配。正是这两种不同的利益考量，在一定程度上导致了基础养老金省级政策不协调。

3.3.4 历史债务未能妥善处理

在我国企业职工基本养老保险正式建立、实施"统账结合"模式的过程中，形成了三种不同的参保人群，即"老人""中人"和"新人"[1]。其中，"老人"在企业职工基本养老保险正式建立之前就已经退休，名义上没有缴纳基本养老保险费[2]，但其离退休金均需从养老保险统筹账户中支出；"中人"则在制度建立之前没有缴纳养老保险费，但制度建立之后则缴纳了养老保险费，可以凭借制度建立之前的那些视同缴费年限领取过渡性养老金，过渡性养老金也需从统筹账户中支出。"老人"领取的全部养老金和"中人"领取的过渡性养老金由于没有对应的缴费积累，故而称之为历史债务或隐性债务。然而，由于当时政府财政能力有限，未能采取一

---

① "老人"指制度建立之前就已经退休的那部分参保群体，"中人"指制度建立之前参加工作，但制度建立之后才退休的那部分群体，"新人"则指制度建立之后参加工作的群体。

② 实际上"老人"通过接受较低的工资间接向国家或国有企业缴纳了养老保险费，这些已经形成了国有资产或形成了资本积累。

次性解决这类历史债务的做法，而是寄希望通过历年的政府财政补贴和征收较高的养老保险缴费率逐步消化。但在多年的地方统筹体制下，受参保率、人口结构和工资水平等的综合影响，这些历史债务在不同地区的差异相对较大 (刘伟兵 等，2019)，从而造成了不同省份消化这类历史债务的负担差别，给省级政策协调造成了一定困难。根据笔者的估算，2019年各省对养老金历史债务的支出情况如图3-8所示。从中可以发现，广东、江苏、四川、山东、浙江、上海、辽宁、北京和河南等省份均超过了1 000亿元；西藏、宁夏和青海则相对较低，均不足100亿元；最高的省份是最低的近100倍。由此可见，这些养老保险历史债务未能妥善处理，是导致省级养老金政策不协调的重要原因。

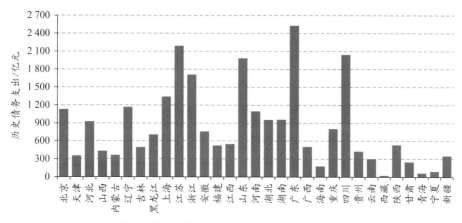

图3-8　笔者估算的2019年各省历史债务支出情况

资料来源：笔者通过建立统计精算模型估算而得，具体方法详见本研究报告第7章。

3.4　本章小结

通过本章的分析可知，在基础养老金省级统筹和养老保险基金中央调剂的基础上，我国开始正式实施基础养老金全国统筹工作，取得了显著成效。但由于各省在经济发展水平、养老负担、基金结余和历史债务等方面存在较大差异，造成了省级层面养老保险政策不协调，主要包括缴费政策、待遇政策、转接政策和补贴政策等方面的不协调，这些省级政策不协调又进一步导致了区域利益失衡，对实施基础养老金全国统筹构成极大障碍。因此，要高质量实施基础养老金全国统筹工作，关键是要抓住"省级政策协调"这一"牛鼻子"。

第4章 基础养老金全国统筹的省级政策协调理论分析

本章主要对基础养老金全国统筹的省级政策协调进行理论分析，首先，对基础养老金全国统筹和省级政策协调的理论基础进行阐释，包括社会保险理论、权利配置理论、制度变迁理论和博弈论。然后，重点运用非合作博弈模型分析了省级政策不协调的行为，运用合作博弈模型分析省级政策协调的可能性。接着，从理论上提出了构建利益均衡机制应把握的几个关键点。最后，提出了需要本书进行实证检验的几个研究假说。

4.1 理论基础

基础养老金全国统筹本质上是为了更好地保障职工的养老金权益，促进社会公平和劳动力自由、有序流动，确保制度的可持续性；而省级政策协调则是为了在此基础上更好地均衡各省级统筹单位之间的利益关系。因此，从养老金制度的属性来看，必然涉及社会保险理论；从养老金的保障对象来看，必然涉及权利配置理论；从基础养老金统筹层次提升来看，必然涉及制度变迁理论；从省级政策协调来看，必然涉及博弈理论模型。

4.1.1 社会保险理论

从我国企业职工基本养老保险的制度属性来看，本质上是一种社会保险，是由国家、企业和个人共担的、防范老年风险的一种制度安排。马克思曾在《资本论》中明确指出，在不变资本的再生产过程中，从物质方面来看，总是处于各种使他遭到损失的意外和危险中，因此，利润的一部分，即剩余价值的一部分，必须充当社会保障基金。这表明，为了有效应对未来风险，建立社会保障基金是整个社会生产和再生产过程中的必然要求。我国的企业职工基本养老保险属于社会保险类型中的一个项目，是专门为职工化解老年风险、提供收入或补偿的一种收入再分配制度。它遵循社会保险运行的一般规律和特点，包括：第一，强制性参保缴费原则。由于信息不对称和道德风险的存在，如果采取自愿加入社会保险计划，则很有可能出现的一个情况就是，那些应对老年风险能力较强的群体（一般为高收入群体）不愿意参与进来；部分居民可能由于短视，也有可能选择不参保①；从而使得养老保险基金的收入再分配和互助共济功能难以发挥。第二，普惠性的原则。企业职工基本养老保险所覆盖的对象包括企业职工、自由职业者、个体工商户、农民工等，不论收入水平、性别、社会地位等，只要符合参保条件就可以参加养老保险制度。第三，精算平衡原则。老年风险是一种可以预见的风险，可以通过运用数学、统计学、金融学等学科方法对其进行推演和分析，进而对社会养老保险基金的收入和支出进行合理的预测，以达到收支大致平衡的目的。第四，风险分散原则。根据社会保险理论，应尽可能让更多的人参与到社会保险中来，这样才能有效分散社会风险，实现互助共济。第五，政府财政兜底原则。与商业养老保险或个人储蓄不同，社会养老保险除了应该遵循精算平衡原则外，还应该由政府财政进行兜底，这在很大程度上可以免除参保者的后顾之忧。

基于社会保险理论的一般规律和特点，协调好省级养老保险政策，对实施基础养老金全国统筹显得尤为必要。从保障范围来看，基础养老金全国统筹后，保障范围就从全省拓展至了全国，大大增强了制度的公平性和普惠性，对构建全国统一、有序流动的劳动力市场具有重要意义。从风险分散来看，实施基础养老金全国统筹，能够使得老年风险在全国层面进行共担，在一定程度上降低养老风险，缓解养老保险负担在不同省份畸轻畸重的现象。从基金平衡的角度来看，实施基础养老金全国统筹，可以将原来分散在各省的养老保险基金汇聚到中央层面来，进而形成一个超大型的养老保险基金，不仅可以消除当前部分省份出现收不抵支的现象，还可以通过合理投资促进养老保险基金保值增值，增强养老保险基金的

---

① 劳动者的短视行为和信息不对称，容易使得部分劳动者对潜在风险考虑不充分，从而容易保险不足。如果没有社会保障，这部分劳动者在年老时将难以得到足够的老年收入。

可持续性。

4.1.2　权利配置理论

养老保障权是社会保障权的一种类型，是每一位公民都理应享有的基本权利。企业职工基本养老保险制度保障的对象是各行各业的劳动者，目的是要保障劳动者正当的养老保障权利，本质是对这一权利的合理配置。不同的养老保险制度模式，体现的是对不同群体养老保障权的配置方式。根据权利配置理论[①]，养老保险制度是对参保人各项权利的规定，规定了制度的参保条件、缴费标准、领取条件、待遇标准等，参保者可以据此充分地行使养老保障权。具体来说，参保职工的养老保障权配置应该包括三个层次的含义：第一层次为普惠前提下的老保障权配置，是为了保障退休后的基本生活而配置给每一个参保者的权利，使得每一位退休职工不因退出劳动力市场而导致生活水平急剧下降，这是对参保者底线公平的起码要求（鲍方，2015；邓俊丽，2016；张松彪，2020）。第二层次为激励前提下的养老保障权配置，是为了激励职工参保、增强制度可持续性而配置给参保者的权利，这在一定程度上可以实现参保者"多缴多得、长缴多得"。第三层次为分享前提下的养老保障权配置，是为了让退休职工也能够分享到经济发展的好处，以保持养老金待遇水平与经济发展水平相适应。

基于权利配置理论可知，在实施基础养老金全国统筹的过程中协调好省级养老保险政策，能够更好地配置养老保障权。首先，基础养老金全国统筹能够增进养老保障权的公平。在省级统筹阶段，养老保障权仅能够实现在省内的相对公平，而提升到全国统筹层次后，则能够实现这一权利在全国范围内的相对公平。其次，基础养老金全国统筹能够有效消除养老保障权的转接障碍。在基础养老金省级统筹阶段，劳动力跨省流动的养老保险关系转移接续是一件相对麻烦的事情，并且还会给部分劳动者的养老金权益造成损害（孙茂阳，2013；左学金，2018），实施基础养老金全国统筹后，这一问题则顺势可以得到解决。最后，基础养老金全国统

[①] 关于权利配置理论的具体阐释可以参见：刘长庚，韩雷.市场经济的性质[J].湘潭大学学报（哲学社会科学版），2012（2）；张松彪.中国居民收入再分配制度改革动态跟踪和效果评估研究[M].湘潭：湘潭大学出版社，2018.

筹能够提升养老保障权的配置效率。提升养老保障权配置效率的关键是要增强养老保险制度的公平性和可持续性，基础养老金由省级统筹提升到全国统筹，能够在很大程度上破除地方利益的"藩篱"，最大限度地增进社会整体福利。

4.1.3 制度变迁理论

基础养老金从省级统筹迈向全国统筹，本质上是一种制度变迁，因而必然涉及制度变迁理论。在美国经济学家道格拉斯·C. 诺思（Douglass C. North）重新强调制度的重要作用之后，制度变迁理论开始广为传播和发展，并对经济学理论产生了重要影响。制度变迁，简言之，就是一种制度框架的创新和被打破，一种新制度取代旧制度，或对旧制度的边际改进。根据制度变迁理论，基础养老金从省级统筹提升到全国统筹这一制度变迁大致要经历五个步骤：第一步，形成推动制度变迁的第一行动集团[①]（起主要作用的集团）。就目前来看，中央政府和学术界等都已意识到实施基础养老金全国统筹的重要性，并积极推动这一工作，这一集团已经形成。第二步，提出相关制度变迁方案。这一步骤也正在进行，中央政府和学者们对此问题已经展开了大规模的调研，也设计出了一些基础养老金全国统筹的方案，不少已经付诸实施。第三步，对制度变迁方案进行评估和选择。目前，实施基础养老金全国统筹的方案在一些原则性的问题上已经基本形成共识，即要实现基础养老金在全国层面的统收统支。第四步，形成推动制度变迁的第二行动集团（起次要作用的集团）。各省都已经在 2020 年实现了基础养老金省级层面统收统支，现各省都在积极支持基础养老金全国统筹关注。第五步，两个集团合力推动实现制度变迁。这是"十四五"规划期间需要完成的既定目标，即中央和各省级政府合力推动实施基础养老金全国统筹，完成制度变迁。

基于制度变迁理论可知，在实施基础养老金全国统筹的过程中需要注意以下问题：一是制度变迁中的意识形态问题。目前，实施基础养老金全国统筹需要在意识形态上下功夫，如加强宣传、增进共识等，让更多的利益相关者意识到实施基础养老金全国统筹的巨大预期收益。只有这样才能最大限度地减小基础养老金

---

① 此处的集团主要是指推动制度变迁的利益相关方，参见诺思撰写的《制度、制度变迁与经济绩效》《经济史上的结构和变迁》等文献。

全国统筹的阻力，让各地方政府积极主动配合这一推进工作。二是诱致性制度变迁与强制性制度变迁相结合的问题。根据制度变迁理论，诱致性制度变迁是一个相对自然的过程，是利益相关主体的自发行为，但耗费的时间可能相对较长；而强制性制度变迁则是某一行动集团强制推动的结果，耗时较短，但可能在某些方面存在交易成本过高等问题。在实施基础养老金全国统筹的过程中，需要将这两种制度变迁方式结合起来，既要保证在规定的时间内按时达成基础养老金全国统筹的目标，又要尽可能地降低交易成本。三是制度变迁中的路径依赖[①]问题。在多年的地方统筹体制下，我国的养老保险政策在不同地区已经形成了一定的路径依赖，要重视解决这些路径依赖问题。四是要特别强调制度变迁的成本和收益问题。实施基础养老金全国统筹成功与否，最为根本的因素在于制度变迁的收益是否能够大于成本。只有在预期收益大于预期成本的前提下，中央政府实施基础养老金全国统筹才能得到各地方政府的积极配合，制度变迁才能真正实现。

4.1.4　博弈论

目前，实施基础养老金全国统筹的一个重要抓手就是要协调好省级层面的养老保险政策。前文分析的省级政策不协调现象本质上就是各利益主体博弈的结果，是利益不协调造成的，因此，这就必然涉及博弈论[②]。一般而言，按照博弈主体之间有没有一个具有约束力的协议，博弈论可以分为非合作博弈[③]和合作博弈[④]，非合作博弈侧重于从微观的角度去解决博弈问题，更加强调个体理性，关心的是局中人在博弈中如何决策，或者是实施何种策略；而合作博弈则侧重于从宏观的角度去研究博弈问题，更加强调集体理性，关心合作利益的分配，更为侧重的是可以

---

① 路径依赖类似于物理学中的"惯性"，一旦进入某一路径，就可能对这种路径产生依赖。

② 博弈论通常被认为是 Von Neumann 和 Morgenstern 在1944年共同发表的《博弈论与经济行为》一书开始的。

③ 非合作博弈的具体阐释可以参见：平新乔. 微观经济学十八讲 [M]. 北京：北京大学出版社，2001.

④ 合作博弈的具体阐释可以参见：施锡铨. 合作博弈引论 [M]. 北京：北京大学出版社，2012.

得到什么样的结局 (施锡铨,2012)。二者之间的差别在于,博弈各方之间有没有一个有约束力的合作协议。前者可以用来分析当前省级政策不协调的现象,如中央和省级政府之间的博弈、不同省级政府之间的博弈、地方政府和企业间的博弈、地方政府和退休职工之间的博弈等;后者则可以用来分析省级政策协调可能性,从理论上寻找到协调好省级层面基础养老金政策的路径。

从非合作博弈理论来看,基础养老金统筹层次很长时间停留在省级统筹层次,很可能是因为以下四个方面的原因:一是中央政府和各省级政府之间的权、责、利关系有待进一步厘清,在中央政府与省级政府的博弈过程中,部分省份配合基础养老金全国统筹的收益 (player' payoff) 可能还小于其不配合的收益,基础养老金全国统筹的动力不足或激励不够。二是不同省份面临的预算约束各异,养老保险基金结余较多的省份与养老保险基金结余较少甚至亏空的省份面临的支付函数存在较大差别,各省出于地方利益的考量,在博弈策略的选择上难以协调 (徐倩文,2018;姚明明,2019;张立琼 等,2021)。三是在全国统筹的压力下,地方政府与企业之间的博弈在不同省份也存在差异,这也在一定程度上增加了基础养老金全国统筹的难度。四是部分地方政府与退休职工之间的博弈也存在一定差别,可能受到退休职工对养老金福利的诉求和自身财务状况的影响而制定不同的养老金增长政策,这也会在一定程度上给实施基础养老金全国统筹造成障碍 (邓悦 等,2018;杨一帆 等,2018;德云 等,2021)。

从合作博弈理论来看,实施基础养老金全国统筹能够在很大程度上提高整体参保职工的福利,这比省级统筹体制下各省"各自为政"的总和收益要大,具有较大的合作前景,这就为各利益相关主体之间达成一个有约束力的合作协议提供了可能。关键是要让各博弈方能够切切实实地感受到,参与合作 (推动实现基础养老金全国统筹) 能够比"单干"(现在的省级统筹) 更为有利。这就是说,既然实施基础养老金全国统筹能够给整体参保者带来更多的利益,那么,这些利益如何在这些利益相关主体 (或称之为局中人群体,也称联盟) 之间进行分配就显得尤为关键。这就需要制定一个有效的省级政策协调方案来均衡区域间的利益关系,确保这个方案能够得到所有联盟的认可,进而顺利实施基础养老金全国统筹。因此,这里关键是要确保这个协调方案 (或分配方案) 具有"公正"性和"合理"性 (董保民 等,

2008；施锡铨，2012）。

4.2　非合作博弈分析

4.2.1　中央政府与省级政府之间的博弈分析

在一个博弈模型的基本要素中包括参与者（player）、行动（action）、信息（information）、策略（strategies）、收益（payoff）、结果（outcomes）与均衡（equilibrium）。假设[①]：

（1）博弈参与者是完全理性的，并以追求自身利益最大化为目标，各自均对自身的利益状况有着良好的预判能力。此处的博弈参与者为中央政府和省级政府，中央政府以全国利益最大化为目标，积极推动基础养老金全国统筹工作，并以法律或政策文件的形式下发地方政府；省级政府以本省利益最大化为目标，认真细致阅读了中央政府关于基础养老金全国统筹的文件，了解中央政府的意图，也清楚本省的实际情况。

（2）对于中央政府制定的基础养老金全国统筹目标，省级政府有两种策略选择，即"配合"与"不配合"[②]；与此相对应，中央政府也有"处罚"和"不处罚"两种策略选择。

（3）假设只要省级政府均积极配合推动基础养老金全国统筹，中央政府就能获得支付函数 R，但需要付出给省级政府积极配合的激励成本[③]E，且 $E < R$；此时，如果中央政府采取"处罚"策略则需额外付出监督成本 C，如果采取"不处罚"策略则无须付出这一成本。对于省级政府来说，采取积极的态度，配合推动实现基础养老金全国统筹可以获得支付函数 r，但需要将本省的养老保险基金累计结余 y_i

---

① 此处借鉴了侯晓娜和穆怀中（2019）的一些做法，具体参见：侯晓娜，穆怀中. 社会保险逃费行为的博弈分析 [J]. 财会月刊，2019（19）：172-176.

② 省级政府在养老保险政策执行上有一定的自主权，如果对其有利则会积极配合相关政策执行，如果对其不利则有可能在不配合政策执行或在执行过程中"打折扣"。

③ 为了实现基础养老金全国统筹，中央政府需要制定激励举措，诱导省级政府积极配合，这需要付出一定的成本。

上交到全国统筹账户[1]；如果采取消极抵制的态度，不配合推动实现基础养老金全国统筹，则养老保险基金结余仍然留在本省[2]，但如果中央政府采取"处罚"策略，则需要向中央政府支付处罚成本 f，且 $f > C$。

（4）中央和省级政府之间的这类博弈均符合完全信息条件，各自对所处环境及对方的行为可以形成正确的信念和预期。基于这些假设，可以得到中央政府与省级政府之间的博弈矩阵如表4-1所示。

表4-1　中央政府与省级政府的博弈矩阵

		中央政府	
		处罚（q）	不处罚（$1-q$）
省级政府	配合（p）	（$r-y_i$, $R-C-E$）	（$r-y_i$, $R-E$）
	不配合（$1-p$）	（y_i-f, $f-C$）	（y_i, 0）

从表4-1可知，当省级政府选择配合推动基础养老金全国统筹时，中央政府的最优选择策略应该是"不处罚"，因为 $R-E > R-C-E$。但中央政府选择"不处罚"这一策略时，不同的省级政府选择的策略可能会不一样，对于那些基金结余较少或已经出现亏空的省份（$r-y_i > y_i$），依然可能选择"配合"策略；但对于那些基金结余较多的省份（$y_i > r-y_i$），则可能选择"不配合"策略。一旦省级政府选择"不配合"策略，中央政府的最优选择策略又是"处罚"，因为 $f-C > 0$。当中央政府选择"处罚"策略时，不同省份又会根据（$r-y_i$）和（y_i-f）之间的大小选择"配合"或"不配合"策略。根据基础养老金全国统筹的要求可知，需要所有的省份都积极配合才能实现，只要有部分省份不配合，基础养老金全国统筹就难以顺利实现。但以上博弈矩阵是否存在纯策略纳什均衡，取决于省级政府获得的支付函数、基金结余和可能支付的处罚成本，以及中央政府因处罚而支出的监督成本等。

为了进一步展现这些因素对中央政府和省级政府博弈结果的影响，这里考虑

---

[1] 按照基础养老金全国统筹的要求，需要实现全国层面统收统支，这里假设累计基金结余全部上交到全国统筹账户。

[2] 为了简化起见，此处没有考虑养老保险基金中央调剂的情况；这里各省的养老保险基金结余也可以理解为经中央调剂后的结余。

混合策略下的博弈均衡求解。假设省级政府以 p 的概率配合推动基础养老金全国统筹，以 $(1-p)$ 的概率不配合；而中央政府则以 q 的概率选择处罚省级政府的不配合行为，$(1-q)$ 的概率不处罚。中央政府作为理性人，不会让省级政府利用自己的博弈策略让其选择占优策略，故而中央政府选择"处罚"策略的概率会使得省级政府选择"配合"与"不配合"所获得的期望收益相等；同样，省级政府也是理性人，也不会让中央政府利用自己的策略选择让其占优，故而选择"配合"策略的概率也会使得中央政府"处罚"与"不处罚"的预期收益相等。下面，假设中央政府实行"处罚"和"不处罚"策略的期望收益分别为 W_1 和 W_2，计算 p 的过程如下：

$$W_1 = p(R-C-E) + (1-p)(f-C) \tag{4-1}$$

$$W_2 = p(R-E) \tag{4-2}$$

令 W_1 和 W_2 相等，并求解可得：

$$p = (f-c)/f \tag{4-3}$$

从式（4-3）可以看出，省级政府采取"配合"策略的概率随着可能需要支付的处罚成本增大而增大，随着中央政府的监督成本增大而减小。

同理，假设省级政府选择"配合"与"不配合"策略获得的期望收益分别为 W_3 和 W_4，计算 q 的过程如下：

$$W_3 = q(r-y_i) + (1-q)(r-y_i) \tag{4-4}$$

$$W_4 = q(y_i-f) + (1-q)y_i \tag{4-5}$$

令 W_3 和 W_4 相等，并求解可得：

$$q = (2y_i-r)/f \tag{4-6}$$

从式（4-6）可以发现，中央政府选择"处罚"的概率随着省级层面养老保险基金累计结余的增加而增大，随着基础养老金全国统筹省级政府获得的支付函数增大而减小，随着处罚力度的加大而减小。

从以上计算结果可知，中央政府以 $[(2y_i-r)/f, (f-2y_i+r)/f]$ 的概率分布随机地选择"惩罚"与"不惩罚"策略；省级政府则以 $[(f-c)/f, c/f]$ 的概率随机地选择"配合"与"不配合"策略；此时就构成了基础养老金全国统筹过程中的一个混合策略纳什均衡。综上可知，基础养老金全国统筹给省级政府带来的收益（r）、各省的基金结余（y_i）、对不配合的处罚力度（f）和中央政府的监督成本（C）均是影响博弈均衡结果的关键因素。特别需要注意的是，各省的基金结余（y_i）这类地方利益因素是影响博弈均衡解的关键，也是省级政策不协调的核心所在，因此，实施基础养老金全国统筹，需要构建利益均衡机制来协调好中央政府和省级政府之间的利益关系，从而使得二者形成合力。

4.2.2　省级政府之间博弈分析

尽管在中央政府和省级政府之间的博弈分析中涉及省级政府间的利益博弈问题，但为了进一步对省级养老保险政策不协调这一问题进行分析，此处专门分析实施基础养老金全国统筹过程中盈余省份和缺口省份之间的博弈行为。除了博弈分析的一般假设外，假定：

（1）盈余省份为目前或预计在未来较长一段时间内存在较大基金结余的省份，缺口省份则为目前已经存在收支缺口或预计在未来较短一段时间内可能出现较大基金缺口的省份，双方就是否支持基础养老金全国统筹进行博弈。

（2）双方都有两个策略可以选择，即"支持"和"不支持"；但只有双方都选择"支持"这一策略时，基础养老金全国统筹才能真正顺利实现；否则，就不能高质量实施基础养老金全国统筹，也就不能因此获得相关收益。

（3）假设盈余省份拥有的养老保险基金盈余为 s，缺口省份存在的养老保险基金缺口为 m。如果缺口省份和盈余省份都支持实现基础养老金全国统筹，那么，缺口省份的基金缺口将得到弥补，但将付出执行成本 n；盈余省份的基金结余将收归中央政府统筹，并且也需要付出执行成本 t，因为盈余省份的执行阻力会相对较大，故而 $t > n$。如果一方选择不支持，另一方选择支持，则支持的一方要付出相应执行成本，但基金盈余依旧留在省级统筹单位。如果都不支持，则维持省级统筹原状，也不用付出执行成本。基于这些假设后，盈余省份和缺口省份的博弈矩阵就如表4-2所示。

从表4-2可以看出，在这样的收益矩阵下，盈余省份有一个占优策略，即无论缺口省份选择"支持"还是"不支持"策略，盈余省份选择"不支持"策略都能获得最大收益，因为 $s > s-t > -s-t$。而一旦缺口省份预期到盈余省份会选择"不支持"策略，那么，缺口省份的最优策略也就是"不支持"，因为 $0 > -n$。这样（不支持，不支持) 就成为纯策略纳什均衡，基础养老金全国统筹就难以真正实现。这样的博弈结果在一定程度上揭示了省级养老保险政策不协调的现象，即部分省份支持基础养老金全国统筹的收益小于其损失，支持基础养老金全国统筹的动力不足。这也意味着，如果单纯采取"劫富济贫"的办法，不考虑各省不同的利益诉求，实施基础养老金全国统筹很难得到那些地方利益损失较大省份的支持。因此，在实施基础养老金全国统筹的过程中要特别注意给那些地方利益损失较大的省份 (比如"盈余省份") 一定的补偿和激励，这是在省级政策协调方面需要考虑的。

表4-2　盈余省份和缺口省份的博弈矩阵

		盈余省份	
		支持 (z)	不支持 ($1-z$)
缺口省份	支持 (x)	(m-n, $-s$-t)	($-n$, s)
	不支持 ($1-x$)	(0, s-t)	(0, s)

4.2.3　地方政府与企业之间的博弈分析

"应征尽征"是实施基础养老金全国统筹的必然要求，但在省级统筹体制下，地方政府在征缴养老保险费方面有着一定的自由裁量权；企业在缴纳养老保险费时也有"逃费"[①]的动机 (封进，2013；冯杰 等，2014；徐万里 等，2014；江红莉 等，2017)；二者之间存在一定的博弈行为。为了分析这一博弈，假定存在两种情形：第一种情形为只要地方政府认真监管就一定能够查出企业的"逃费"行为；第二种情形则是假设即使政府认真监管也只能以一定的概率 (j) 发现企业的"逃费"行为。先来分析第一种情形，除符合博弈分析的基本假定外，此处假定：

(1) 参与博弈的双方为地方政府[②]和企业，地方政府负责征缴养老保险费，企业则为所雇员工缴纳养老保险费，双方均对自身博弈情况有着清晰的了解和预判。

(2) 地方政府在征缴养老保险费时有两个策略选择，即"查处"和"纵容"；相应地，企业缴纳养老保险费时也有两个策略选择，包括"缴费"和"逃费"[③]。

---

① 需要注意的是，此处的"逃费"包括了不缴、少缴、漏缴等方式。

② 这里确切地说应该是地方征缴机构。

③ 企业"逃费"可以采取不缴、少缴和漏缴等方式。

（3）企业选择"缴费"策略时，需要缴纳养老保险费 g；如果选择"逃费"策略，被地方政府查处到则应补交养老保险费 g，并支付罚金 L，但没被地方政府查到则可以获得 g 的纯收益。地方政府在企业选择"缴费"策略时均可以获得收益 H，但如果此时采取"查处"策略则需要支付查处成本 k；但在企业选择"逃费"策略时，如果地方政府选择"查处"策略还可以获得一笔罚金收入（$L > k$），如果选择"纵容"策略则将损失 H。

根据这些假设，地方政府和企业之间的博弈矩阵如表4-3所示。

表4-3　地方政府和企业的博弈矩阵

		地方政府	
		查处（b）	纵容（$1-b$）
企业	缴费（a）	$(-g, H-k)$	$(-g, H)$
	逃费（$1-a$）	$(-g-L, H-k+L)$	$(g, -H)$

从表4-3可以看出，当企业选择缴费时，地方政府的最优选择就是"纵容"，因为 $H-k < H$。当地方政府选择"纵容"时，企业的最优策略选择则是"逃费"，因为 $g > -g$。但企业选择"逃费"策略后，地方政府的最优策略选择又变成了"查处"，因为 $H-k+L > -H$。地方政府选择"查处"策略后，企业的最优策略选择又变成了"缴费"，因为 $-g > -g-L$。如此循环往复，没有纯策略纳什均衡。为此，求解混合策略纳什均衡解。假设地方政府以 b 的概率选择"查处"策略，以（$1-b$）的概率选择"纵容"策略；企业则以 a 的概率选择"缴费"策略，以（$1-a$）的概率选择"逃费"。地方政府和企业均不会让对方知晓自己的策略而获得占优，假设地方政府采取"查处"和"纵容"两种策略的预期期望收益分别为 V_1 和 V_2，企业选择"缴费"策略的概率计算过程如下：

$$V_1 = a(H-k)+(1-a)(H-k+L) \tag{4-7}$$

$$V_2 = aH+(1-a)(-H) \tag{4-8}$$

令 V_1 和 V_2 相等，简化后可得：

$$a = 1-k/(2H+L) \tag{4-9}$$

从式（4-9）可以发现，地方政府查处的成本（k）越高，企业缴费的概率就越小；

企业缴费对地方政府的收益（H）越大，企业缴费的概率越大；被地方政府查处到的罚金（L）越多，企业缴费的概率也越大。

假设企业选择"缴费"和"逃费"的预期期望收益分别为 V_3 和 V_4，地方政府选择"查处"策略的概率计算过程如下：

$$V_3 = b(-g) + (1-b)(-g) \tag{4-10}$$

$$V_4 = b(-g-L) + (1-b)(g) \tag{4-11}$$

令 V_3 和 V_4 相等，简化后可得：

$$b = 2g/(2g+L) \tag{4-12}$$

从式（4-12）可以发现，对企业逃费的处罚金额（L）越高，地方政府选择"查处"策略的概率就越小；而企业的养老保险缴费规模越大（g），地方政府选择"查处"策略的概率就越大。

从以上的计算结果可以得出，企业将以 $[1-k/(2H+L), k/(2H+L)]$ 的概率随机选择"缴费"和"逃费"策略；地方政府将以 $[2g/(2g+L), L/(2g+L)]$ 的概率随机选择"查处"和"纵容"策略，进而构成一个混合策略纳什均衡。

下面，再进一步分析情形二，即地方政府只能以一定的概率发现企业"逃费"行为。如果发现了企业的逃费行为，则可以要求企业补缴养老保险费，并支付罚金；但如果没有发现，则不仅要损失 H，还要支付查处成本 k。假设地方政府选择"查处"策略的期望收益为 V_5，则可以获得如下计算式：

$$V_5 = b\{(1-a)[j(H-k+L)+(1-j)(-H-k)]+a(H-k)\}+(1-b)[aH+(1-a)(-H)] \tag{4-13}$$

对式（4-13）的 b 求导，并令其等于 0，可得：

$$a = 1 - k/[j(2H+L)] \tag{4-14}$$

由式（4-14）可知，相对于情形一，多了逃费被发现的概率这一影响因素，被发现的概率（j）越大，企业缴费的概率越大，抑或说企业逃费的概率越小。这表明，提高地方政府对企业"逃费"行为的查处效率很重要。

同理，假设企业选择"逃费"策略的期望收益为 V_6，其计算式如下：

$$V_6 = (1-a)\{b[j(-g-L)+(1-j)g]+(1-b)g\}+a[b(-g)+(1-b)(-g)] \tag{4-15}$$

对式（4-15）中的 a 求导，并令其等于 0，简化后可得：

$$b = 2g/[j(2g+L)] \tag{4-16}$$

从式（4-16）中可以发现，相对于情形一，也是多了企业逃费被地方政府发现的概率（j）这一影响因素，被发现的概率越大，地方政府选择"查处"策略的概率反而越小。很可能是地方政府认为，逃费被发现的概率越大，企业越不敢逃费，因为逃费被发现后不仅要补缴养老保险费，还面临较高罚金。

这也就是说，在情形二的基本假设下，存在混合策略纳什均衡，理性的企业会以 $\{1-k/[j(2H+L)], k/[j(2H+L)]\}$ 的概率分布随机地选择"缴费"和"逃费"策略；相应地，理性的地方政府也会以 $\{2g/[j(2g+L)], 1-2g/[j(2g+L)]\}$ 的概率分布随机地选择"查处"和"纵容"策略。

值得一提的是，在实施基础养老金全国统筹的过程中，地方政府和企业之间的博弈结果直接决定了养老保险基金的收入。在博弈均衡中，地方政府对养老保险费的征缴力度具有一定的自由裁量权，如果基础养老金全国统筹不能给地方政府带来较大激励或弱化了激励，那么，地方政府很可能会在一定程度上"放松"对企业"逃费"的查处力度，从而导致养老保险基金收入流失。由于基础养老金全国统筹可能将各省积累的养老保险基金上解到全国统筹账户进行统收统支，各省份出于地方利益最大化的考量，很有可能在养老保险费征缴这一块与企业合谋"少征"，以减少基金结余，最小化地方利益损失。因此，在实施基础养老金全国统筹过程中，需要对地方政府征缴养老保险费的力度进行规范，协调好地区间的利益关系，防止由于激励弱化而带来的"少征"现象。

4.2.4 地方政府与退休职工之间的博弈分析

按照既定的待遇计发办法和调整办法发放养老金是基础养老金全国统筹的基本要求。然而，在省级统筹体制下，地方政府能在一定程度上影响待遇政策，从而决定退休职工的养老金待遇；而退休职工也有增加养老金待遇的诉求，故而也会通过一定的方式影响地方政府决策；故而二者之间也存在一定的博弈。为分析这一博弈行为，此处假定：

（1）博弈双方为地方政府和退休职工，地方政府可以在一定权限上通过待遇计发和调整政策决定退休职工的待遇，退休职工领取养老金，二者对自身和对方的信息有着充分的了解。

（2）地方政府有两个策略选择，即"实发"和"多发"[①]；与此相对应，退休职工也有两个策略选择，即"满意"和"不满意"。

（3）如果地方政府选择"实发"策略，退休职工选择"满意"策略，则双方的收益为 $(D,0)$；但如果退休职工通过横向比较发现其他省份的同类退休职工获得待遇更高，则很可能引发"不满意"策略，此时，退休职工可能会通过付出 Ω 的成本来争取待遇，预期能够获得 δ 的回报，但政府需要为此付出维稳或安抚成本 φ。如果地方政府选择"多发"策略，那么，退休职工选择"满意"策略可以获得额外增加的养老金待遇 σ（$\sigma > \delta$），地方政府则可获得 A 的收益[②]但要付出 π 的成本；但如果退休职工仍选择"不满意"策略，则退休职工要额外付出 Ω 的成本，但不能获得收益，地方政府则需付出 ψ 的维稳成本，由于"多发"后的不满意程度肯定要小于"实发"后的不满意程度，故假定（$\psi < \varphi$）。

在这些假定下，地方政府与退休职工的博弈矩阵如表 4-4 所示。

表4-4　地方政府和退休职工的博弈矩阵

		地方政府	
		实发（e）	多发（$1-e$）
退休职工	满意（u）	$(D,0)$	$(D+\sigma, A-\pi)$
	不满意（$1-u$）	$(D+\delta-\Omega, -\varphi)$	$(D+\sigma-\Omega, -\psi)$

从表 4-4 可知，如果地方政府选择"实发"策略，在 $\delta-\Omega < 0$ 条件下，退休职工会选择"满意"策略；但在 $\delta-\Omega > 0$ 条件下，退休职工会选择"不满意"策略；此时，由于 $\psi < \varphi$，地方政府会选择"多发"策略；一旦地方政府选择"多发"策略，退休职工的最优策略就又变为了"满意"，因为 $D+\sigma > D+\sigma-\Omega$；但当退休职工选择"满意"策略后，地方政府将在 $A-\pi > 0$ 的条件下选择"多发"策略，在 $A-\pi < 0$ 的条件下选择"实发"策略。是否存在纯策略纳什均衡取决于这些参数的大

---

① 由于信息相对充分，"少发"会引起退休职工的强烈反对，故而这里不考虑这一策略。

② 这些收益包括政府信誉收益、社会安定的收益，以及可能由于基础养老金全国统筹少"充公"的收益。

小。为此，这里进一步分析混合策略纳什均衡，假设地方政府以 e 的概率选择"实发"策略，以 $(1-e)$ 的策略选择"多发"策略；退休职工以 u 的概率选择"满意"，$(1-u)$ 的概率选择"不满意"。根据混合策略纳什均衡，地方政府选择"实发"和"多发"策略的预期期望收益应该相等，分别表示为 γ_1 和 γ_2，故退休职工选择"满意"策略的概率计算过程如下：

$$\gamma_1 = u \times 0 + (1-u)(-\varphi) \tag{4-17}$$

$$\gamma_2 = u(A-\pi) + (1-u)(-\psi) \tag{4-18}$$

令 $\gamma_1 = \gamma_2$ 可得：

$$u = (\varphi-\psi)/(\varphi-\psi+\pi-A) \tag{4-19}$$

从式（4-19）以看出，只要 $\pi < A$，退休职工和地方政府就拥有一个占优策略（满意，多发），这意味着，在全国统筹的压力下，部分地方政府可能为了防止基金结余被"充公"，会在一定程度上通过"多发"养老金来消耗基金结余，退休职工也会在一定程度上支持这一做法，但这对于基础养老金全国统筹是极为不利的。另外，$\varphi-\psi$ 越大，退休职工选择"满意"的概率就越大。

同理，假设退休职工选择"满意"和"不满意"策略的预期期望收益分别为 γ_3 和 γ_4，地方政府选择"实发"策略的概率计算过程如下：

$$\gamma_3 = eD + (1-e)(D+\delta-\Omega) \tag{4-20}$$

$$\gamma_4 = e(D+\delta-\Omega) + (1-e)(D+\sigma-\Omega) \tag{4-21}$$

令 γ_3 和 γ_4 相等可得：

$$e = \Omega/\delta \tag{4-22}$$

从式（4-22）可以看出，地方政府选择"实发"策略的概率与退休职工争取待遇的要付出的成本成正比，而与退休职工预期能够争取到的收益成反比。换言之，退休职工越有可能去争取待遇，地方政府选择"实发"策略的概率就越小。

从以上计算可以看出，退休职工将以 $[(\varphi-\psi)/(\varphi-\psi+\pi-A), (\pi-A)/(\varphi-\psi+\pi-A)]$ 的概率分布随机地选择"满意"和"不满意"策略；地方政府则以 $[\Omega/\delta, (1-\Omega/\delta)]$ 的概率分布随机地选择"实发"和"多发"策略。这一博弈分析意味着，在实施基础养老金全国统筹的过程中，部分基金结余较多的省级政府会担心基金结余被"充公"[1]，从而通过给退休职工"多发"养老金待遇来加速消耗基金结余，以减少未来"充公"的损失；还有一部分基金结余不多的省份或者收支平衡压力较大的省份，预计到未来本省较高的养老金待遇可能会由中央政府来统筹协调解决，故而也可能为了博取退休职工"满意"而采取"多发"养老金策略，从而增加基础养老金全国统筹的成本。因此，在实施基础养老金全国统筹的过程中，必须要进一步规范各省的养老金待遇政策，让养老金待遇计发和调整有章可循、有规可依，防止地方政府为了退休职工"满意"和消耗基金结余而选择"多发"养老金行为。

4.3　合作博弈分析

从非合作博弈的分析可以看出，从个体理性出发，参与博弈的各利益主体之间很难达成满意的均衡解，即基础养老金利益不协调是造成省级政策不协调的关键原因。如果任由这些利益主体自发进行博弈，基础养老金全国统筹很难实现。因此，需要将这种非合作博弈转变为合作博弈，利用合作博弈的思想来协调各利益主体之间的关系，促进省级政策协调，进而顺利实施基础养老金全国统筹。

4.3.1　各省参与合作博弈的可能性

从合作博弈来看，基础养老金全国统筹本质上就是将现在各省级统筹单位结成一个大的联盟，并达成一个有约束力的协议。但是否能够真正结成联盟、形成实质性合作，需要满足一些基本条件，此处仅对一些主要的条件进行阐释[2]。

第一，合作能够带来更大的收益。参与合作博弈可以把"蛋糕"做大，获得合作剩余，这是基本的前提条件。如果合作得到的总收益小于"单干"加总所得，这样的合作必然是不稳定的，也最终会因此而解散。这就要求，实施基础养老金全国统筹要比省级统筹能够带来更大的经济或社会收益，具有较大的合作前景。根据前面章节[3]的论述可知，实施基础养老金全国统筹具有巨大的经济效益和社会

---

[1] 指各省的养老保险基金累计结余被上解到全国统筹账户，并由中央政府在全国范围内调剂使用。

[2] 关于合作博弈的很多公理或定理请参见合作博弈论方面的专著，此处不一一赘述。

[3] 参见本研究报告文献综述部分。

效益，能够破解省级统筹层次下的诸多难题，这在学界已经形成了共识。这说明，基础养老金全国统筹满足了构建合作博弈的基本前提条件，关键是如何最大化这种合作利益，并订立一个有约束力的合作协议。

第二，满足个体理性要求[①]。个人加盟合作获得的收益会比自己"单干"获得的收益要多，至少不会比自己"单干"少，否则局中人就有偏离大联盟的动机和可能。这是从个人利益分配的理性来看的，如果不能满足这一条件，那么参与合作就失去了意义。需要注意的是，存在部分博弈参与者的短期利益可能因此受损、但长期利益却可以得到弥补的情形，依然符合个体理性要求[②]。就基础养老金全国统筹而言，部分省份的养老保险基金平衡压力较大，全国统筹后能很大程度上缓解这一压力，支持全国统筹的利益是显而易见的；还有一部分省份的养老保险基金结余很多，甚至可以维持较长时间的收支平衡，这部分省份可能短期内会受到一定的利益损失，但长期来看，也将从基础养老金全国统筹中获得巨大的回报。因此，从全局和长期来看，基础养老金全国统筹的个体理性也可以得到满足，关键是要让各省份对这种利益分配形成理性认知。

第三，满足有效性要求。通过合作博弈产生的利益由大联盟中所有局中人参与分配，而且刚好分配殆尽。让局中人分配所得之和大于合作产生的利益是不现实的，但如果让局中人分配所得之和小于合作产生的利益则并非最优方案，也是不稳定的。根据基础养老金全国统筹的设想，产生的所有利益或好处均由各省共同所有、分配和使用，这一要求也可以得到满足。

第四，满足可转移效用。此处的合作博弈分析仅限于可转移效用博弈[③]，即货币可以被用来在不同的参与人之间转移效用。就基础养老金全国统筹而言，养老保险基金可以在全国范围内调剂使用，最终要实现养老保险基金在全国层面统收统支，这一要求很显然也可以得到满足。

---

① 虽然合作博弈注重集体理性，但要形成稳定的联盟也要遵循个体理性，否则个体就很可能退出联盟。

② 例如，在某些联盟谈判中，可能需要牺牲部分个人的暂时利益，从而保证联盟获得最大收益，但因此也保证了这些人今后长期的利益，这类合作博弈也经常发生。

③ 不可转移效用博弈相对更加复杂，此处不涉及。

第五，其他要求。除了以上要求外，基础养老金全国统筹还需要满足匿名性、可加性、虚拟性。匿名性是指联盟中处于同等地位的参与人所分配的利益是相同的，即同等对待地位相同的人。可加性是指任何两个相互独立的博弈的联合所组成的新的博弈是原来的两个博弈的值的直接相加。虚拟性是指如果一个人加入联盟对此不能带来边际贡献，那么该虚拟参与人是否加入联盟对联盟的利益没有影响，也不能分配任何利益。综合来看，基础养老金全国统筹的过程中这些条件也均可以得到满足。

4.3.2 合作博弈的夏普利值法

满足了合作博弈的基本条件，接下来最为关键就是如何分配。因为只有"合意"的分配方案才能使得参与人留在联盟内。遗憾的是，在一个合作博弈中，分配有无限个，其中有许多分配根本就得不到执行。合作博弈论利用优超的概念对分配进行分类，得到了核（Core）的概念，但很多合作博弈中关于核的解是一个空集。后来又提出了核仁（Nucleolus）的概念，但核仁的解虽然存在，计算却过于复杂。为此，选择夏普利值法（Shapley Value）来对合作博弈的利益进行分配。夏普利值不仅具有良好的性质，较为满足人们对"公平"或"合意"的理解，更为重要的是具有唯一值解，且计算方法相对简单。按照夏普利值的思想，参与人所应获得的分配收益应等于该参与人对每一个他所参与的联盟的边际贡献的平均值。下面，笔者用数学符号对此进行简单刻画。

在 n 人的博弈中，参与人集用 $N = \{1, 2, \cdots, n\}$ 表示，N 的任一子集 S 称为一个联盟（Coalition）。空集 $\varnothing$ 和全集 N 可以视作一个联盟，单点集 $\{i\}$ 也是一个联盟。(N, v) 表示一个合作博弈，$v(S)$ 称为联盟 S 的特征函数，即该联盟中参与人相互合作所能够得到的效用。那么，对于每个博弈 (N, v)，存在唯一的夏普利值 $\psi(v) = [\psi_1(v), \psi_2(v), \cdots, \psi_n(v)]$，其中

$$\psi_i(v) = \sum_{S \subseteq N/i} \frac{|S|!(n-|S|-1)!}{n!} \big[v(S \cup \{i\}) - v(S) \big] \tag{4-23}$$

式（4-23）中，$\psi_i(v)$ 表示 i 参与人按照其平均贡献分配应得到的收益，为了简便，令 $X_i = \psi_i(v)$；$\dfrac{|S|!(n-|S|-1)!}{n!}$ 表示 i 加入 S 的概率，$[v(S \cup \{i\}) - v(S)]$ 为合作剩余，

由此可见，参与人加入联盟 S 产生的边际贡献的期望值恰好就是夏普利值。

以上公式是从联盟 S 不包括 i 的角度来说的，参与人 i 需要加入这一联盟，组成一个 $(|S|+1)$ 的联盟。但如果假设参与人 i 与前面的 $(|S|-1)$ 人组成联盟 S，则也可以将上述计算公式写为：

$$\psi i(v) = \sum_{S:\ i \in S} \frac{(|S|-1)!(n-|S|)!}{n!}(v(S)-v(S/i)) \tag{4-24}$$

令 $\beta(|S|) = \dfrac{(|S|-1)!(n-|S|)!}{n!}$，则式（4-24）可以简化为：

$$\psi i(v) = \sum_{S:\ i \in S} \beta(|S|)(v(S)-v(S/i)) \tag{4-25}$$

4.3.3 省级政府之间的合作博弈分析

根据基础养老金全国统筹的要求，必须要 31 个省级统筹单位[①] 都参与合作博弈，即"一个都不能少"，结成一个大联盟，才能算是真正实现了基础养老金全国统筹，否则难以获得预期收益。中央政府可以作为"焦点仲裁人"[②] 对各省的利益进行协调。用数学语言进行描述即为：当每个省份"单干"，即省级统筹时，i 省份分配得到的收益 $X_i = \psi_i(v)$。如果 31 个省级统筹单位未能全部参与进来，该联盟合作剩余将是 0，即 $|S| < 30$，则 $v(S \cup \{i\}) - v(S) = v(\{i\})$。这时省份之间的合作博弈没有价值，也难以形成稳定的联盟。

为了进一步简化分析，将这些省份分为 3 类：一类为基金结余相对较多的省份，称为 A 类省份；第二类为基金结余相对较少的省份，称为 B 类省份；第三类为存在基金缺口的省份，称为 C 类省份。假设：

（1）合作博弈的集合 $N = \{A, B, C\}$，三类省份全部参加合作才能实现合作剩余，即获得基础养老金全国统筹的好处，否则就和"单干"的收益无差别。

（2）对 A 类省份，令 $v(\{A\}) = 3$，即维持省级统筹可以获得的收益相对较大；对于 B 类省份，令 $v(\{B\}) = 1$，维持省级统筹的收益相对较小；对于 C 类

---

① 事实上我国有32个省级统筹单位，包括新疆生产建设兵团，但此处仅按省份考虑博弈参与人；另外，未考虑我国的港澳台地区。

② 焦点仲裁人的协调是要把各博弈主体引导到"焦点均衡"。

省份，令 $v(\{C\})=0$，维持省级统筹的收益几乎为 0[①]。对于这三类省份两两形成的联盟，令 $v(\{A\}\cup\{B\})=4$，$v(\{A\}\cup\{C\})=3$，$v(\{B\}\cup\{C\})=1$。对于三类省份形成的大联盟（即实施基础养老金全国统筹），可以形成较大的合作剩余，令 $v(N)=v(\{A\}\cup\{B\}\cup\{C\})=8$。

（3）按照夏普利值法对合作产生的利益进行分配。下面，具体测算这三类省份的利益分配值。

对于 A 类省份来说，其参与基础养老金全国统筹的利益分配情况计算过程如表 4-5 所示。从表中可以看出，A 类省份可能组成的联盟（不包括空集）包括四个，即分别是"A""$A\cup B$""$A\cup C$"和"$A\cup B\cup C$"，但只有"$A\cup B\cup C$"能够产生合作剩余，共计产生的合作剩余等于 $4(v(A\cup B\cup C)-v(A)-v(B)-v(C))$。根据公式 4-25 得出的计算结果为 13/3，即 A 类省份应分得的利益等于自己"单干"的利益（3）加上合作剩余的平均值 4/3。

表4-5　A 类省份的合作博弈利益分配情况

计算公式	合作博弈集合 S			
	A	$A\cup B$	$A\cup C$	$A\cup B\cup C$
$\|S\|$	1	2	2	3
$v(S)$	3	4	3	8
$v(S/A)$	0	1	0	1
$v(S)-v(S/A)$	3	3	3	7
$\beta(\|S\|)$	1/3	1/6	1/6	1/3
$\beta(\|S\|)[v(S)-v(S/A)]$	1	1/2	1/2	7/3
$\psi A(v)$	13/3			

对于 B 类省份来说，其参与基础养老金全国统筹的利益分配情况计算过程如表 4-6 所示。从表中可以看出，B 类省份最终获得了 7/3 的利益分配结果，也等于其"单干"时的利益（1）加上合作剩余的平均值（4/3）。

[①] 之所以不假设为负数主要是考虑到这些存在基金缺口的省份可以获得来自财政的补贴，必须维持养老金按时发放。

表4-6　　B 类省份的合作博弈利益分配情况

计算公式	合作博弈集合 S			
	B	B∪A	B∪C	B∪A∪C
$\lvert S \rvert$	1	2	2	3
$v(S)$	1	4	1	8
$v(S/B)$	0	3	0	3
$v(S)-v(S/B)$	1	1	1	5
$\beta(\lvert S \rvert)$	1/3	1/6	1/6	1/3
$\beta(\lvert S \rvert)[v(S)-v(S/B)]$	1/3	1/6	1/6	5/3
$\psi B(v)$	7/3			

对于 C 类省份来说，其参与基础养老金全国统筹的利益分配情况计算过程如表4-7所示。从中可以看出，由于 C 省份"单干"没有收益，只有在最大的联盟中才能获得合作剩余的平均值分配，即4/3。

表4-7　　C 类省份的合作博弈利益分配情况

计算公式	合作博弈集合 S			
	C	C∪A	C∪B	C∪A∪B
$\lvert S \rvert$	1	2	2	3
$v(S)$	0	3	1	8
$v(S/C)$	0	3	1	4
$v(S)-v(S/C)$	0	0	0	4
$\beta(\lvert S \rvert)$	1/3	1/6	1/6	1/3
$\beta(\lvert S \rvert)[v(S)-v(S/C)]$	0	0	0	4/3
$\psi C(v)$	4/3			

从以上简化分析的结论可以很自然地推断31个省份之间的合作博弈结果。由于基础养老金全国统筹需要各省协力配合，每一个省份在形成大联盟中的过程中都是必不可少的，因此，根据夏普利值法的分配就应该每个省份获得省级统筹时的利益 $v(\{i\})$ 加上全国统筹获得的合作剩余的平均值 $\left\{\left[v(31)-\sum_{i=1}^{31}v(\{i\})\right]\middle/31\right\}$。具体而言，基础养老金全国统筹后，i 省份分配得到的收益 $X_i = v(\{i\})+\left\{\left[v(31)-\sum_{i=1}^{31}v(\{i\})\right]\middle/31\right\}$。

这说明，基础养老金全国统筹后，各省将共享合作剩余收益，对各省的利益分配状况都相较省级统筹情形得到了较大改善。这也意味着，推动各省由非合作博弈向合作博弈转变是可能的，可以寻找到省级养老保险政策协调的路径。

4.3.4　流动人口、户籍地和流入地之间的合作博弈分析

在省级养老金政策实施过程中，必然涉及的就是流动人口养老保险关系转移接续办法[①]。由于流动人口、户籍地和流入地三者之间也存在一定博弈，实施基础养老金全国统筹，如何协调好三者之间的利益关系也显得非常必要。为此，笔者对三者也进行合作博弈分析，假设：

（1）存在三个合作博弈主体，即流动人口、流入地和户籍地，分别表示为 R、W、H。流动人口可以选择在户籍地缴纳养老保险费，也可以选择在流入地缴纳养老保险费，当然也可以选择不参保缴费。

（2）如果流动人口选择不参保缴费，则可以与雇人单位"合谋"多发部分工资收入作为补偿，假设这一补偿收入为 3 个单位，户籍地和流入地则得不到缴费收入，收益均为 0。如果流动人口选择在户籍地参保缴费，则双方共计可以获得 12 个单位的养老金利益，流入地则得不到缴费收入，收益为 0。如果流动人口选择在流入地参保缴费，则双方可以获得 16 单位的养老金收益。

（3）如果实现基础养老金全国统筹，流动人口的养老保险关系实现了全国联网，流动人口的养老保险关系可以顺畅地在流入地和户籍地之间转移接续，即三者结成一个大联盟，则合作博弈的养老金收益可以得到 20 个单位。

（4）博弈三方按照夏普利值方法对合作产生的利益进行分配。在这些假设前提下，博弈三方的利益分配情况计算过程如表 4-8 所示。

从表 4-8 可以看出，实施基础养老金全国统筹后，博弈三方均按照各自平均的边际贡献参与了分配，实现了帕累托效率改进。尤其是流动人口的利益得到了极大的保障，能够比不参保时获得更大的利益分配，从原来的 3 个单位直接上升到了 28/3，足足是原来的 3 倍多。这表明，通过合作博弈可以有效地协调好流动人口、户籍地和流入地之间的利益关系，有利于实施基础养老金全国统筹工作。

---

① 周卉和石岩涛（2014）也对此进行过相关研究，但主要是分析流动人口在流入地和流出地之间的关系。

表4-8　流动人口、户籍地和流入地之间的合作博弈利益分配情况

第一部分：流动人口的合作博弈利益分配情况				
计算公式	合作博弈集合 S			
	R	RUW	RUH	$RUWUH$
$\|S\|$	1	2	2	3
$v(S)$	3	16	12	20
$v(S\backslash R)$	0	0	0	0
$v(S)-v(S\backslash R)$	3	16	12	20
$\beta(\|S\|)$	1/3	1/6	1/6	1/3
$\beta(\|S\|)[v(S)-v(S\backslash R)]$	1	8/3	2	20/3
$\psi R(v)$	37/3			

第二部分：流入地的合作博弈利益分配情况				
计算公式	合作博弈集合 S			
	W	WUR	WUH	$WURUH$
$\|S\|$	1	2	2	3
$v(S)$	0	16	0	20
$v(S/W)$	0	3	0	12
$v(S)-v(S/W)$	0	13	0	8
$\beta(\|S\|)$	1/3	1/6	1/6	1/3
$\beta(\|S\|)[v(S)-v(S/W)]$	0	13/6	0	8/3
$\psi W(v)$	29/6			

第三部分：户籍地的合作博弈利益分配情况				
计算公式	合作博弈集合 S			
	H	HUR	HUW	$HUWUR$
$\|S\|$	1	2	2	3
$v(S)$	0	12	0	20
$v(S/H)$	0	3	0	16
$v(S)-v(S/H)$	0	9	0	4
$\beta(\|S\|)$	1/3	1/6	1/6	1/3
$\beta(\|S\|)[v(S)-v(S/H)]$	0	3/2	0	4/3
$\psi H(v)$	17/6			

4.4　构建利益均衡机制的关键点

实施基础养老金全国统筹，即由省级统筹提升至全国统筹，涉及权、责、利的重新分配，成功的关键在于中央政府、各省级统筹单位、企业和退休职工等利益主体的协调配合，因此，在构建基础养老金全国统筹过程中省级政策协调的利益均衡机制尤为重要。根据前面的博弈分析可知，实施基础养老金全国统筹，需要引导各博弈主体从非合作博弈转向合作博弈，据此，本书提出构建利益均衡机制的几个关键点。

4.4.1　尽可能做大合作博弈剩余

按照合作博弈的思想，各省份之所以愿意通过合作博弈推动实现基础养老金全国统筹，一个最为根本的前提就是能够产生较大的合作剩余。如果不能满足这一前提条件，合作博弈的大联盟就不可能形成，即使形成了也是不稳定的。这就要求，基础养老金全国统筹并不是简单地将各省份的养老保险基金汇聚起来，进行存量再分配，而是要通过统筹层次的提升和基本养老保险制度的完善，进行存量和增量的再分配，获取比省级统筹层次更大的经济和社会利益，进而实现整体福利最大化。因此，在协调省级养老保险政策、构建利益均衡机制的同时，一方面，需要尽可能地释放基本养老保险制度改革的红利，让这些实实在在的利益摆在各利益主体面前，让各博弈参与主体都意识到实施基础养老金全国统筹的巨大潜在收益；另一方面，需要在基本养老保险制度改革之外，采取相关配套措施，进一步做大合作博弈剩余，提高各博弈主体的预期合作收益。只有在足够大的合作博弈剩余吸引下，各省份才能真正愿意配合中央政府实施基础养老金全国统筹工作，否则，就很难实现政策协调和利益均衡。

4.4.2　分配要体现平均边际贡献

有较大的合作博弈剩余是构建大联盟的前提条件，但并不一定意味着就能够形成大联盟，还取决于分配结果的"公平性"或"合意性"。根据合作博弈分析可知，某一博弈主体参与大联盟的动机是获取比"单干"更大的预期收益，或者至少不低于"单干"时的收益，如果分配获得的预期收益小于自己"单干"获得的预期收益，那么，它就不会参与到这个大联盟中来。这就要求，在实施基础养老金全国统筹的过程中需要制定一个较为"公平"的分配方案，使得各省级统筹单位都能够接受，从而实现各省之间的利益均衡。这种"公平"分配的方案可以遵循夏普利值法进行分配，即分配要体现平均边际贡献。前文对各省级政府之间的合作博弈分析可知，实现基础养老金全国统筹后，各省获得的收益将等于各自在省级统筹时的收益，加上共享的合作剩余部分。

4.4.3 承诺长期利益补偿协议

在前面的博弈分析中，部分省份由于累计基金结余相对较多，在省级统筹体制下"单干"也能获得较大的预期收益。实施基础养老金全国统筹，养老保险基金将在全国层面统收统支，这些省份的累计基金结余也将上解至中央政府，由中央政府在全国进行调剂使用。从这些省份的角度来看，短期内参与合作博弈将使其利益受损。为均衡这类省份的利益，可以承诺长期利益补偿协议，让其在长期可以将这部分损失的利益补偿回来，保证这类省份在长期内利益不受损的同时还能共享合作剩余。例如，可以承诺将部分累计基金结余作为该省的过渡金，或者在未来出现基金缺口时允许其申请这部分累计基金结余优先用作财政补贴等。这样才能真正破除地方利益的"藩篱"，顺利实施基础养老金全国统筹。

4.4.4 明确中央与地方政府的财政补贴责任

基础养老金全国统筹意味着统收统支的责任由省级政府上移至了中央政府，中央政府也应承担主要的财政补贴责任。这对于地方政府而言，尤其是那些存在较大基金缺口的省份，显然是一种净收益。但是否意味着地方政府就可以完全"甩包袱"呢？事实上并非如此。根据前面对中央与省级政府的博弈分析可知，省级政府是否配合中央政府推进基础养老金全国统筹，取决于省级政府获得的支付函数、基金结余和可能支付的处罚成本，以及中央政府对此的监督成本，二者在利益上存在一定的独立性，故而出现了省级政策不协调。要均衡中央与地方政府之间的利益关系，在基础养老金全国统筹的过程中就需要将二者转变为利益相对一致的联盟，明确中央和地方政府的财政补贴责任，建立基金缺口的财政分级分担机制。这就是说，尽管基础养老金全国统筹意味着财政补贴的主要责任上移至了中央政府，但地方政府并不能完全"甩包袱"，各级地方政府依然应该对本区域内出现的基金缺口承担相应比例的财政补贴责任。至于中央和地方政府具体应该各自承担多大的比例，需要结合"财权与事权相对应""激励与约束相协调"等原则具体确定。这样就在一定程度上协调了中央政府和地方政府的利益，并增加了各省份配合实施基础养老金全国统筹的积极性。

4.4.5　建立基金征缴的激励机制

从前面对地方政府与企业之间的博弈分析可知，企业缴费对地方政府的收益越大，地方政府就越有动力去征缴养老保险费；反之，则有可能纵容企业"逃费"，导致部分养老保险基金收入流失。这就要求，在实施基础养老金全国统筹的过程中，需要均衡地方政府和企业之间的利益关系，建立基金征缴的激励机制，让地方政府有查处企业"逃费"的积极性，减少企业"逃费"的动机，实现应保尽保、应征尽征。从应保尽保来看，应该督促各省份加大养老保险扩面力度，将符合条件的参保对象均纳入基本养老保险体系，对扩面效果较好的地方政府予以奖励，对扩面效果不理想的地方政府予以相应惩罚，形成养老保险扩面的正向激励。从应收尽收来看，可从以下几个方面入手：一是尽可能降低征缴机构的查处成本；二是要认可地方政府征缴保费的贡献；三是要加大对企业"逃费"的惩处力度；四是要提升地方政府发现企业"逃费"的概率。在这些举措的前提下，结合各地的扩面难度、就业结构等制定考核办法，对考核优秀的地方政府予以表彰，对考核不合格的地方政府予以通报批评。可以考虑将基金征缴的激励举措纳入对地方政绩考核的项目中，并适当增大所占的权重。

4.4.6　规范养老金待遇计发与调整办法

从前面对地方政府与退休职工的博弈分析中可知，在基础养老金全国统筹的背景下，部分地方政府有"多发"养老金的动机，退休职工也希望领取到更多的养老金，从而可能出现部分地方"多发"养老金的现象，造成养老保险基金的不合理支出，增加基础养老金全国统筹的负担。为此，要协调好地方政府和退休职工之间的利益关系，需要规范养老金待遇计发与调整办法。一方面，要逐步统一全国的基本养老金待遇计发办法，让退休职工对养老金待遇形成理性的预期，避免出现不同地区的"养老金福利竞赛"行为。另一方面，要严格规范各地区的养老金待遇调整办法，在保持各地区养老金待遇合理增长的同时，坚决取缔部分地区"多发"养老金待遇的行为。总之，应该尽快形成全国统一、规范的养老金待遇计发和调整办法，并制定具体的实施细则，让养老金待遇计发和调整有规可依、有章可循。在此基础上制定相应的考核办法，每年按照一定比例抽查地方政府的养老金待遇发放行为，对未按照规定计发或调整的地区，限其在一定的期限内予以改正，并按照规定予以处罚；对部分执行效果较好的地区则予以奖励，并推广其做法和经验。

4.4.7　切实保障流动人口养老金权益

从流动人口、户籍地和流入地的合作博弈分析可知，流动人口的养老金权益保障取决于流动人口是否参保和在哪里参保。如果流动人口选择不参保，那么流动人口仅能获取少部分工资补偿，而损失未来领取养老金的权益；户籍地和流入地也将损失大量的养老保险费收入。因此，在协调省级养老保险政策、构建利益均衡机制时，需要切实保障流动人口的养老金权益。由于流动人口可能在多个不同地区工作和参保缴费，但不同地区的缴费基数和缴费率等具体要求可能存在不一致，最后在户籍地还是流入地（工作地）退休将在很大程度上影响到其养老金收益。为了均衡这一利益关系，在实施基础养老金全国统筹的过程中，采取"新老划断、分段计算、汇总支付"[①]不失为一个可行的办法。

4.5　研究假说

根据本章从理论上对基础养老金全国统筹的省级政策协调分析，本书在此处提出需要进行实证检验的几个研究假说。一方面，基于非合作博弈的分析，分别针对省级缴费政策和待遇政策不协调提出两个研究假说，即基础养老金统筹层次

---

① 具体操作在后文的协调方案中将进行详细阐释。

提升，部分地方政府很有可能出现"少征"和"多发"的行为。另一方面，基于合作博弈的分析，笔者认为，在省级政策协调的前提下，实施基础养老金全国统筹将能够产生巨大的合作剩余，即增强养老保险基金的可持续性，分别针对仅从制度内变革产生的可持续性效应和考虑制度外举措产生的可持续效应提出了研究假说。前两个研究假说是验证省级政策不协调可能对基础养老金全国统筹产生的不利影响，应重点予以规避；后两个研究假说则是验证在省级政策协调的基础上实施基础养老金全国统筹能够带来的效应，模拟采取的相关政策可能取得的政策效果，进而探索到合适的协调路径。具体研究假说如下：

研究假说 1：基础养老金统筹层次提升会在一定程度上弱化地方政府的征缴激励，从而导致部分地方政府纵容企业"逃费"现象，产生"少征"行为。

研究假说 2：在基础养老金全国统筹的预期下，各省级统筹单位维持基金收支平衡的压力被弱化，有可能出现"养老金福利省际福利竞赛"行为，即"多发"养老金待遇。

研究假说 3：基础养老金从省级统筹提升到全国统筹，能够产生巨大的政策效应，增强养老保险基金的可持续性。

研究假说 4：在实施基础养老金全国统筹的同时，辅之以相关配套政策改革措施，能够进一步增强养老保险基金的可持续性。

4.6　本章小结

通过本章的理论分析，本书认识到：

（1）应该基于社会保险理论、权利配置理论、制度变迁理论和博弈论等理论来对基础养老金全国统筹的省级政策协调问题进行分析，尤其要注重不同利益主体之间的博弈关系。

（2）在实施基础养老金全国统筹的过程中，省级政策不协调背后体现的是各省份不同的利益诉求，协调的难点集中在横向的各省级统筹单位之间，纵向的中央与地方之间、地方与企业之间、地方与退休职工之间利益关系。

（3）由于各博弈主体存在利益冲突，如果任其在个体理性的前提下进行非合作博弈，则很难自发实现基础养老金全国统筹，因此，需要将这种非合作博弈转变为合作博弈，利用合作博弈的思想来协调各利益主体的关系，促进实现省级政策协调。

（4）基础养老金由省级统筹向全国统筹涉及权、责、利的重新分配，成功的关键在于中央政府、各省级统筹单位、企业和退休职工等利益主体的协调配合，因此，构建基础养老金全国统筹过程中省级政策协调的利益均衡机制尤为重要。

（5）构建利益均衡机制的关键点包括：尽可能做大合作博弈剩余、分配要体现平均边际贡献、承诺长期利益补偿协议、明确中央和地方政府的财政补贴责任、建立基金征缴的激励机制、规范养老金待遇计发与调整办法、切实保障流动人口养老金权益。

第5章 统筹层次提升与省级基础养老金缴费政策不协调的实证分析

根据前面的分析可知，省级基础养老金缴费政策不协调集中表现为征缴效果不协调。本章主要对统筹层次提升与省级基础养老金缴费政策不协调之间的关系进行实证，验证理论部分提出的研究假说1。首先，对关键指标的选取进行了阐释，包括统筹层次指标、征缴政策效果指标和征缴机构指标。然后，对实证分析进行了研究设计，包括计量回归模型的构建、变量的说明、数据来源与和描述性统计等。最后，采用面板固定效应模型进行了回归分析，得到了基准回归结果、分地区的回归结果、分不同征缴机构的回归结果和分不同省级统筹模式的回归结果。

5.1 关键指标的选取

5.1.1 统筹层次指标

基础养老金统筹层次是指由哪一级政府承担着养老保险基金收入和支出的责任主体，简言之，企业统筹、县市级统筹、省级统筹和全国统筹就是分别由企业、县市级政府、省级政府和中央政府承担主体责任。从1997年我国正式建立全国统一的企业职工基本养老保险制度以来，基础养老金统筹层次逐步从县市级统筹层次提升到了省级统筹层次，但不同省份推进省级统筹的时间存在一定的差异，这就为笔者考察统筹层次提升与省级基础养老金缴费政策效果之间的关系提供了很好的条件。为此，笔者通过搜集不同省份出台的推进省级统筹的政策文件、相关新闻报道、部分调研资料和学术资料，以及各省份人社厅网站公布的数据确定了各省份实现省级统筹的时间，并构建了省级统筹的虚拟变量。需要注意的是，我国在推进省级统筹的过程中曾经存在过两种不同的模式①，一种为真正意义上的省级统筹模式，即全省的养老保险基金由省级政府在全省统一调配、统收统支，是实质上的省级统筹，简称"省级统收统支"模式；另一种则是一种过渡模式，即实施养老保险基金"统一预算、分级核算、统一调剂、分级平衡"的省级预算管理体制，是名义上的省级统筹，实际上还是县市级统筹，但省级政府拥有将部分养老保险基金在全省范围内调剂使用的权利，简称"省级调剂金"模式。部分省份如北京、上海、陕西等省份直接从县市级统筹提升到了真正意义上的省级统筹阶段，即实施养老保险基金"省级统收统支"；另外的部分省份如浙江、广东、江西、四川等省份则是先从县市级统筹提升到名义省级统筹阶段，再提升到真正意义上的省级统筹阶段。在具体实证回归分析时，先将"省级统收统支"和"省级调剂金"两种模式均视为省级统筹，考察各省提升统筹层次对基础养老金缴费政策效果的影响；然后再分别考察两种不同的省级统筹模式对基础养老金缴费政策效果的影响。

5.1.2 征缴政策效果指标

对养老保险费的征缴效果可以通过三个方面来进行衡量：一是考察养老保险实际缴费率，如果实际缴费率低于名义缴费率则意味着可能存在缴费不足的情形，部分养老保险费未能征缴上来；二是考察足额征缴率，通过比较实际养老保险费征缴收入与应征缴保费收入可以比较直观地得出征缴效果，如果前者低于后者，则意味着可能存在征缴不足或"逃费"的行为；三是考察参保率，通过考察不同省份的养老保险参保率可以发现是否存在未能将部分参保者纳入养老保险体系的情形，参保率较低则意味着存在养老保险费征缴收入损失。总而言之，养老保险实际缴费率和足额征缴率都是对已参保群体征缴效果的反映，而参保率则在一定程度上反映了部分未参保者的"逃费"情况。具体而言，基础养老金实际缴费率、足额征缴率和参保率的计算公式如下：

---

① 《关于推进企业职工基本养老保险省级统筹有关问题的通知》（劳社部发〔2007〕3号）和《人力资源社会保障部财政部关于进一步完善企业职工基本养老保险省级统筹制度的通知》（人社部发〔〔2017〕72号）文件中对此有相关规定。

基础养老金实际缴费率=（各省年度养老保险基金收入／各省年度参保缴费职工人数）／各省年度城镇非私营单位就业人员平均工资 – 个人缴费比例

基础养老金足额征缴率=（各省年度养老保险基金收入 × 各省企业和个人缴费收入占比）／（各省年度城镇非私营单位就业人员平均工资 × 名义养老金缴费率 × 各省年度参保缴费人数）

参保率=各省年度参保缴费人数／（城镇非私营单位就业人数＋城镇私营企业和个体就业人数）

对以上公式需要说明的是：

（1）各省年度养老保险基金收入中包含了企业和个人缴费收入、利息收入、财政补贴收入等，征缴收入仅包括企业和个人缴费收入这一块，对基础养老金实际缴费率可能存在高估。

（2）以各省年度城镇非私营单位就业人员平均工资作为缴费基数可能在一定程度上高估了部分省份的缴费基数，因为很多省份的缴费基数均是在平均缴费基数的60%~300%之间进行选择，并且私营单位和个体就业人员适用的缴费基数可能低于缴费基数的平均值。这又可能使得基础养老金实际缴费率和足额征缴率存在低估。

（3）各省企业和个人缴费收入占比是根据历年《人力资源和社会保障事业统计公报》的数据的平均值进行估算的，有可能高估了财政补贴较多的省份的基础养老金实际足额征缴率，低估了部分财政补贴收入较少的省份。

（4）对参保率指标的计算，由于数据资料所限，没有考虑在城镇的自由职业者和灵活就业者；对于名义缴费率的计算也没有考虑自由职业者和灵活就业者的这一类缴费率，因为根据规定，这类人群参保缴费率是20%，其中，12%进入统筹账户，8%进入个人账户。

尽管对征缴政策效果指标的衡量存在一定的近似性，但优点是这类指标具有数据可获得性，并且考虑到本章并不是去测算具体"少征"或"多征"的绝对水平，而是考察统筹层次提升是否会带来缴费政策的不协调现象，因此，只要所有样本都采用同样的标准对此进行衡量，本章的实证研究结论就不会出现系统性偏差 (彭雪梅 等，2015)。另外，不少学者也采用了类似的方法进行实证 (孙祁祥，2001；封进，2013；赵静 等，2016)，均表明这一近似处理是合理的、恰当的。

5.1.3　征缴机构指标

养老保险费是由征缴机构来进行征收的，但我国的养老保险费征缴机构曾经在很长一段时间内都没有统一，部分地区是由社保经办机构征收，另一部分地区则是由地方税务机关进行征收。据统计，在 2019 年之前，全国共有 13 个省份的养老保险费是由社保经办机构征收，另外 18 个省份的养老保险费则是由税务机关进行征收，其中，宁夏在 2008 年之前是由社保经办机构征收，2008 年之后则改为了由税务部门征收。到 2018 年，中共中央办公厅、国务院办公厅印发了《国税地税征管体制改革方案》，明确提出，从 2019 年 1 月 1 日起，将基本养老保险费、基本医疗保险费、失业保险费、工伤保险费、生育保险费等各项社会保险费交由税务部门统一征收，统一了各省的养老保险费征缴机构。然而，在执行过程中由于企业社保费少缴或不缴的情形普遍存在，为了不增加企业社保成本，后来采取了"成熟一省、移交一省"的原则进行过渡，因而，直到 2020 年才真正完成统一征缴机构这一任务。而本章的数据仅截止到 2019 年，这一影响对实证结果的影响有限。据此，笔者也对此构建了征缴机构的虚拟变量。值得注意的是，由于征缴机构这类指标的变化相对较小，在样本相对较少的情形下很可能导致估计困难，从而难以在每一次计量回归分析中都对此进行控制。为了进一步考察征缴机构不同带来的影响，笔者在后续分析中分别对两类不同省份进行了回归分析，进一步展现了征缴机构对本书实证结果的影响效果。

5.2　研究设计

5.2.1　计量模型的构建与变量说明

本章基于各省在推进省级统筹时间上的差异来考察统筹层次提升对省级基础养老金缴费政策效果的影响。参照一般文献的做法，构建如下计量回归模型来考察这一影响效应：

$$Y_{it} = \beta_0 + \beta_1 \times \text{pooling}_{it} + \alpha \times \text{control}_{it} + \varepsilon_{it} \qquad (5\text{-}1)$$

式（5-1）中，Y_{it} 为被解释变量，表示 i 省份 t 年的基础养老金实际缴费率、足额征缴率或参保率，pooling_{it} 则表示 i 省份 t 年基础养老金统筹层次，用虚拟变量表示，省级统筹 = 1，否则等于 0。control_{it} 表示控制变量，为了控制征缴机构不同对征缴效果的不同影响，引入了征缴机构（税务机关征收 = 1，否则等于 0）这一虚拟变量；为了控制征缴难度引入了私营企业和个体就业人员占比这一代理变量，这一比值越高、征缴难度越大；为了控制养老负担对征缴效果的影响，引入了制度赡养率；为了控制不同省份养老保险基金的财务可持续性，模型控制了基金的可持续性，用累计基金结余可支付年数来进行衡量；另外，模型还控制了省份固定效应。

5.2.2　数据来源

本书所使用的数据为2005—2019年的省级面板数据，所使用的绝大部分数据来源于历年《中国统计年鉴》《中国劳动统计年鉴》和《人力资源与社会保障事业统计公报》，或经过对这些数据进行计算而得。部分数据如统筹层次变量和征缴机构变量为笔者经过查阅全国和各省出台的政策文件等资料通过手工进行整理而得。由于数据获取难度以及统计口径所限，本章所研究的对象为中国大陆（内地）的31个省份，未将我国的港澳台地区纳入分析。

5.2.3　描述性统计

表5-1为本章进行实证分析的主要变量的描述性统计。从基础养老金实际缴费率来看，均值为15.37%，低于名义缴费率[①]4.63个百分点，这说明，部分地区的养老保险实际缴费率偏低，很可能存在"少征"的情形。从基础养老金足额征缴率来看，均值为68.18%，说明还有将近三分之一的养老保险费收入未能征缴上来，可能存在较为严重的"漏缴""少缴"和"不缴"行为。从参保率来看，均值仅为56.83%，这说明还有一部分应该纳入企业职工基本养老保险体系的人员未能纳入，可能存在参保不足的问题，这也会在一定程度上减少养老保险基金收入。尽管如此，基础养老金统筹层次从县市级统筹提升至省级统筹是否会进一步恶化这一现

---

① 虽然现在的名义缴费率已经降至16%，但在2019年之前的名义缴费率长期维持在20%左右。

象，即是否会进一步"少征"、纵容企业"逃费"行为，还有待进一步的回归分析。

表5-1 主要变量的描述性统计

变量名	均值	10%	25%	50%	75%	90%
实际缴费率	0.153 7	0.063 8	0.114 4	0.155 6	0.195 5	0.233 9
足额征缴率	0.681 8	0.419 6	0.567 1	0.687 5	0.804 0	0.916 1
参保率	0.568 3	0.398 9	0.466 1	0.560 7	0.662 7	0.783 9
统筹层次（省级统筹=1）	0.845 2	1	1	1	1	1
征缴机构（税务机关=1）	0.574 1	1	1	1	1	1
私营企业和个体就业占比	0.559 0	0.408 6	0.491 2	0.564 4	0.634 2	0.695 1
制度赡养率	0.399 5	0.235 9	0.326 5	0.398 5	0.465 2	0.557 7
基金可持续性	1.254 6	0.574 2	0.818 4	1.097 0	1.496 1	1.988 3

5.3 回归结果及分析

5.3.1 基准回归结果分析

为了考察统筹层次提升对基础养老金缴费政策不协调的影响效果，此部分分别用基础养老金实际缴费率、足额征缴率和参保率作为被解释变量进行实证分析。在选择固定效应和随机效应模型之前，通过豪斯曼检验得出固定效应回归结果相对更优。故而本章将基于固定效应模型的回归结果对此进行分析。

首先，本章考察了统筹层次提升对基础养老金实际缴费率的影响，回归结果如表5-2所示。先单独考察统筹层次提升与实际缴费率之间的关系，发现二者呈显著负相关关系，即基础养老金统筹层次从县市级提升到省级显著地降低了基础养老金实际缴费率。这一负相关关系在依次加入其他控制变量后，均不改变这一结果，且回归系数保持相对稳定。这说明，基础养老金统筹层次提升在一定程度上弱化了地方政府的征缴激励，使得地方政府征缴的积极性下降，从而出现了"少征"的行为，这种"少征"行为主要通过执行较低的养老保险缴费率实现。这也在一定程度上说明，如果在基础养老金统筹层次提升的过程中，不能很好地协调好地方利益关系，则很可能出现部分负面的政策效果，阻碍基础养老金统筹层次的进一步提升。

表5-2 统筹层次提升对实际缴费率的影响

变量	（1）	（2）	（3）	（4）	（5）
	实际缴费率	实际缴费率	实际缴费率	实际缴费率	实际缴费率
统筹层次（省级统筹＝1）	−0.010**	−0.010**	−0.008*	−0.009**	−0.010**
	（−2.46）	（−2.45）	（−1.80）	（−2.21）	（−2.29）
征缴机构（税务机关＝1）		0.001	0.004	−0.007	−0.007
		（0.06）	（0.19）	（−0.40）	（−0.41）
私营企业和个体就业人员占比			−0.018	−0.074***	−0.074***
			（−0.87）	（−3.83）	（−3.82）
制度赡养率				0.204***	0.213***
				（9.45）	（8.07）
基金可持续性					0.002
					（0.62）
省份固定效应	YES	YES	YES	YES	YES
常数项	0.162***	0.162***	0.168***	0.126***	0.120***
	（43.38）	（13.81）	（11.97）	（9.24）	（7.15）
观测值	465	465	465	465	465

注：括号内为 t 值，***$p<0.01$，**$p<0.05$，*$p<0.1$。下同。

另外，回归结果发现，征缴机构无论是税务机关还是社保经办机构对实际缴费率的影响均不显著。但私营企业和个体就业人员占比越高，基础养老金的实际缴费率就越低。这一方面是因为这类就业群体人数相对较多，征缴难度系数较大，征缴机构对这类群体的征缴成本相对较高；另一方面则是因为这类群体中有部分就业人员更多地是以增加可支配收入为目的，缴纳社保费用的观念和维权意识相对淡薄，部分存在与企业"合谋逃费"的可能性。值得注意的是，制度赡养率这一变量的回归系数十分显著，且为正，这表明，在越来越严重的养老负担压力下，地方政府为了维持基金平衡和确保养老金按时足额发放，会在一定程度上提高实际缴费率。但基金的可持续却未能通过显著性检验。

然后，本章进一步考察统筹层次提升对基础养老金足额征缴率的影响，回归结果如表5-3所示。从中可以发现，统筹层次提升对足额征缴率的影响也显著为负，在依次加入相关控制变量后这一回归结果也依然保持相对稳定，这与前面对实际缴费率的影响相一致，这也从侧面进一步说明前面的回归结果是稳健的、可靠的。该回归结果意味着，基础养老金统筹层次提升使得地方政府采取了"藏费于企"的"纵容"策略。一方面，可能采取执行相对较低的养老保险费率政策，降低实际缴费率；另一方面，则可能适用较低的养老保险缴费基数政策，使得原本适用相对较高的缴费基数的企业或个人按照相对较低的缴费基数进行缴费。这些地方利己主义行为均可能导致养老保险费"少征"。另外，其他控制变量的回归结果也与表5-2的回归结果保持了良好的一致性。

表5-3　统筹层次提升对足额征缴率的影响

变量	（6）	（7）	（8）	（9）	（10）
	足额征缴率	足额征缴率	足额征缴率	足额征缴率	足额征缴率
统筹层次（省级统筹＝1）	-0.029^{**} （−2.46）	-0.029^{**} （−2.45）	-0.024^{*} （−1.80）	-0.027^{**} （−2.21）	-0.030^{**} （−2.29）
征缴机构（税务机关＝1）		0.003 （0.06）	0.011 （0.19）	−0.021 （−0.40）	−0.022 （−0.41）
私营企业和个体就业人员占比			−0.051 （−0.87）	-0.215^{***} （−3.83）	-0.215^{***} （−3.82）
制度赡养率				0.594^{***} （9.45）	0.621^{***} （8.07）
基金可持续性					0.007 （0.62）
省份固定效应	YES	YES	YES	YES	YES
常数项	0.707^{***} （64.78）	0.705^{***} （20.65）	0.745^{***} （17.66）	0.599^{***} （15.12）	0.582^{***} （11.94）
观测值	465	465	465	465	465

接着，本章进一步考察统筹层次提升对参保率产生的影响，回归结果如表5-4所示。与前面的回归结果不同的是，统筹层次提升对参保率的影响是正的，并且在加入控制变量之后在1%的显著性水平上通过了检验。这表明，基础养老金统筹层次从县市级提升到省级能够在很大程度上提高养老保险的参保率，即有利于企业职工基本养老保险制度"扩面"，将更多的就业人员纳入基本养老保险制度体系。这很可能意味着，基础养老金统筹层次提升对于参保率这类"显性"指标来说，地方政府会有积极性去"扩面"。可能的原因包括：一是参保率这类"显性"指标可能更容易被上一级政府或社会监督，尤其是统筹层次提升后上一级政府对此更加

关注；二是参保与否直接关系到就业人员的切身利益，企业难以与劳动者形成稳定的"合谋逃费"；三是统筹层次提升意味着劳动者的养老金权益可以在更大范围内得到保障，劳动者更有积极性参加养老保险；四是统筹层次提升意味着主体责任上移，地方政府出于为当地就业人员谋取养老金利益的目的，将这一"包袱"甩给上一级政府，会有积极性扩大当地的养老保险参保率。总之，基础养老金统筹层次提升对提高养老保险参保率是有积极作用的，并不会通过减少企业参保人员产生"少征"行为。

表5-4　统筹层次提升对参保率的影响

变量	（11）	（12）	（13）	（14）	（15）
	参保率	参保率	参保率	参保率	参保率
统筹层次（省级统筹=1）	−0.014 （−1.18）	−0.014 （−1.18）	0.025** （2.03）	0.027** （2.34）	0.042*** （3.49）
征缴机构（税务机关=1）		0.098* （1.84）	0.0153*** （2.97）	0.176*** （3.61）	0.180*** （3.76）
私营企业和个体就业人员占比			−0.372*** （−6.99）	−0.252*** （−4.78）	−0.252*** （−4.86）
制度赡养率				−0.432*** （−7.35）	−0.592*** （−8.34）
基金可持续性					−0.042*** （−3.89）
省份固定效应	YES	YES	YES	YES	YES
常数项	0.579*** （55.52）	0.523*** （16.08）	0.667*** （17.97）	0.758*** （20.41）	0.859*** （19.14）
观测值	465	465	465	465	465

从控制变量回归结果来看，本章也发现一些有意思的结果。征缴机构是税务部门的省份对提升基本养老保险参保率具有显著的正向作用，这说明，将社会保险费移交给税务机关全责征收具有重要的意义。私营企业和个体就业人员占比越高越会在一定程度上降低基本养老保险参保率，这与前面的分析是一致的。但制度赡养率和基金可持续性指标则会在一定程度上降低基本养老保险参保率，即养老负担越重的省份参保率越低，基金可持续性越强的省份参保率也越低。前者可能是因为养老负担越重的省份，基本养老保险缴费的负担越高，从而降低了劳动

者参保的意愿；后者则可能是因为基金的可持续性较强，扩面征缴的压力相对较小，故而参保率较低。

从基准回归结果来看，基本上验证了理论部分提出的研究假说1，但又有更深层次的认识。基础养老金统筹层次从县市级提升到省级，一定程度上弱化了地方政府征缴的积极性，出于地方利益考量，在"压力分担效应"和"收益转移效应"的影响下，会产生一定的"少征"行为 (赵仁杰 等，2020)，导致基本养老保险基金收入"流失"，这在一定程度上增加了基础养老金统筹层次提升的难度。值得注意的是，地方政府的这种"少征"行为，很大程度上是通过降低养老保险实际缴费率和适用较低的养老保险缴费基数这种相对"隐性"的手段进行的，而不会通过降低养老保险参保率来"少征"；相反，统筹层次提升还会在一定程度上有利于提高基本养老保险参保率。

5.3.2 分区域回归分析

由于不同地区基础养老金统筹层次提升对缴费政策效果的影响存在差异，本章进一步按照东部、中部和西部进行分区域回归分析。东部地区的省 (市) 包括北京、天津、上海、河北、辽宁、江苏、福建、山东、广东、浙江、海南；中部地区的省份包括黑龙江、吉林、山西、河南、湖北、湖南、江西和安徽；其他省份则为西部省份。回归结果分别如表5-5、表5-6和表5-7所示。由于分区域回归分析使得省份个数变少，导致征缴机构变量的变化较小，难以通过固定效应模型估计出准确的回归系数，故而未能将该控制变量纳入分析[1]。

表5-5　东部地区统筹层次提升对缴费政策效果的影响

变量	（16）	（17）	（18）
	实际缴费率	足额征缴率	参保率
统筹层次（省级统筹＝1）	−0.024*** （−5.78）	−0.071*** （−5.78）	0.055*** （2.89）
征缴机构（税务机关＝1）	—	—	—
私营企业和个体就业人员占比	−0.059*** （−2.74）	−0.174*** （−2.74）	−0.438*** （−4.48）

① 事实上，在运用计量回归软件进行估计时该变量会被自动剔除。

变量	（16）	（17）	（18）
	实际缴费率	足额征缴率	参保率
制度赡养率	0.307*** （8.27）	0.898*** （8.27）	−0.654*** （−3.90）
基金可持续性	0.009** （2.01）	0.025** （2.01）	0.004 （0.22）
省份固定效应	YES	YES	YES
常数项	0.041** （2.27）	0.352*** （6.73）	1.080*** （13.43）
观测值	165	165	165

从表5-5中可以看出，东部地区的基础养老金统筹层次提升会在一定程度上降低养老保险的实际缴费率和足额征缴率，但会在一定程度上提高养老保险的参保率，这与前面的基准回归结果是高度一致的。并且，从回归结果的显著性水平来看，均在1%的水平上通过了显著性检验。这说明，基础养老金统筹层次提升的确在一定程度上弱化了东部省份的征缴积极性，故而对实际缴费率和足额征缴率都产生了负面影响。但令人欣慰的是，基础养老金统筹层次提升会调动东部各地的参保积极性，考虑到东部地区有大量的流动人口，这一政策效果的意义无疑是显著的。从控制变量来看，私营企业和个体就业人员占比、制度赡养率对实际缴费率、足额征缴率和参保率的影响均与前面的基准回归相一致。但基金可持续这一变量对养老保险实际缴费率和足额征缴率的影响系数变得显著为正，这可能是因为东部地区的养老金可持续性状况越好，养老保险缴费负担越轻，企业和员工的参保积极性越高，从而越容易征缴，形成了一种良性循环。但基金可持续性对参保率的影响不再显著。

从表5-6可以看出，中部地区的基础养老金统筹层次提升对实际缴费率和足额征缴率的影响均不显著，而且影响系数非常小；但对参保率的影响依然为正。这表明，中部地区提升基础养老金统筹层次并不会对养老保险费征缴产生负面影响，反而会提高养老保险参保率。很可能是因为中部地区维持基金平衡的压力相对较大，且地方财政补贴能力相对较弱，基础养老金统筹层次提升依然需要担负维持基金平衡和养老金按时足额发放的责任，统筹层次提升并不会放松对养老保险费的征缴。相反，基础养老金统筹层次提升还会促进地方政府加大养老保险"扩面"力度，将更多的劳动者纳入基本养老保险制度体系。从控制变量来看，私营企业和个体就业人员占比对实际缴费率和足额征缴率的影响变得不再显著，但对参保率的影响依然显著为负。制度赡养率则与基准回归结果的系数保持了高度一致。值得一提的是，中部地区的基金可持续性对养老保险实际缴费率和足额征缴率的影响却是显著为负，与东部地区差别明显。很可能意味着，中部地区的养老保险基金结余相对较小、可持续相对较差，这在一定程度上增加了企业和个人的养老保险缴费负担，也提高了养老保险费的征缴难度。

表5-6　中部地区统筹层次提升对缴费政策效果的影响

变量	（19）	（20）	（21）
	实际缴费率	足额征缴率	参保率
统筹层次（省级统筹＝1）	0.001 （0.14）	0.003 （0.14）	0.065*** （2.98）
征缴机构（税务机关＝1）	－	－	－
私营企业和个体就业人员占比	−0.027 （−0.56）	−0.078 （−0.56）	−0.787*** （−5.97）
制度赡养率	0.097* （1.84）	0.282* （1.84）	−0.260* （−1.78）
基金可持续性	−0.018** （−2.03）	−0.054** （−2.03）	−0.097*** （−3.84）
省份固定效应	YES	YES	YES
常数项	0.157*** （6.05）	0.693*** （9.13）	1.180*** （16.24）
观测值	120	120	120

从表5-7可以发现，西部地区的基础养老金统筹层次提升对养老保险实际缴费率和足额征缴率也未产生显著影响，但对参保率的影响显著为正，与中部地区的回归结果一致。这可能是因为，西部地区和中部地区均面临着相同的养老保险制度环境，维持基金平衡的压力均较大，故而统筹层次提升并不能让地方政府放松对养老保险费的征缴；相反，还有可能使得地方政府通过养老保险"扩面"来增

加养老保险缴费人数。这说明，基础养老金统筹层次提升对西部地区缴费政策的影响效应也是正面的。从控制变量来看，除了私营企业和个体就业人员占比对参保率的影响变得不再显著之外，其他变量均与基准回归结果保持了良好的一致性。

表5-7　西部地区统筹层次提升对缴费政策效果的影响

变量	（22）	（23）	（24）
	实际缴费率	足额征缴率	参保率
统筹层次（省级统筹＝1）	−0.001 （−0.01）	−0.001 （−0.01）	0.057*** （2.70）
征缴机构（税务机关＝1）	−	−	−
私营企业和个体就业人员占比	−0.112*** （−3.01）	−0.327*** （−3.01）	−0.049 （−0.70）
制度赡养率	0.197*** （4.20）	0.574*** （4.20）	−0.541*** （−6.07）
基金可持续性	0.005 （0.62）	0.014 （0.62）	−0.081*** （−5.31）
省份固定效应	YES	YES	YES
常数项	0.164*** （5.51）	0.713*** （8.19）	0.781*** （13.77）
观测值	180	180	180

综合东部、中部和西部地区的回归分析来看，本章可得出这样的大致结论：基础养老金统筹层次从县市级提升到省级，对缴费政策产生的负面效应主要集中在东部地区，即会使得东部地区的养老保险实际缴费率和足额征缴率降低，从而导致养老保险费收入的"流失"。这很可能是因为东部地区集中了我国的大部分养老保险基金结余，这些省份担心基础养老金统筹层次提升会造成地方利益的损失，从而弱化了征缴积极性；但中部地区和西部地区的养老保险基金结余本来就相对较少，基础养老金统筹层次提升对其地方利益的触动相对较小，甚至还有部分省份寄希望于推动基础养老金全国统筹来缓解维持基金平衡的财政压力，故而对这些地区的养老保险费实际缴费率和足额征缴率并未产生显著影响。当然，无论是东部、中部还是西部，基础养老金统筹层次提升均能够提升养老保险参保率，有利于维护劳动者的养老保障权益，这对实现基本养老保险从制度全覆盖向人员全

覆盖转变具有重要的意义。

5.3.3 分不同征缴机构回归分析

前面的分析指出，不同的征缴机构对缴费政策效果的影响会存在差异，但由于征缴机构的变化不大，难以对其进行控制。因此，本部分将分不同征缴机构地区来考察统筹层次提升对养老保险缴费政策效果的影响，税务机关征缴地区和社保经办机构征缴地区的回归结果分别见表5-8和表5-9。

表5-8　税务机关征缴地区统筹层次提升对缴费政策效果的影响

变量	（25）	（26）	（27）
	实际缴费率	足额征缴率	参保率
统筹层次（省级统筹=1）	−0.012** （−2.42）	−0.037** （−2.42）	0.041*** （2.61）
私营企业和个体就业人员占比	−0.096*** （−3.92）	−0.281*** （−3.92）	−2.291*** （−3.91）
制度赡养率	0.272*** （7.97）	0.794*** （7.97）	−0.596*** （−5.75）
基金可持续性	0.005 （0.94）	0.014 （0.94）	−0.091 （−5.73）
省份固定效应	YES	YES	YES
常数项	0.103*** （6.01）	0.533*** （10.71）	1.059*** （20.47）
观测值	267	267	267

从表5-8中可以发现，税务机关征缴地区的基础养老金统筹层次提升会在一定程度上弱化其征缴积极性，从而降低养老保险实际缴费率和足额征缴率；同时，也会在一定程度上提升该地区的参保率。无论是核心解释变量还是控制变量，这一实证结果与前面的基准回归结果都高度一致。这一研究结论也在一定程度上印证了彭雪梅等（2015）的研究结论。

从表5-9中可以发现，社保经办机构征缴地区的基础养老金统筹层次提升并不会对缴费政策效果产生显著影响，仅仅对提升基本养老保险参保率有正向作用。这表明，基础养老金统筹层次提升对缴费政策产生的负面影响主要在集中在那些由税务机关负责征缴的地区。这也启示我们，在推动基础养老金全国统筹的过程中，社会保险费统一由税务机关全责征收，需要防止税务机关由于征缴激励弱化而"少征"的行为。

表5-9　社保经办机构征缴地区统筹层次提升对缴费政策效果的影响

变量	（28）	（29）	（30）
	实际缴费率	足额征缴率	参保率
统筹层次（省级统筹＝1）	−0.008 （−1.08）	−0.024 （−1.08）	0.052*** （3.01）
私营企业和个体就业人员占比	−0.066** （−2.04）	−0.194** （−2.04）	−0.279*** （−3.91）
制度赡养率	0.158*** （3.64）	0.460*** （3.64）	−0.510*** （−5.36）
基金可持续性	−0.001 （−0.20）	0.004 （−0.20）	0.001 （0.06）
省份固定效应	YES	YES	YES
常数项	0.139*** （5.33）	0.639*** （8.40）	0.866*** （15.13）
观测值	198	198	198

5.3.4　分不同省级统筹模式回归分析

前面提到我国的省级统筹存在两种模式，一种是"统收统支"模式，另一种则是"省级调剂金"模式。前一种模式是真正意义上的省级统筹，后一种则是名义上的省级统筹，是一种过渡形式。需要注意的是，在2010年之前，基础养老金县市级统筹、"省级统收统支"和"省级调剂金"三种模式是并存的；但到2010年，基础养老金县市级统筹地区就全部提升到了省级统筹阶段，仅存在"省级统收统支"和"省级调剂金"两种模式；到2020年则全部省份都宣布提升到了"省级统收统支"模式。由于本章的样本范围仅限于2005至2019年，故而分为2005至2010年、2011至2019年两个阶段进行实证分析。在2005至2010年这一阶段，基准参照组为基础养老金实施县市级统筹省份；在2011至2019年这一阶段，基准参照组则为基础养老金实施"省级调剂金"模式的省份。

从表5-10可以发现，在2005—2010年间，基础养老金由县市级统筹提升到"省级调剂金"层次的确会弱化地方征缴机构的征缴积极性，导致养老保险的实际缴费率和足额征缴率降低；但基础养老金由县市级统筹直接提升到"省级统收统支"层次则会在一定程度上提高养老保险的实际缴费率和足额征缴率。与此同时，相对于基础养老金县市级统筹而言，统筹层次提升到"省级调剂金"会在一定程度上扩大养老保险的参保率，但统筹层次直接提升到"省级统收统支"则会在一定程度上降低养老保险参保率。这表明，在基础养老金统筹层次提升的过程中，这两种省级统筹模式各有优缺点，基础养老金统筹层次直接提升到"省级统收统支"能够在一定程度上提高养老保险实际缴费率和足额征缴率，进而增加养老保险基金收入，但却可能在一定程度上不利于提高参保率，对养老保险制度"扩面"却产生了一定阻碍作用。

表5-10 2005—2010年统筹层次提升对缴费政策效果的影响

变量	（31）	（32）	（33）
	实际缴费率	足额征缴率	参保率
统筹层次（省级调剂金=1）	−0.013*** （−2.78）	−0.039*** （−2.78）	0.023** （2.46）
统筹层次（省级统收统支=1）	0.048*** （2.67）	0.141*** （2.67）	−0.098*** （−2.75）
征缴机构（税务机关=1）	—	—	—
私营企业和个体就业人员占比	−0.171*** （−3.21）	−0.498*** （−3.21）	−0.266** （−2.54）
制度赡养率	0.429*** （8.39）	1.251*** （8.39）	−0.458*** （−4.55）
基金可持续性	0.037*** （4.47）	0.107*** （4.47）	0.087*** （5.38）
省份固定效应	YES	YES	YES
常数项	0.022 （0.82）	0.298*** （3.76）	0.758*** （14.15）
观测值	186	186	186

从表5-11中则可以进一步发现，在2011至2019年间，相对于"省级调剂金"的名义省级统筹而言，进一步将基础养老金统筹层次提升至"省级统收统支"并不会对养老保险缴费政策效果产生明显的差别影响，无论是养老保险实际缴费率、足额征缴率还是参保率均未通过显著性检验。这也意味着，在这一期间推动各省

进一步夯实基础养老金省级统筹，真正实现基础养老金省级统收统支，并未给养老保险实际缴费率、足额征缴率和参保率带来明显的负面影响。综合表5-10的回归结果可知，尽管在2005至2010年这一阶段将基础养老金统筹层次从县市级提升到"省级调剂金"或"省级统收统支"层次会有问题，要么不利于实际缴费率和足额征缴率提高，要么不利于参保率提高；但在2011至2019年间将基础养老金统筹层次从"省级调剂金"提升到"省级统收统支"则是顺理成章的事情，并未弱化征缴机构的征缴积极性，也没有弱化企业和个人的参保积极性。这就进一步说明了我国采取这种渐进式提升基础养老金统筹层次的策略是相对成功的，在一定程度上避免了一些不利因素的阻碍。

表5-11 2011—2019年统筹层次提升对缴费政策效果的影响

变量	（34）	（35）	（36）
	实际缴费率	足额征缴率	参保率
统筹层次（省级统收统支=1）	−0.008 （−0.72）	−0.024 （−0.72）	−0.025 （−0.95）
征缴机构（税务机关=1）	—	—	—
私营企业和个体就业人员占比	−0.039 （−1.16）	−0.114 （−1.16）	−0.346*** （−4.33）
制度赡养率	0.302*** （5.71）	0.880*** （5.71）	−1.023*** （−8.12）
基金可持续性	−0.007 （−1.09）	−0.020 （−1.09）	−0.111*** （−7.30）
省份固定效应	YES	YES	YES
常数项	0.059* （1.84）	0.406*** （4.33）	1.343*** （17.50）
观测值	279	279	279

5.4 本章小结

本章的实证研究基本上验证了前面理论部分提出的研究假说1，即基础养老金统筹层次提升会在一定程度上弱化地方政府的征缴激励，从而导致部分地方政府纵容企业"逃费"现象，产生"少征"行为。主要得出了以下研究结论：第一，整体来看，基础养老金统筹层次从县市级统筹提升到省级统筹会在一定程度上降低养老保险的实际缴费率和足额征缴率，但这一负面影响主要出现在东部地区和由税务机关负责征缴的地区，在中西部地区和由社保经办机构征缴的地区这一负面影响不显著。第二，基础养老金统筹层次由县市级统筹提升到省级统筹能够在一定程度上提高养老保险参保率，有利于保障劳动者的养老保障权益，实现基本养老保险由制度全覆盖向人员全覆盖转变。第三，在"省级调剂金"和"省级统收统支"两种省级统筹模式中，在2005—2010年间，"省级调剂金"模式有利于提高参保率，但却不利于提高养老保险实际缴费率和足额征缴率，而"省级统收统支"模式对此的影响方向则相反；在2011—2019年间，推动基础养老金从"省级调剂金"模式提升到"省级统收统支"模式则是一件顺理成章的事情，并未产生负面影响。第四，基础养老金统筹层次提升过程中地方征缴机构采取的"少征"行为，主要是通过降低养老保险实际缴费率和适用较低的养老保险缴费基数这种相对"隐性"的行为实现的，而不会采取降低养老保险参保率这类"显性"行为。

第6章　全国统筹背景下省级基础养老金待遇政策不协调的实证分析

本章主要对全国统筹背景下省级基础养老金待遇政策不协调进行实证分析，为前面理论部分提出的研究假说2提供经验证据。实证思路包括两个方面：一方面，通过对各省养老金不平等指标进行测算和分解，据此反映在全国统筹背景下不同省份或区域之间的养老金待遇政策不协调现象；另一方面，通过构建空间计量回归模型考察各省之间的养老金是否存在空间关联效应，即是否出现了养老金福利竞赛行为，据此反映各省养老金待遇增长政策的不协调现象。首先，本章描述了全国及各省养老金待遇增长的几个典型事实，为后文的实证分析提供基本素材；其次，本章交代了本章使用的不平等指标、模型及数据；再次，对各省之间的养老金待遇不平等指标进行了测算和分析；最后，通过空间计量回归模型分析了各省之间的养老金待遇空间关联效应。

6.1　典型事实

由于本章是对全国统筹背景下省级基础养老金待遇政策不协调进行实证分析，需要考察各省或部分省份是否会因为要推动基础养老金全国统筹而出现"多发"养老金的行为。因此，本章先来看看关于养老金待遇增长的几个典型事实。

（1）全国平均养老保险实际增长率高于规定增长率。自2005年以来，我国政府开始通过出台年度《调整退休人员基本养老金的通知》(简称《通知》，下同) 的形式逐年大幅提高企业退休人员基本养老金待遇水平，到2019年，养老金已经实现了"十五连涨"[①]。其中，前11年《通知》规定的上调幅度基本维持在10%左右，

[①] 2020年和2021年规定的增长率为5%和4.5%，已经实现"十七连涨"。

2016—2019 年的上调幅度则分别降为 6.5%、5.5%、5% 和 5%。然而,《通知》规定的上调幅度仅仅是原则性的、指导性的,各地区还可以在此基础上制定具体的养老金待遇调整实施方案,这就导致实际养老金待遇增长幅度与《通知》规定的上调幅度出现了一定差异。对比分析来看,绝大多数年份的养老金实际增长率超过了规定增长率,且近年来表现尤为明显(见图 6-1)。整体来看,2005 至 2019 年,全国各省年平均养老金实际增长率为 11.82%,但按照国家《通知》规定的增长率年平均值为 9.21%,前者比后者高出 2.61 个百分点,即很有可能部分地区出现了"多发"行为。

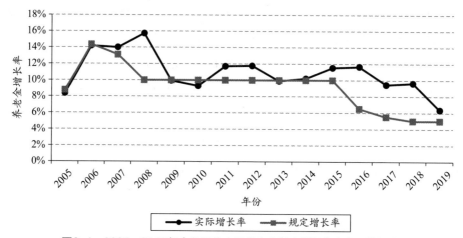

图6-1 2005—2019年企业退休人员养老金规定增长率和实际增长率

注:实际增长率为作者根据历年《中国统计年鉴》的相关数据计算得出。规定增长率的数据来源于历年公布的《通知》和网上公开数据,其中,2005—2007年的规定增长率根据城镇单位在岗职工平均工资增长率的60%、100%和70%计算得出。

(2)绝大部分省份的基本养老保险实际增长率高于规定增长率。从省级层面来看,在 2005—2019 年间各省级单位的养老金待遇水平都维持了一个相对较高的水平,最高的为西藏,平均增长率高达 14.97%;最低的为浙江,也达到了 8.58%。但在此期间,国家通过《通知》规定的增长率平均值仅为 9.21%(图 6-2 横断点线),因此,除了浙江省的养老金实际增长率平均值低于这一数值外,其他 30 个省份的平均养老金增长率均高于这一规定值。这进一步表明,在基础养老金统筹层次提升的预期下,绝大部分省份可能存在"多发"养老金待遇的行为。

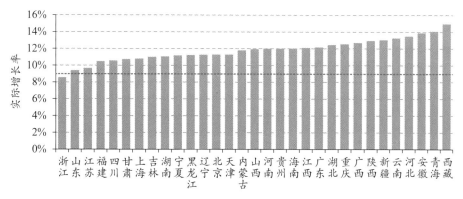

图6-2　2005—2019年各省平均养老金实际增长率

（3）各省突破规定增长率的幅度越来越大。从"十一五"期间到"十三五"期间，养老金待遇实际增长分别为11.91%、11.02%和9.28%，但《通知》规定的平均增长率仅分别为11.04%、10%和5.5%，实际增长率和规定增长率之差逐步从0.87%扩大至3.78%。与此同时，这三个时期中，"十一五"期间重点推动基础养老金省级统筹，"十二五"时期则明确提出要实现基础养老金全国统筹，并进一步夯实省级统筹，"十三五"时期继续提出要实现基础养老金全国统筹，并且在此期间实施了养老保险基金中央调剂制度，还进一步推动了基础养老金省级统收统支的实现。由此可见，随着对基础养老金全国统筹预期的增强，绝大部分省份可能在一定程度上"多发"了养老保险基金待遇，存在养老金待遇增长不合理的现象。

表6-1　不同时期养老金平均增长率的比较

时期	实际增长率	规定增长率	超额增长率
"十一五"期间	11.91%	11.04%	0.87%
"十二五"期间	11.02%	10%	1.02%
"十三五"期间	9.28%	5.50%	3.78%

以上三个典型事实均表明，在基础养老金全国统筹的预期下，绝大部分省份未能完全按照国家规定的养老金待遇增长幅度进行增长，突破了正常增长幅度，可能存在"多发"养老金待遇行为，进而导致省级基础养老金待遇政策不协调。但是，更为严谨和可靠的验证还有待进一步的实证分析。

6.2 不平等指标、模型及数据

6.2.1 不平等指标选取

反映不同省份基础养老金待遇不协调的最直观的指标就是省与省之间的养老金待遇不平等程度或养老金收入差距。为了更加全面地反映各省之间的养老金待遇不平等程度，本章既选择部分绝对不平等指标，又选择部分相对不平等指标，还选择可分解的不平等指标对此进行分析。

（1）绝对不平等指标。绝对不平等指标相对直观和简单，能够较好地反应不同省份间的养老金待遇绝对差距，本章选取平均养老金极差这个指标来对此进行测算。极差，又称范围误差或全距（Range），是用来刻画一组数据离散程度的指标，反映的是基本养老金待遇分布的变异范围和离散程度，极差越大，意味着基本养老金越不平等，反之，则越平等。

$$R_t = \max\left(P_{i,t}\right) - \min\left(P_{i,t}\right) \tag{6-1}$$

式（6-1）中，$P_{i,t}$ 表示 i 省份 t 期的平均养老金，R_t 为极差，$\max(P_{i,t})$ 和 $\min(P_{i,t})$ 分别表示样本中的最大值和最小值。

（2）相对不平等指标。本章选取变异系数、基尼系数和泰尔指数三种常用指标来对此进行测算。变异系数是用来衡量各省之间养老金待遇的相对差异程度，该值越大，说明省与省间的平均养老金待遇差异程度 CV_t 越大，反之则越小。其测算公式如（6-2）式所示：

$$CV_t = \frac{1}{\overline{P_t}} \sqrt{\sum_{i=1}^{n}\left(P_{i,t} - \overline{P_t}\right)^2 \Big/ (n-1)} \tag{6-2}$$

式（6-2）中，$\overline{P_t}$ 为 t 年全国或某一区域的平均养老金，n 为样本中的省份个数。

基尼系数可以用来衡量省与省间基本养老金不平等程度，该指标的取值范围为 0 到 1，越接近 0 则表示各省基本养老金越平等，越接近 1 则表示越不平等。通过分析其演变趋势可以得知基本养老金不平等程度是缩小还是扩大了。省与省间基本养老金基尼系数的测算公式如式（6-3）所示：

$$GINI_t = 1 - \sum_{i=1}^{n} L_{i,t}\left(2Q_{i,t} - s_{i,t}\right) \tag{6-3}$$

式（6-3）中，$GINI_t$ 表示 t 年全国或某一区域的基尼系数，$L_{i,t}$ 为省份频数，$Q_{i,t}$ 为 t 年从第 1 个省份到第 i 个省份的累积养老金收入比重，$s_{i,t}$ 为 t 年 i 省平均养老金占全国或某一区域平均养老金总和的比重。

泰尔指数（Theil index）也是衡量不平等程度的常用指标，而且常常用于衡量地区间的收入不平等程度。泰尔指数越大表示越不平等，反之则越平等。基本养老金泰尔指数的测算公式如下：

$$Theil_t = \frac{1}{n} \sum_{i=1}^{n} \frac{P_{i,t}}{\overline{P_t}} \log\left(\frac{P_{i,t}}{\overline{P_t}} \right) \tag{6-4}$$

（3）不平等指标分解。为了进一步弄清楚养老金待遇不平等的主要来源，本章进一步引入了泰尔指数的分解公式。将泰尔指数按照东部地区、东北地区、中部地区和西部地区（简称"四大板块"，下同）分解为组内不平等和组间不平等[①]。东部地区包括北京市、天津市、河北省、山东省、江苏省、上海市、浙江省、福建省、广东省、海南省；东北地区包括：黑龙江省、吉林省、辽宁省；中部地区包括：山西省、河南省、湖北省、湖南省、江西省、安徽省；西部地区包括：重庆市、四川省、广西壮族自治区、贵州省、云南省、陕西省、甘肃省、内蒙古自治区、宁夏回族自治区、新疆维吾尔自治区、青海省、西藏自治区。泰尔指数的公式如（6-5）、（6-6）和（6-7）所示。

$$Theil_t = T_{b,t} + T_{c,t} \tag{6-5}$$

$$T_{b,t} = P_{E,t} \log \frac{P_{E,t}}{n_E/n} + P_{M,t} \log \frac{P_{M,t}}{n_M/n} + P_{W,t} \log \frac{P_{W,t}}{n_W/n} + P_{NE,t} \log \frac{P_{NE,t}}{n_{NE}/n} \tag{6-6}$$

$$T_{c,t} = P_{E,t} \left(\sum_{i \in g_E} \frac{P_{i,t}}{P_{E,t}} \log \frac{P_{i,t}/P_{E,t}}{1/n_E} \right) + P_{M,t} \left(\sum_{i \in g_M} \frac{P_{i,t}}{P_{M,t}} \log \frac{P_{i,t}/P_{M,t}}{1/n_M} \right) +$$
$$P_{W,t} \left(\sum_{i \in g_W} \frac{P_{i,t}}{P_{W,t}} \log \frac{P_{i,t}/P_{W,t}}{1/n_W} \right) + P_{NE,t} \left(\sum_{i \in g_{NE}} \frac{P_{i,t}}{P_{NE,t}} \log \frac{P_{i,t}/P_{NE,t}}{1/n_{NE}} \right) \tag{6-7}$$

式（6-5）中，$T_{b,t}$ 表示 t 年组间差距，$T_{c,t}$ 表示 t 年组内差距。式（6-6）和式（6-7）中，$P_{E,t}$、$P_{M,t}$、$P_{W,t}$ 和 $P_{NE,t}$ 分别表示 t 年东部、中部、西部和东北部的基本养老金收入总份额，g_E、g_M、g_W 和 g_{NE} 分别表示东部、中部、西部和东北部组别，n_E、n_M、n_W

---

① 限于研究对象，未对我国的港澳台地区进行区域划分。

和 n_{NE} 分别表示东部、中部、西部和东北部的省份个数。

6.2.2 模型的构建

由于此部分拟构建空间计量回归模型来考察各省养老金待遇的空间关联效应，先要构建空间权重矩阵和说明空间自相关的度量方法，在此基础上才能构建空间计量回归模型。

（1）空间权重矩阵的构建。空间权重矩阵的构建一般可以分为两种，一种是基于地理距离构建，另一种则是基于经济距离构建。对于前者，本章将基于省份间是否相邻构建一阶邻接空间权重矩阵和基于省份间地理距离的倒数构建地理距离空间权重矩阵；对于后者，本章将基于省份间人均 GDP 之差绝对值的倒数构建经济距离空间权重矩阵。为使实证结果更加稳健，本章将使用三种空间权重矩阵，即一阶邻接空间权重矩阵、地理距离空间权重矩阵和经济距离空间权重矩阵。

具体而言，一阶邻接空间权重矩阵的构建为：如果 i 省份和 j 省份之间的边界相邻，则令空间权重 $w_{ij}=1$；反之，则令 $w_{ij}=0$。由于海南省地理位置的特殊性，为防止"孤岛"带来的程序计算困难，本章假定其仅与广东省相邻。地理距离空间权重矩阵的构建则直接以 i 省份和 j 省份之间的球面距离倒数作为空间权重，令 $w_{ij}=1/d_{ij}$，其中，d_{ij} 为省份间的距离，$i \neq j$。经济距离矩阵则以 i 省份和 j 省份人均 GDP 之差的绝对值倒数作为空间权重，令 $w_{ij}=\dfrac{1}{\left| GDP_i - GDP_j \right|}$。这些空间权重矩阵主对角线上的元素均为 0，即同一区域的地理距离或经济距离均为 0。

（2）空间自相关的度量。"莫兰 I 数"（Moran I）是用来度量变量之间是否存在空间自相关的常用方法，该指数的取值范围介于 −1 到 1 之间，小于零表示变量存在空间负相关，大于零则表示变量存在空间正相关，当然，如果这一数值接近零则表示变量不存在空间自相关。"莫兰 I 数"的测度公式如下：

$$I_t = \frac{\sum_{i=1}^{n}\sum_{j=1}^{n} w_{ij}\left(P_{i,t}-\overline{P_t}\right)\left(P_{j,t}-\overline{P_t}\right)}{S_t^2 \sum_{i=1}^{n}\sum_{j=1}^{n} w_{ij}} \tag{6-8}$$

式中，$S_t^2 = \dfrac{\sum_{i=1}^{n}\left(P_{i,t}-\overline{P_t}\right)^2}{n}$ 为样本方差，w_{ij} 为空间权重矩阵，$\sum_{i=1}^{n}\sum_{j=1}^{n} w_{ij}$ 为所有空间权重之和。

（3）空间杜宾模型的构建。通过对前面章节的现状分析和理论分析可知，各省之间的基础养老金待遇政策存在不协调，在基础养老金全国统筹的预期下，各省级统筹单位维持基金收支平衡的压力被弱化，有可能出现养老金福利省际福利竞赛行为，即"多发"养老金待遇。这就涉及各省养老金待遇的空间关联问题，为此，本章构建空间杜宾模型来对此进行分析。当然，除空间因素外，影响各省养老金待遇政策的因素还包括滞后因素、经济因素、制度因素和人口因素等，本章将这些因素也加入了计量回归模型中。具体模型构建如下：

$$P_{i,t} = \tau P_{i,t-1} + \rho w_i' P_t + x_{i,t}' \beta + w_i' X \delta + \mu_i + \gamma_t + \varepsilon_{i,t} \tag{6-9}$$

式中，$\tau P_{i,t-1}$ 用来衡量基本养老金的一阶滞后影响；$\rho w_i' P_t$ 用来衡量来自其他区域的空间滞后影响，ρ 为空间自回归系数，w_i' 为空间权重矩阵 W 的第 i 行，$w_i' P_t = \sum_{j=1}^{n} w_{ij} P_{j,t}$；$w_{i,t}' \beta$ 用来衡量解释变量的影响；$w_i' X \delta$ 则用来衡量来自其他地区解释变量的影响；μ_i 表示个体效应，γ_t 表示时间效应，$\varepsilon_{i,t}$ 表示随机误差项。除了空间因素和滞后因素外，本章还引入了代表经济因素的解释变量，包括上年度城镇在岗职工平均工资（$AW_{i,t-1}$）、上年度的通货膨胀率水平（$CPI_{i,t-1}$）和上年度人均财政收入（$FIN_{i,t-1}$）；代表制度因素的解释变量，包括制度赡养率水平（$SMR_{i,t}$）和制度可持续性水平[①]（$ADP_{i,t-1}$）；以及代表人口因素的解释变量，包括城镇化率（$UR_{i,t}$）和老年人口抚养比（$OPDR_{i,t}$）。在具体回归时，为减轻异方差带来的影响，对 $P_{i,t}$、$AW_{i,t-1}$ 和 $FIN_{i,t-1}$ 均取对数。

6.2.3　数据来源

本章选取 2005—2019 年中国大陆 31 个省份的相关数据作为研究样本，限于数据统计口径和获取难度问题，未将我国的香港、澳门和台湾的数据纳入分析。本章所使用的数据均来自 2006—2020 年的《中国统计年鉴》，由于有部分变量涉及滞后项，因此也采用了 2005 年《中国统计年鉴》的部分数据。此外，部分数据还参照了相关省域统计年鉴和统计公报、《中国劳动统计年鉴》、国泰安数据库和中经网统计数据库。

---

① 上年度养老保险基金累计结余可支付年数 /100。

6.3 养老金待遇不平等的测度及分析

6.3.1 基于绝对不平等指标分析

根据前面的极差计算公式计算可得全国及各区域的平均基本养老金的极差如表6-2所示。从中可以看出，2005—2019年间，全国层面的平均基本养老金极差呈逐步扩大趋势，已经从2005年的942.57元/月逐步增长至6 505.95元/月。从区域层面来看，西部地区的养老金极差在所有年份中都是最大的，意味着养老金待遇最高的省份和最低的省份均在西部地区，养老金待遇分化较为严重；东部地区的养老金极差次之，但在近年来有所降低；中部地区再次之；东北部地区的养老金极差最小。这表明，各省之间的养老金绝对差距在扩大，但不同区域间的养老金绝对差距存在一定差异，养老金待遇政策不协调现象明显。

表6-2 2005—2019年全国及各区域平均基本养老金的极差

单位：元/月

年份	全国	东部	中部	西部	东北部
2005	942.57	404.28	218.63	926.9	38.99
2006	723.17	433.26	216.70	613.32	98.68
2007	1 146.25	424.49	327.89	1 026.46	75.09
2008	1 016.78	644.32	385.31	887.79	91.35
2009	1 288.68	726.20	355.29	1 231.43	195.66
2010	1 037.28	696.66	418.81	853.69	313.00
2011	1 606.24	772.69	575.07	1 490.71	351.31
2012	1 599.61	792.07	623.74	1 515.76	377.19
2013	1 769.64	1 031.70	787.86	1 649.82	365.41
2014	1 725.56	1 137.47	750.95	1 725.56	396.41
2015	2 306.37	1 527.24	815.48	2 306.37	404.25
2016	5 412.51	2 248.45	917.03	5 412.51	400.85
2017	5 748.06	1 704.96	1 686.71	5 379.87	516.31
2018	6 023.12	1 348.56	1 699.14	5 877.21	667.69
2019	6 505.95	1 624.79	967.37	6 505.95	211.38

6.3.2　基于相对不平等指标分析

基于前面的测算公式，计算得到了 2005—2019 年的全国层面的基本养老金的变异系数、基尼系数和泰尔指数，测算结果如图 6-3 所示。从中可以发现，三类衡量养老金相对不平等的指标虽然大小存在差别，但均表现出相对一致的变化趋势。在 2005—2015 年间，尽管各省养老金待遇相对不平等程度存在小幅波动，但基本保持了相对平稳的演进态势，这说明在此期间各省的养老金待遇增长相对同步；到 2016—2019 年间，各省养老金相对不平等程度开始急剧拉大，并表现出波动上升的趋势，这说明该时期各省之间的养老金待遇增长开始出现分化，养老金待遇相对差距开始拉大。综合前面的绝对不平等指标分析可知，2005—2015 年间尽管各省之间的绝对收入差距在拉大，但相对收入差距却保持相对稳定；而到了 2016—2019 年间则无论是绝对收入差距还是相对收入差距均急剧拉大。这说明，随着推动基础养老金全国统筹工作力度的加大，各省养老金待遇政策不协调现象越来越严重。

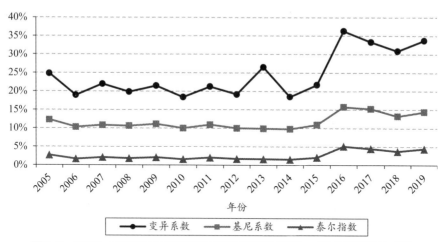

图6-3　2005—2019年全国平均基本养老金的变异系数、基尼系数和泰尔指数

由于变异系数、基尼系数和泰尔指数均呈现大致相同的演进趋势，本书选取基尼系数来对四大板块的养老金相对不平等程度进行分析，2005—2019 年全国及四大板块的基尼系数如图 6-4 所示。从中可以看出，四大板块中西部地区的基本养老金不平等程度最大，在 2011 年以后超过了全国的基本养老金不平等程度，且呈现出明显的上升趋势。东北部地区的基本养老金不平等程度最小，虽然在 2005—

2010 年间呈现出一定的上升趋势，但之后却呈现出一定的下降趋势。东部地区和中部地区的基本养老金不平等程度居中，但均低于全国的水平，且二者呈现出交叉演进趋势。在 2005—2010 年间，东部地区的基本养老金不平等程度要高于中部地区；但在 2011—2013 年间中部地区的基本养老金不平等程度却超过了的东部地区；2014—2016 年间，东部地区的基本养老金不平等程度开始快速上升，并超过了中部地区；2017—2018 年间，中部地区的基本养老金不平等程度再次超过东部地区；到 2019 年，东部地区的基本养老金不平等程度再次上升，并超过了中部地区。由此可见，四大板块的基本养老金不平等演变趋势在 2005—2015 年间保持了相对同步，但在 2016—2019 年间则出现了一定程度的分化。这进一步印证了这一结论，即随着基础养老金全国统筹力度的加大，省级基础养老金待遇政策不协调现象将越发明显，部分省份很可能出现了"多发"养老金待遇的行为。

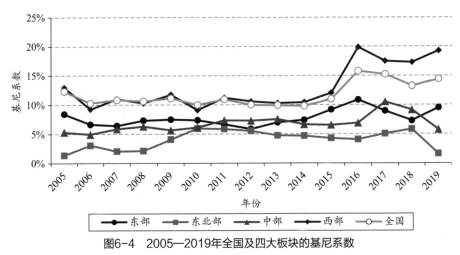

图6-4 2005—2019年全国及四大板块的基尼系数

6.3.3 不平等分解分析

基于四大板块对 2005—2019 年基本养老金泰尔指数进行分解的结果如图 6-5 所示。从中可以看出，来自组内的贡献要远远大于来自组间的贡献，组内的基本养老金不平等是造成全国基本养老金不平等的主要原因。具体而言，2005—2010 年间，基本养老金不平等来自组内的贡献维持在 2/3 左右，来自组间的贡献则维持在 1/3 左右；2011—2019 年间，来自组内的贡献进一步呈现出上升趋势，而来自组间的贡献则呈下降趋势，到 2019 年，组内和组间的贡献分别为 85.87% 和 14.13%。

这表明，四大板块间的基本养老金不平等程度相对较小，而四大板块内部的基本养老金不平等程度相对较大。这很可能意味着，在基础养老金全国统筹的压力下，不同省份间的养老金待遇政策不协调现象更多地出现在区域内部，即表现出一定的空间关联现象。很有可能出现研究假说2中提到的，相邻省份之间的养老金福利竞赛会因为"拉高看齐"或"互相攀比"而产生一种"赶超效应"，导致区域内养老金待遇政策不协调。

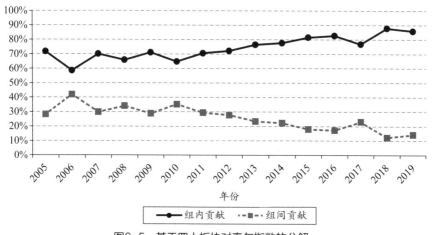

图6-5 基于四大板块对泰尔指数的分解

6.4 基于空间杜宾模型的回归分析

尽管典型事实分析和不平等测度分析均表明不同省份之间的基础养老金待遇政策存在不协调现象，很可能部分省份存在"多发"养老金待遇的行为，研究假说2得到了一定程度的印证。但为了进一步验证研究假说2，此处通过构建空间杜宾模型来对此进行实证，考察不同省份基础养老金待遇政策的空间关联效应。

6.4.1 空间相关性检验

在进行空间杜宾模型估计之前，需要先对养老金待遇的空间相关性进行检验。此处采用"莫兰I数"（Moran I）来对此进行检验，对2005年、2010年、2015年和2019年中国平均基本养老金莫兰I数进行了测算，并对莫兰散点图进行了绘制，如图6-6所示。从中可以看出，全局Moran I值全部为正值，且呈现出倒"U"型变化趋势，从2005年的0.109上升到2010年的0.231，再下降至2015年的0.182

和2019年的0.148。从局部Moran I值来看，位于第一和第三象限的省份比位于第二和第四象限的省份要多，即中国省域人均基本养老金局部空间特征主要呈现出"低—低"型和"高—高"型聚集现象。具体而言，"高—高"聚类主要发生在东部沿海省份，以及西部的西藏和青海；"低—低"聚类则主要发生在东北部省份、中部省份和西南部省份。尽管部分年份有所波动，但这一空间聚类格局保持相对稳定。这表明，中国各省平均基本养老金存在较为显著的空间自相关性，应该采用空间计量模型。

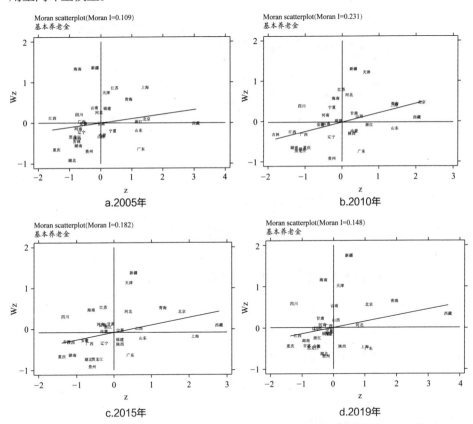

图6-6　2005年、2010年、2015年和2019年中国平均基本养老金的莫兰I数及散点图

6.4.2　基准回归结果分析

从前面的空间相关性检验可以看出，中国各省的平均基本养老金表现出较为明显的空间相关性，为此，本书分别采用一阶邻接空间权重矩阵、地理距离空间权重矩阵和经济距离空间权重矩阵对基本养老金不平等的影响因素进行实证，空间杜宾

模型计量回归结果如表6-3所示。在选择固定效应和随机效应估计结果之前，笔者对此进行了豪斯曼检验，结果显示，三种权重下豪斯曼统计量均为负数，故不能拒绝随机效应的原假设（陈强，2014），采用随机效应的估计结果相对更优。从估计结果来看，三种权重下空间自回归系数均显著不为0，且系数维持在0.216 8~0.249 3之间相对稳定。这表明，无论是地理距离相对较近的省份还是经济距离相对接近的省份之间均存在明显的空间正相关效应。

从地理距离来看，基本养老金待遇存在一定的空间集聚现象，相邻或地理距离较近的省份之间会相互参照，进而导致这一带维持相对一致的基本养老金待遇水平。这就是说，对相邻或距离较近的省份而言，出于追求"公平"，待遇较低的省份就可能为了向待遇较高的省份"看齐"而大幅调高养老金待遇水平；而待遇较高的省份则可能为了保持高养老金福利竞争优势又进一步调高养老金待遇水平。这表明，部分地理距离相对较近的省份之间已经出现了养老金福利竞赛行为，相互之间会因为"拉高看齐"而产生一种"赶超效应"。

从经济距离来看，各省也会把与自身经济实力相当的省份作为参照对象，导致这些省份间的基本养老金水平表现出明显的空间相关性，进而呈现出"经济距离"集聚现象，如上海、北京和广东等省份。换言之，对处于同等经济发展水平的省份而言，相互间会将对方视为养老金待遇调整的参照系，待遇较低的省份可能会将养老金待遇调高至参照省份的水平，以实现经济地位与养老金待遇相匹配；而待遇较高的省份则可能会在看到其他省份调高了养老金待遇水平后进一步调高养老金待遇水平。即处于同等经济发展水平的省份之间养老金福利竞赛会因为"保持同步"或"互相参照"而产生一种"类比效应"。

表6-3　空间杜宾模型回归结果

系数	一阶邻接空间权重		地理距离空间权重		经济距离空间权重	
	Fe	Re	Fe	Re	Fe	Re
ρ	0.249 2*** (4.20)	0.233 9*** (4.34)	0.216 8* (1.79)	0.226 5** (2.46)	0.218 6*** (3.71)	0.249 3*** (4.62)
$\ln P_{i,t-1}$	0.225 9** (2.17)	0.358 7*** (3.02)	0.233 9*** (2.56)	0.351 6*** (3.52)	0.271 6*** (3.00)	0.399 5*** (4.07)
$\ln AW_{i,t-1}$	0.395 4*** (5.69)	0.407 1*** (5.44)	0.402 2*** (4.68)	0.419 7*** (6.11)	0.382 6*** (3.86)	0.367 3*** (4.76)

续表

系数	一阶邻接空间权重		地理距离空间权重		经济距离空间权重	
	Fe	Re	Fe	Re	Fe	Re
$CPI_{i,t-1}$	−0.233 5 （−0.42）	−0.232 2 （−0.42）	−0.338 5 （−0.71）	−0.222 2 （−0.47）	−0.127 0 （−0.31）	−0.800 1 （−0.20）
$\ln FIN_{i,t-1}$	0.017 4 （0.34）	0.015 5 （0.34）	0.024 3 （0.55）	0.027 1 （0.66）	0.001 6 （0.04）	0.010 4 （0.27）
$SMR_{i,t}$	−0.453 5*** （−4.03）	−0.344 7*** （−3.00）	−0.368 1*** （−4.26）	−0.259 6*** （−2.84）	−0.361 2*** （−4.37）	−0.215 9** （−2.33）
$ADP_{i,t-1}$	−1.925 9 （−1.07）	−1.421 7 （−1.16）	−1.005 1 （−0.51）	−1.225 3 （−0.85）	−0.036 2 （−0.02）	−0.073 9 （−0.05）
$UR_{i,t}$	−0.193 9 （−0.78）	−0.183 7 （−0.72）	−0.088 7 （−0.33）	−0.363 5 （−01.53）	−0.590 1 （−1.54）	−0.620 6 （−1.56）
$OPDR_{i,t}$	−1.117 9** （−1.98）	−1.210 4*** （−2.80）	−1.359 7** （−2.51）	−1.379 6*** （−3.20）	−0.654 2 （−1.43）	−0.912 9** （−2.48）
$cons$	−	0.264 4 （1.46）	−	−0.172 1 （−0.37）	−	0.190 6 （0.68）
$W·\ln P_{i,t-1}$	0.166 9* （1.90）	0.143 6** （2.23）	0.228 6** （2.42）	0.558 5** （2.06）	0.092 7*** （2.62）	0.042 7** （2.34）
$W·\ln AW_{i,t-1}$	0.085 8*** （2.72）	0.184 5* （1.87）	0.411 5*** （4.80）	0.514 5* （1.84）	0.133 7** （2.16）	0.011 4** （2.09）
$W·CPI_{i,t-1}$	−0.120 6 （−0.20）	−0.018 0 （−0.03）	−0.290 0 （−0.64）	−0.153 1 （−0.28）	−0.226 9 （−0.49）	−0.135 2 （−0.31）
$W·FIN_{i,t-1}$	0.058 7 （0.97）	0.044 3 （0.85）	0.023 4 （0.56）	0.008 4 （0.10）	0.023 5 （0.36）	0.003 1 （0.05）
$W·SMR_{i,t}$	0.306 2 （1.58）	0.299 1 （1.65）	0.287 7 （0.56）	0.158 1 （0.36）	0.342 9 （1.08）	0.162 4 （0.66）
$W·ADP_{i,t-1}$	0.778 8 （0.20）	1.192 8 （0.60）	0.570 4 （1.09）	0.618 5 （1.71）	0.543 9 （1.19）	0.658 5 （1.32）
$W·UR_{i,t}$	−0.290 5 （−0.46）	−0.117 8 （−0.38）	−1.503 7 （−1.15）	−0.420 4 （−0.66）	−0.870 4 （−1.19）	−0.554 9 （−1.45）
$W·OPDR_{i,t}$	1.761 6*** （3.22）	1.410 5*** （2.97）	1.730 9** （2.08）	1.519 6** （1.97）	1.308 9** （2.01）	0.733 1* （1.83）
log-likelihood	549.816 5	498.222 6	555.250 6	500.679 0	548.062 9	495.915 9
豪斯曼检验	−12.8		−9.06		−11.07	

注：表中 ***、**、* 分别表示在1%、5%和10%的显著性水平上显著。圆括号内的数值为 Z 值。下同。

这意味着，存在两种影响中国基础养老金待遇政策不协调的空间关联机制：一种是地理相邻或相近的省份之间会相互参照，在基本养老金调整或增长过程中表现出一定的"同步性"，从而形成地理上的"高—高"值区域和"低—低"值区域。另一种是经济实力大致相当或相近的省份之间也存在一定的交互影响，从而使得基本养老金形成了"经济距离"上的"高—高"值区域和"低—低"值区域。这与本书提出的研究假说2高度一致，研究假说2进一步得到验证。然而，这些基于养老金福利竞赛而产生的养老金待遇增长行为在一定程度上是不合理的，各省养老金待遇政策不协调将对我国实施基础养老金全国统筹造成一定阻碍。

从滞后因素来看，前一期的基本养老金会对后一期产生显著的正向影响，即各省的基本养老金增长存在明显的"棘轮效应"。这意味着，在国家制定统一的基本养老金增长标准的前提下，基本养老金较高的省份很大程度上会继续维持相对较高的水平，反之，则依然维持相对较低的基本养老金水平；基本养老金不平等格局存在一定的固化倾向。从经济因素来看，上年度城镇在岗职工平均工资的回归系数显著为正，但上年度通货膨胀率和上年度地方财政收入的影响系数却不显著。这表明，各省的基本养老金存在盯住工资增长的行为，工资水平较高的地区基本养老金也会相对较高，进而导致各地区工资不平等衍生了基本养老金不平等。从制度因素来看，仅有制度赡养率的回归系数显著为负，而衡量制度可持续性的指标却未能通过显著性检验。可能的原因是，制度赡养率较高的省份领取基本养老金的人数较多，而缴纳养老保险费的在职职工相对较少，故而会在一定程度上抑制基本养老金增长，从而降低这些省份的基本养老金待遇水平，进一步拉大各地区间的基本养老金差距。从人口因素来看，老年人口抚养比对基本养老金的影响十分显著，而城镇化率却未能通过显著性检验。这表明，养老负担相对较重的地区基本养老金会相对较低，而养老负担相对较轻的地区基本养老金则会相对较高，这一影响机制会拉大不同养老负担省份间的基本养老金不平等程度。

从其他地区影响因素的空间滞后效应来看，只有上年度基本养老金、上年度城镇在岗职工平均工资和老年人口抚养比通过了显著性检验。这表明，某一省份的基本养老金还会受到地理距离或经济距离较近省份滞后一期的基本养老金水平和工资水平的正向影响，很可能与省份之间的空间关联机制有关。值得一提的是，其他地区的老年抚养比对该省份基本养老金的空间影响效应为正，可能是因为周边省份或经济实力相当的省份养老负担越重，意味着该省份的养老负担相对越轻，从而可以一定程度上提高本省份的基本养老金水平。

6.4.3 分时段回归分析

为进一步探究各省养老金待遇调整的空间关联机制，分时段考察各省之间的养老金福利竞赛行为，此处以党的十八届三中全会作为时间节点来进行分时段回归分析。之所以分为这两个时段，一方面是因为2012年我国宣布实现了基本养老保险制度全覆盖，基本养老金改革的主要矛盾从"是否拥有"转变为了"是否公平"，并且2012年以后，剔除政府财政补贴后的年度养老保险基金结余开始下降；另一方面，则是因为2013年以后我国加快了推动基础养老金全国统筹的步伐，从更加注重基础养老金省级统筹向更加注重基础养老金全国统筹转变。分时段的回归结果如表6-4所示。

表6-4　分时段回归分析

系数	一阶邻接空间权重		地理距离空间权重		经济距离空间权重	
	2005—2012	2013—2019	2005—2012	2013—2019	2005—2012	2013—2019
ρ	0.128 5[*] （1.84）	0.069 5[***] （2.60）	0.500 8[***] （5.75）	0.140 6[*] （1.85）	0.340 3[***] （3.45）	0.161 1[*] （1.79）
$\ln P_{i,t-1}$	0.722 2[***] （9.09）	0.033 6[**] （2.25）	0.766 8[***] （9.61）	0.056 0[**] （2.45）	0.747 1[***] （8.13）	0.123 7[*] （1.98）
$\ln AW_{i,t-1}$	0.142 6[**] （2.12）	0.941 0[***] （5.79）	0.113 7[*] （1.81）	0.971 7[***] （6.20）	0.125 1[*] （1.79）	0.836 0[***] （4.49）
$CPI_{i,t-1}$	−0.439 4 （−1.28）	−1.048 2 （−0.42）	−0.211 7 （−0.51）	−0.477 3 （−0.20）	−0.281 9 （−0.77）	−0.730 7 （−0.32）
$\ln FIN_{i,t-1}$	−0.044 8 （−0.79）	−0.072 7 （−1.49）	−0.050 8 （−0.60）	−0.059 3 （−1.13）	−0.065 3 （1.24）	−0.044 8 （−0.80）
$SMR_{i,t}$	−0.211 9[***] （−3.80）	−0.381 8[**] （−2.19）	−0.137 5[***] （−2.60）	−0.248 9[*] （−1.82）	−0.098 1[**] （−2.02）	−0.144 1[**] （−2.32）
$ADP_{i,t-1}$	−1.213 2 （−1.42）	−1.489 5 （−1.50）	−1.141 5 （−1.41）	−1.563 8 （−0.72）	−1.372 2 （−0.80）	−0.428 9 （−0.21）
$UR_{i,t}$	−0.219 6 （−0.58）	−0.459 5 （−1.37）	−0.259 3 （−0.91）	−0.660 9 （−1.39）	−0.306 8 （−0.80）	−0.816 2 （−1.35）
$OPDR_{i,t}$	−0.413 0[*] （−1.75）	−1.810 1[***] （−2.79）	−0.485 7[**] （−2.11）	−1.866 8[***] （−3.23）	−0.633 3[***] （−2.73）	−1.913 4[***] （−3.08）

续表

系数	一阶邻接空间权重		地理距离空间权重		经济距离空间权重	
	2005——2012	2013——2019	2005——2012	2013——2019	2005——2012	2013——2019
$W \cdot X$	YES	YES	YES	YES	YES	YES
cons	1.554 3*** （5.05）	−1.825 8*** （−2.62）	2.698 5*** （3.51）	−2.681 8 （−1.25）	1.933 8*** （3.51）	−3.121 1** （−2.18）
log-likelihood	391.163 6	187.473 2	397.587 6	187.257 5	395.523 8	186.366 5

注：为简洁起见，影响因素的空间滞后效应回归结果未列出。

从表6-4可以看出，尽管回归系数的大小和显著性有所变化，但基本与表6-3保持了相对一致，这表明，前面的实证结果是稳健的、可靠的。值得注意的是，在三种空间权重矩阵下，2013—2019年间的回归系数要明显小于2005—2012年间，即后一阶段的空间关联机制相对减弱。可能的原因包括：2013—2019年间国家加快了推动基础养老金全国统筹的步伐，并出台了一系列的政策举措，一定程度上弱化了各省之间的空间关联机制；2013年以后，不少省份的保险基金结余消耗较快，维持养老保险基金平衡的压力相对较大，一定程度上削弱了部分省份参与养老金福利竞赛的力度；部分养老保险基金结余较多、经济相对发达的省份加快了养老金增长的速度[1]，导致各省之间养老金待遇增长出现了分化。这一研究结论也与前面对不平等的测度分析结论一致，即后期养老金待遇不平等程度进一步扩大了。

从滞后因素来看，各省基本养老金的"棘轮效应"在2013—2019年间要明显小于2005—2012年间，且显著性程度也有所降低，很可能是由于近年来基本养老金增长速度放慢所致。从经济因素来看，盯住工资增长的行为在2013—2019年间较2005—2012年间更为明显，系数和显著程度都增加了，这与近年来强调基本养老金增长要与工资增长率同步较为吻合。从制度因素来看，制度赡养率对基本养老金的影响效应也变大了，很可能是由近年来离退休人数增多带来的养老金支付压力所致。另外，养老负担对基本养老金的影响也越来越显著，在2013—2019年间的影响效应远远强于在2005—2012年间的影响效应。这表明，随着中国老龄化程度的加深，养老负担对基础养老金待遇政策不协调的影响将越来越大。总之，

---

① 例如，广东省在后期就大幅提高了养老金待遇增长速度。

相对于2005—2012年间，2013—2019年间的空间因素和滞后因素影响效应相对减弱了，但经济因素、制度因素和人口因素的影响效应相对增强了。

6.4.4 稳健性分析

前面的计量回归结果已经在很大程度上验证了理论部分提出的研究假说2，但出于谨慎性考虑，需要对此做进一步的稳健性分析。一方面，考虑到2018年7月1日开始正式实施了养老保险基金中央调剂制度，可能对实证结果产生影响，故而此处去掉了2019年的数据重新进行计量回归分析（见表6-5中的Part A部分）。另一方面，此处将空间杜宾模型变换成空间自回归模型，再重新对此进行空间计量回归分析（见表6-5中的Part B部分）。从表6-5中的回归结果可以看出，无论是剔除2019年的数据，还是将模型变换为空间自回归模型，各省的养老金待遇均表现出明显的空间正相关效应，与前面的基准回归结果保持了良好的一致性。这表明，本书的实证结果是稳健的、可靠的。进一步表明我国养老金待遇调整过程中确实出现了省际福利竞赛行为，既存在与周边省份"拉高看齐""互相攀比"的"赶超效应"，也存在与处于同等经济发展水平的省份"保持同步""互相参照"的"类比效应"。研究假说2得到了实证数据的支持。

表6-5 稳健性分析

Part A：剔除2019年数据回归结果			
系数	一阶邻接空间权重	地理距离空间权重	经济距离空间权重
ρ	0.246 0*** （4.48）	0.191 7*** （2.69）	0.267 1*** （5.19）
控制变量	YES	YES	YES
$W \cdot X$	YES	YES	YES
Part B：变换为空间自回归模型回归结果			
系数	一阶邻接空间权重	地理距离空间权重	经济距离空间权重
ρ	0.074 8** （1.99）	0.164 1* （1.89）	0.220 4*** （3.04）
控制变量	YES	YES	YES
$W \cdot X$	YES	YES	YES

注：为简洁起见，其他控制变量等回归结果未列出。

6.5　本章小结

基于本章的实证分析，笔者验证了研究假说 2，即在基础养老金全国统筹的预期下，各省级统筹单位维持基金收支平衡的压力被弱化，在一定程度上出现了养老金省际福利竞赛行为，即"多发"养老金待遇。具体而言，全国统筹背景下省级基础养老金待遇政策不协调主要体现为：第一，绝大多数省份的养老金实际增长率超过了规定增长率，存在养老金待遇"多发"的行为，并且随着基础养老金全国统筹步伐的加快，这一现象更为突出。第二，各省之间的养老金待遇绝对不平等程度一直在拉大，但相对不平等程度却在 2016 年以后才开始逐步拉大，并且这种不平等程度更多地体现为区域内不平等，西部地区省份的养老金不平等程度最高，东北部最低，东部和中部居中。第三，各省养老金待遇存在明显的空间关联效应，会受到与之地理距离较近或经济距离较近省份的养老金待遇政策的影响，从而产生"赶超效应"或"类比效应"；但这种空间关联效应在 2013 年以后存在一定程度弱化。

第7章　基础养老金全国统筹的省级政策协调效应测算

本章为基础养老金全国统筹的省级政策协调效应测算，验证理论部分提出的研究假说3，即推动实现基础养老金从省级统筹到全国统筹，能够产生巨大的政策效应，增强养老保险基金的可持续性。本章的测算思路为：在基础养老金省级统筹的基础上，假定协调好省级政策，测算推动实现基础养老金全国统筹预期能够达到的政策效果。具体而言，通过构建省级层面基础养老金收支模型，在一定的参数假定下对各省基础养老金的可持续性进行测算，得到基准的测算结果。然后，通过将促进基础养老金全国统筹的一些政策在此基础上进行模拟比较，得出促进基础养老金全国统筹相关政策的效果。最后，通过综合比较分析，测算出基础养老金全国统筹的预期效果，为推动实现基础养老金全国统筹提供依据。

7.1　基本假设与测算模型的构建

7.1.1　基本假设

本章拟构建省级层面基础养老金收支测算模型，但在构建这一测算模型之前，需要对一些基本问题进行适当的假设，这些基本假设包括：

（1）测算对象的界定。我国企业职工基本养老保险制度实施的"统账结合"的模式，由企业缴纳的部分进入统筹账户，而由个人缴纳的部分进入个人账户。鉴于此处测算的对象是基础养老金收支缺口（或结余），故只测算各省算统筹账户基金缺口（或结余）。也就是说，没有包括个人账户的收支情况，也不包括政府给予的财政补贴、国有资产划拨等制度外收入。另外，本书测算的省份仅包括中国大陆（内地）的31个省份，未将我国的港澳台地区纳入测算。

（2）测算时段选取及折现率。根据中国的战略安排，我国将在 21 世纪中叶实现"第二个一百年"奋斗目标，将测算时段限定为 2020—2050 年。同时，为了实现各年度数据的可比性，此处将所有测算数据折现到 2020 年，并假定折现率为 3%。

（3）平均参保年龄。假设参保职工平均参加工作的年龄为 20 岁，并开始按照规定缴纳养老保险费（田月红和赵湘莲，2016）。

（4）平均退休年龄。按照我国目前的法律规定，男性职工的法定退休年龄为 60 岁，女性干部为 55 岁，女工人为 50 岁，但考虑到未来延迟退休的可能性，在此假定女性的退休年龄为 55 岁，男性为 60 岁。当然，为了进一步简化计算，假定在工作期间参保职工一直连续缴费，不存在"断缴"行为[①]。

（5）生存的极限年龄。不同职工的寿命长短存在差异，参照全国人口普查数据的统计范式，假定 100 岁为人的极限寿命，忽略极少部分超过 100 岁的老人领取的养老金。

7.1.2 测算模型的构建

为从省级层面测算未来基础养老金收支缺口，首先，需要知道未来各省有多少人参保缴费、有多少人领取养老金，这就需要预测出各省未来分年龄、性别的人口规模，从中确定出参保缴费职工人数和领取养老金的离退休人数。其次，基于未来各省参保缴费职工的预测数据，需要构建出未来各省的基础养老金缴费收入模型，据此测算出未来各省的基础养老金缴费收入。再次，需要构建基础养老金支出预测模型，据此测算出未来各省需要支出的基础养老金规模。最后，建立基础养老金收支缺口（或结余）测算模型，据此分别测算出各省未来的年度基金缺口（或结余）和累计基金缺口（或结余）。

（1）未来人口规模预测模型。对于非新生人口规模的预测，可以采用队列要素法来进行预测。就某一省份而言，用上一年度各省的分年龄、性别的人口规模去乘以相应的生存概率，再加上当年净转入人口（或减去当年净转出人口），就可以得到当年度的分年龄、性别的人口数据。这一推算公式如下：

[①] 事实上，存在部分职工"断缴"现象，但只要职工参保缴费满15年就能获得领取养老金的资格，此处为了简化计算，我们不考虑这一行为。

$$P_{s,t+1}^{x,n+1} = P_{s,t}^{x,n} \times \left(1 - d_{s,t}^{x,n}\right) + M_{s,t+1}^{x,n+1} \tag{7-1}$$

式中，P 代表人口数，s 代表省份，x 代表性别，$x=\mathrm{m}$ 和 $x=\mathrm{f}$ 分别表示男性和女性，t 代表年份，n 代表年龄，d 代表死亡率，M 代表净转入人口，若为负则表示净转出。

对于新生人口规模的预测，可以用各省的总人口规模乘以相应的出生率得到，如果进一步乘以出生人口性别比就可以得到男性出生人口和女性出生人口数量，测算公式如下：

$$P_{s,t+1}^{x,0} = \sum_{n=0}^{N} P_{s,t-1}^{x,n} \times b_{s,t} \times \mathrm{sex}_{s,t}^{x,0} \tag{7-2}$$

式中，N 表示生存的极限年龄，b 表示出生率，sex 表示新生人口出生性别比例。

（2）基础养老金缴费收入预测模型。按照规定，基础养老金缴费收入取决于三个要素，即参保缴费职工人数、养老保险缴费基数和执行的养老保险缴费率。其中，参保缴费职工人数是指在城镇就业的、参加了企业职工基本养老保险的、没有"逃费"的那部分职工，只有这部分群体才会真正缴纳养老保险费；养老保险缴费基数和执行的养老保险缴费率则由政策直接规定。各省年度基础养老金缴费收入测算模型如下：

$$\mathrm{PVC}_{s,t} = \sum_{n=a}^{re-1} P_{s,t}^{x,n} \times u_{s,t} \times j_{s,t} \times \varepsilon_{s,t} \times \eta_{s,t} \times \overline{w_{s,t}^{c}} \times \left(1+g\right)^{(t-2020)} \times \theta_{s,t} \tag{7-3}$$

式中，PVC 表示缴费收入，a 表示开始工作的年龄，re 表示退休年龄，u 表示城镇化率，j 表示就业率，ε 表示养老保险覆盖率，η 表示征缴率，$\overline{w_{s,t}^{c}}$ 表示年度平均缴费工资，g 表示平均工资增长率，θ 表示缴费率。

（3）基础养老金支出预测模型。由于我国在1997年才正式建立全国统一的企业职工基本养老保险制度，为了实现新老制度衔接和平稳过渡，在养老金待遇支出方面采取的原则是"老人老办法、中人中办法、新人新办法"。其中，"老人"是指在1997年之前就已经退休的那部分职工，"中人"是指在1997年之前参加工作但1997年之后才退休的那部分职工，"新人"则是指1997年之后才参加工作的职工。从年龄段来看，2020年，男性"老人"的年龄范围涵盖83~100岁，女性"老人"的年龄范围涵盖78~100岁；男性"中人"和女性"中人"的年龄范围分别是44~82岁和44~77岁；男性"新人"和女性"新人"的年龄范围均为20~43岁。由于"老人""中人"和"新人"的基础养老金待遇计发办法存在不同，此处将分别建立支出模型对此进行测算。

"老人"养老金支出测算模型。按照政策规定，"老人"在工作期间虽未缴费，但其养老金待遇需要从社会统筹账户中支出，计发标准是按照其退休时工资的一定替代率进行发放，并执行养老金调整办法。男性"老人"和女性"老人"的养老金支出模型可分别表示为式（7-4）和式（7-5）：

$$\text{PVC}_{s,t}^{\text{m,old}} = \sum_{n=83+t-2020}^{N} P_{s,t}^{\text{m},n} \times u_{s,t-1} \times j_{s,t-1} \times \varepsilon_{s,t-1} \times \lambda \times \overline{w_{s,t-1}} \times (1+g)^{(t-2020)} \quad (7\text{-}4)$$

$$\text{PVB}_{s,t}^{\text{f,old}} = \sum_{n=78+t-2020}^{N} P_{s,t}^{\text{f},n} \times u_{s,t-1} \times j_{s,t-1} \times \varepsilon_{s,t-1} \times \lambda \times \overline{w_{s,t-1}} \times (1+g)^{(t-2020)} \quad (7\text{-}5)$$

式中，λ 表示给"老人"发放的养老金替代率；$\overline{w_{s,t-1}}$ 表示上年度社会平均工资。

"中人"养老金支出预测模型。按照政策规定，"中人"需要从社会统筹账户中支出的养老金包括两个部分——过渡性养老金和基础养老金。基础养老金的发放以当地上年度在岗职工月平均工资和本人指数化月平均缴费工资的平均值为基数，缴费每满 1 年发给 1%。过渡性养老金等于本人指数化月平均缴费工资、视同缴费年限和过渡性养老金计发系数的乘积。男性"中人"和女性"中人"的养老金年度支出测算模型分别如式（7-6）和式（7-7）所示：

$$\text{PVB}_{s,t}^{\text{m,mid}} = u_{s,t-1} \times j_{s,t-1} \times \varepsilon_{s,t-1} \times (1+g)^{t-2020} \times \left\{ \sum_{n=am}^{82+t-2020} \left[P_{s,t}^{\text{m},n} \times \overline{w_{s,t}^0} \times (40 - Y_{s,t}^{\text{m},n}) \times R \right] \right.$$
$$\left. + \sum_{n=am}^{82+t-2020} \left[P_{s,t}^{\text{m},n} \times \frac{\overline{w_{s,t-1}^0} + \overline{w_{s,t-1}}}{2} \times Y_{s,t}^{\text{m},n} \times 1\% \right] \right\}$$

$$(7\text{-}6)$$

$$\text{PVB}_{s,t}^{\text{f,mid}} = u_{s,t-1} \times j_{s,t-1} \times \varepsilon_{s,t-1} \times (1+g)^{t-2020} \times \left\{ \sum_{n=af}^{77+t-2020} \left[P_{s,t}^{\text{f},n} \times \overline{w_{s,t}^0} \times (35 - Y_{s,t}^{\text{f},n}) \times R \right] \right.$$
$$\left. + \sum_{n=af}^{77+t-2020} \left[P_{s,t}^{\text{f},n} \times \frac{\overline{w_{s,t-1}^0} + \overline{w_{s,t-1}}}{2} \times Y_{s,t}^{\text{f},n} \times 1\% \right] \right\}$$

$$(7\text{-}7)$$

式中，am 表示最年轻的退休男性"中人"的岁数；af 表示最年轻的退休女"中人"；$\overline{w_{s,t-1}^0}$ 表示指数化平均缴费工资；$Y_{s,t}^{\text{m},n}$ 表示年龄为 n 的男性"中人"的实际缴费年限；

$Y_{s,t}^{\mathrm{f},n}$ 表示年龄为 n 的女性 "中人" 的实际缴费年限；R 为过渡性养老金计发系数。

"新人" 基础养老金支出预测模型。按照规定，新人的基础养老金发放以本地上年度社会在岗平均工资和本人指数化平均缴费工资的算术平均值为缴费基数，每缴满 1 年就发放 1%，但需缴费年限满 15 年以上。在既定的测算期间，男性 "新人" 要到 2037 年才会有人退休，女性 "新人" 到 2032 年才会有人退休，故在这两个时间节点之后才需要对 "新人" 领取的基础养老金进行测算。2037 年及以后对男性 "新人" 和 2032 年及以后对女性 "新人" 的基础养老金支出模型分别如式 (7-8) 和式 (7-9) 所示。

$$\mathrm{PVB}_{s,t}^{\mathrm{m,new}} = u_{s,t-1} \times j_{s,t-1} \times \varepsilon_{s,t-1} \times (1+g)^{t-2020} \times \sum_{n=60}^{60+t-2037} \left[P_{s,t}^{\mathrm{m},n} \times \frac{\overline{w_{s,t-1}^0} + \overline{w_{s,t-1}}}{2} \times Y_{s,t}^{\mathrm{m},n} \times 1\% \right] \tag{7-8}$$

$$\mathrm{PVB}_{s,t}^{\mathrm{f,new}} = u_{s,t-1} \times j_{s,t-1} \times \varepsilon_{s,t-1} \times (1+g)^{t-2020} \times \sum_{n=55}^{55+t-2037} \left[P_{s,t}^{\mathrm{m},n} \times \frac{\overline{w_{s,t-1}^0} + \overline{w_{s,t-1}}}{2} \times Y_{s,t}^{\mathrm{f},n} \times 1\% \right] \tag{7-9}$$

（4）基础养老金收支缺口（或结余）测算模型。年度基础养老金收支缺口（或结余）测算模型和累计基础养老金收支缺口（或结余）测算模型分别如式 (7-10) 和式 (7-11) 所示。

$$\mathrm{QK}_{s,t} = \mathrm{PVC}_{s,t} - \mathrm{PVB}_{s,t} \tag{7-10}$$

$$\mathrm{AQK}_{s,t} = \mathrm{PVC}_{s,t} - \mathrm{PVB}_{s,t} + \mathrm{AQK}_{s,t-1}(1+r) \tag{7-11}$$

式中，$\mathrm{PVB}_{s,t}$ 为各省年度发放给 "老人" "中人" 和 "新人" 的养老金之和，$\mathrm{QK}_{s,t}$ 即为各省年度基础养老金缺口（或余额），r 为投资收益率，$\mathrm{AQK}_{s,t}$ 表示各省累计基础养老金缺口（或余额）。$\mathrm{QK}_{s,t}$ 大于 0 表现为年度基金结余，小于 0 则表现为基金缺口；同理，若 $\mathrm{AQK}_{s,t}$ 大于 0 表示累计基金结余，小于 0 则表示累计基金缺口。

7.2 参数设定与数据说明

7.2.1 参数设定

（1）各省的年龄、性别人口死亡率。尽管第七次人口普查已经结束，但并未在国家统计局网站上公布各省分年龄、性别人口死亡率数据 [①]，故而此处依然采用第六次人口普查数据中公布的这类数据。考虑到人均寿命延长和死亡率降低的趋势，按照第五次和第六次人口普查数据中的死亡率变化，每10年调整一次各省分年龄、性别的人口死亡率。

（2）各省的净流入（或净流出）人口。由于各省人口存在一定的流动，且以青壮年为主（张冬敏 等，2012；金博轶 等，2015），可以通过第五次和第六次人口普查数据中的流动人口数据，推算各省每年度的净流入（或净流出）人口。由于养老保险政策规定，参保职工缴费必须缴满15年才能获得领取养老金资格，故而假定这些流动人口中女性小于40岁，男性小于45岁。

（3）各省人口出生率。由于每个省份的人口出生率存在较大差异，且随着年份波动较大，这一出生率变化趋势难以把握。尤其是未来人口政策变化可能对此造成一定的影响，故而不能以某一年份的各省人口出生率来对此进行推算。因此，此处取2010—2019年间各省人口出生率的平均值来预测未来各省的人口出生率。当然，为了检验未来人口政策带来的影响，本书在后文会对其进行敏感性分析。

（4）各省出生人口性别比。按照国际标准，出生人口中男性与女性的比值位于102:100至107:100区间内是合理的。然而，我国的出生人口性别比相对偏高，但这一比值已经出现了下降趋势，且国家放宽人口政策的调整也会促使出生人口性别比回归到合理区间，故而此处假定预测期间出生人口的性别比为107:100。

（5）各省城镇化率。根据《中国城市发展报告》的预测，到2050年我国的城镇化率将会达到75%左右；同时，参照王晓军等（2013）将中国城镇化率的峰值设定为80%，笔者根据2019年各省城镇化率数据进行如下调整：假设每个省份逐年按照0.54%的速度推进城镇化，但如果某一年份某一个省份的城镇化率已经大于80%则假定其此后保持不变。经过这种简单推算，到2050年我国的城镇化率刚好略微超过75%。

（6）各省城镇人口就业率。根据《中国统计年鉴》的公布的相关数据，我国城

[①] 在笔者研究报告撰写过程中，未能获取到第七次人口普查数据中的各省分年龄、性别人口死亡率。

镇人口就业率大致维持在80%到85%的区间内，在此，取中间值82.5%用于测算。

（7）各省养老保险覆盖率。根据人社部"十三五"规划的设想，到2020年养老保险覆盖率会达到90%左右，为此，本章也假定测算期间维持90%这一覆盖率。

（8）养老保险征缴率。从现实征缴情况来看，各省的养老保险费未能做到应征尽征，存在一定的"逃费"行为（封进 等，2012；赵绍阳 等，2016）。参照艾慧等（2012）的做法，本章将测算期间的征缴率设定为92.1%。

（9）各省的平均缴费工资。按照规定，各省的平均缴费工资需要根据城镇非私营单位就业人员平均工资和私营单位就业人员平均工资的加权值确定[①]。但从现实情况来看，实际执行的平均缴费工资要低于这一数值。参照艾慧等（2012）的做法，假定各省平均缴费工资为社会平均工资的83.6%。

（10）各省平均工资增长率。假定工资增长率与全国GDP增长率大致保持同步，根据近年来GDP增长率目标，本章假定在整个测算期间的工资增长率为6.5%。

（11）各省的养老保险缴费率。按照现行政策规定，除广东省和浙江省的基础养老金缴费率为14%外，其他各省的基础养老金缴费率都已经由原来的20%下降至16%。本章将按照各省实际执行的缴费率来对此进行测算。

（12）各省"老人"的养老金替代率。"老人"是按照一定的替代率领取养老金的，这一替代率大致在70%~90%之间，但考虑到养老金已经连续多年快速上涨，本章假定这一替代率为85%。

（13）各省指数化平均缴费工资。与前面的平均缴费工资设定一致，本章也假定各省指数化平均缴费工资相当于该省社会平均工资的83.6%。

（14）"中人"过渡性养老金计发系数。按照政策规定，各省可以在1%~1.4%之间确定这一计发系数，本章此处假定这一计发系数为1.2%。

（15）投资收益率。每年积累的养老保险基金可以通过适当的投资获取到一定的投资收益，但考虑到资产的安全性，我国养老保险基金的投资渠道依然非常有限，绝大部分被用于买国债或存在银行，收益率相对较低，为此，本章假定这一投资收益率为3%。

---

① 此处我们用就业人口比重作为加权值来确定各省的社会平均工资。

7.2.2 数据说明

限于数据的可得性，本书测算均以2019年的数据为基础，测算的时段限定为 2020—2050年。对于2019年分年龄、性别的人口数据，本章使用了第六次人口普查数据和2011—2019年各省份的流动人口数据及出生率数据等进行了推算和校正，并基于这一年的推算数据作为基础数据进行人口预测。所使用的数据或对比确认的数据来源包括第五次人口普查数据、第六次人口普查数据、《中国统计年鉴》、《中国劳动统计年鉴》、各省的统计公报、劳动法宝网以及各省人社厅公布的部分相关数据。

7.3 基准测算结果及分析

7.3.1 年度基金缺口（或结余）测算结果及分析

根据前面的测算模型和对相关参数的设定，本章对2020—2050年间的各省及全国的基础养老金年度基金缺口（或结余）进行了测算，部分年度的测算结果如表7-1所示。

表7-1 基础养老金年度基金缺口（或结余）

单位：亿元

地区	2020	2025	2030	2035	2040	2045	2050
北京	381.60	211.87	125.38	−73.89	−715.95	−2 211.42	−3 845.59
天津	40.19	−113.00	−218.12	−335.92	−596.35	−1 261.69	−2 072.25
河北	−114.29	−592.59	−1 002.18	−1 343.52	−1 784.82	−2 741.77	−3 728.11
山西	70.18	−160.91	−447.48	−738.17	−999.03	−1 417.62	−2 028.20
内蒙古	9.85	−239.92	−542.93	−872.01	−1 194.67	−1 630.07	−2 069.77
辽宁	−428.58	−965.19	−1 469.25	−2 009.72	−2 539.33	−3 261.36	−4 020.01
吉林	−127.46	−424.78	−752.47	−1 104.96	−1 445.44	−1 905.60	−2 400.59
黑龙江	−162.51	−580.66	−1 076.60	−1 609.80	−2 095.92	−2 714.17	−3 335.42
上海	87.97	−11.00	−7.39	−116.90	−602.35	−1 745.63	−3 032.28
江苏	−387.68	−1 280.79	−2 107.68	−2 846.92	−3 625.70	−5 250.17	−7 375.22
浙江	−62.01	−501.99	−987.00	−1 527.90	−2 171.10	−3 330.14	−4 813.57
安徽	−218.37	−839.00	−1 548.81	−2 201.08	−2 668.87	−3 248.16	−3 863.12

续表

地区	2020	2025	2030	2035	2040	2045	2050
福建	91.51	−292.72	−794.55	−1 372.32	−1 974.62	−2 860.92	−3 665.15
江西	68.85	−162.24	−463.36	−865.07	−1 194.70	−1 602.69	−2 036.40
山东	−523.55	−1 551.92	−2 585.85	−3 465.58	−4 084.41	−5 432.20	−6 551.68
河南	−117.89	−677.07	−1 252.89	−1 838.79	−2 289.80	−3 233.96	−4 379.06
湖北	−228.48	−868.54	−1 521.54	−2 119.60	−2 626.74	−3 444.34	−4 454.88
湖南	−239.35	−793.34	−1 396.19	−1 935.07	−2 390.67	−3 163.17	−3 841.81
广东	1 082.51	421.31	−535.72	−1 884.66	−3 842.26	−7 487.50	−12 093.68
广西	−34.58	−263.18	−508.41	−794.26	−1 093.52	−1 503.08	−1 907.63
海南	26.36	−35.92	−99.68	−168.90	−259.07	−404.82	−581.47
重庆	−344.61	−705.33	−1 142.54	−1 508.23	−1 665.77	−1 940.97	−2 338.30
四川	−369.24	−987.00	−1 802.93	−2 568.65	−2 957.76	−3 647.14	−4 723.32
贵州	6.68	−165.75	−413.20	−693.78	−867.74	−1 029.85	−1 233.62
云南	218.19	19.67	−283.50	−688.54	−1 070.19	−1 550.43	−2 061.01
西藏	31.75	28.76	23.14	12.36	−7.15	−45.14	−89.45
陕西	−9.85	−290.45	−609.22	−921.46	−1 201.04	−1 759.24	−2 532.68
甘肃	46.25	−121.44	−340.23	−519.43	−640.10	−857.27	−1 197.95
青海	46.39	17.42	−28.12	−79.73	−121.60	−169.81	−233.61
宁夏	53.34	24.44	−19.97	−76.76	−131.02	−197.87	−278.50
新疆	153.20	34.58	−144.65	−333.26	−503.50	−777.57	−1 103.16
全国	−953.64	−11 866.68	−23 953.96	−36 602.49	−49 361.19	−71 825.79	−97 887.47

注：限于版面的限制，仅展现了部分年度的基础养老金缺口（或结余）测算结果，下同。

从演进趋势来看，那些在 2020 年就已经出现基础养老金收支缺口的省份，其基金缺口规模呈现出越来越大的趋势；部分在前期存在一定基础养老金收支结余的省份，结余规模越来越小，直至出现了基金缺口，并且也呈现出逐步扩大的趋势；到了测算末期各省均出现了基础养老金年度基金缺口。具体而言，2020 年，黑龙江、吉林、辽宁、河北、重庆、湖南、湖北等 15 个省份已经出现了年度基金缺口；到 2025 年，基础养老金出现收不抵支的省份增加至 24 个；到 2030 年，除西藏和北京外，其他省份的基础养老金均出现了收不抵支；到 2039 年，所有省份的基础养老金都出现了收不抵支，并且基金缺口规模越来越大。这表明，随着我国人口老龄化越来越严重，在没有其他外源性资金介入的前提下，基础养老金的财务可持续性将面临巨大的挑战。值得一提的是，尽管从测算初期来看，北京、广东和上海等东部发达省份的基础养老金存在较大的年度结余，但随着时间的推移，这些省份也会出现较大的基金缺口。可能的解释是，这些省份在测算初期会有大量的流动人口流入，从而维持较低的制度赡养率，进而可以实现基础养老金收支盈余；但随着这些流入的人口逐步退休和人口老龄化程度加深，面临的养老金支付压力将递增，而新进入的缴费人口又不足以弥补新退休职工的养老金支出，这些省份就会出现较大的基金缺口，甚至基金缺口规模比其他省份还要大。

从具体测算规模来看，不同省份的基础养老金缺口（或结余）存在较大差别。2020 年，北京、上海和广东的基础养老金结余分别为 381.60 亿元、87.97 亿元和 1 082.51 亿元，但山东、辽宁、重庆和四川的基础养老金缺口规模已经分别高达 523.55 亿元、428.58 亿元、344.61 亿元和 369.24 亿元。2025 年，基础养老金结余最多的省份依然为广东省，但年度基金结余仅为 421.31 亿元，而此时基础养老金缺口最大的省份——山东，基金缺口规模已经高达 1 551.92 亿元。2030 年，仅剩下北京和西藏两个省份存在基金结余，分别仅为 125.38 亿元和 23.14 亿元；但基金缺口规模超过 1 000 亿元的省份却达到了 11 个，山东省和江苏省的基金缺口规模分别高达 2 585.85 亿元和 2 107.68 亿元。2035 年，仅剩下西藏存在 12.36 亿元基金结余，其他 30 个省份均已出现了不同程度的基金缺口，基金缺口超过 1 000 亿元的省份已经达到 15 个。2040 年、2045 年和 2050 年，各省均出现了基础养老金缺口，超过 1 000 亿元的省份分别达到了 20 个、25 个和 27 个。值得注意的是，部分在测算前期基础养老金结余较多的省份，到测算期末反而成为基础养老金缺口最大的省份。以广东省为例，2020 年，基础养老金结余规模为 1 082.51 亿元，是当年度基金结余最多的省份；但到了 2050 年，基础养老金缺口规模却高达 12 093.68 亿元，也是当年度基金缺口规模最大的省份。这表明，在基础养老金省级统筹体制下，各省份在不同年份面临的养老负担将存在较大差异，即使部分省份在前期养老负担较轻，但随着人口老龄化大趋势的挑战，未来也可能出现较大的基金缺口。

从全国层面来看，基础养老金在 2020 年就已经出现了 953.64 亿元的基金缺口，随后年度基金缺口规模越来越大；到 2050 年，这一基金缺口规模已经高达 97 887.47 亿元；后者是前者的 102.65 倍。从基础养老金缺口扩张速度来看，2021—2030 年间是基础养老金缺口速度扩张最快的时期，平均扩张速度达到了 48.80%；2031—2033 年间则次之，平均扩张速度下降至了 10.58%；2034—2050 年间，平均扩张速度进一步下降为 6.72%。这表明，2021—2030 年是我国基础养老金缺口扩张速度最快的时期，在此期间采取防范和化解基础养老金缺口的相关政策举措显得尤为必要。

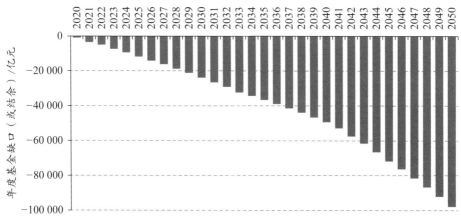

图7-1 2020—2050年全国层面基础养老金年度基金缺口（或结余）

7.3.2 累计基金缺口（或结余）测算结果及分析

根据各省份在 2019 年的累计基础养老金缺口（或结余）数据，本章进一步测算了 2020—2050 年间各省及全国的基础养老金累计基金缺口（或结余），部分年份的基础养老金累计基金缺口测算结果如表 7-2 所示。

表7-2 基础养老金累计基金缺口（或结余）

单位：亿元

地区	2020	2025	2030	2035	2040	2045	2050
北京	6 580.65	7 947.18	8 772.50	8 770.18	6 607.80	−1 071.08	−16 705.62
天津	613.38	338.40	−529.57	−1989.99	−4404.74	−9 222.79	−17 820.78
河北	823.01	−1 182.37	−5 334.69	−11 430.27	−19 474.30	−31 113.43	−47 692.12
山西	1 759.18	1 429.03	−205.25	−3 338.19	−7 810.63	−14 007.75	−22 889.65

续表

地区	2020	2025	2030	2035	2040	2045	2050
内蒙古	623.63	−58.96	−2 134.67	−5 847.86	−11 160.41	−18 380.13	−27 818.63
辽宁	−115.77	−3 864.74	−10 156.26	−19 160.90	−30 780.00	−45 559.43	−64 072.57
吉林	389.50	−1 122.53	−4 195.40	−9 029.30	−15 564.92	−24 114.47	−35 093.30
黑龙江	−609.22	−2 649.78	−6 994.20	−13 996.58	−23 495.19	−35 751.41	−51 154.08
上海	2 446.98	2 524.87	2 498.29	2 106.62	187.11	−5 918.99	−18 205.98
江苏	4 692.69	78.43	−8 705.34	−21 540.62	−38 057.89	−60 740.89	−93 102.89
浙江	3 630.95	2 002.43	−1 889.39	−8 476.20	−17 951.58	−32 021.34	−52 885.80
安徽	1 748.62	−1 154.53	−7 409.92	−17 174.42	−29 599.90	−44 670.34	−62 805.91
福建	1 097.00	430.05	−2 485.12	−8 235.90	−16 873.41	−29 317.99	−46 008.47
江西	918.19	573.06	−1 103.15	−4 651.18	−9 972.06	−17 142.37	−26 458.33
山东	1 760.16	−3 921.24	−14 673.88	−30 401.86	−49 510.28	−73 781.17	−104 221.07
河南	1 248.20	−1 005.38	−6 033.98	−14 160.30	−24 727.57	−38 869.03	−58 420.85
湖北	819.13	−2 203.38	−8 445.15	−17 913.43	−30 032.37	−45 526.95	−65 732.64
湖南	1 652.45	−1 181.81	−6 896.54	−15 566.79	−26 614.89	−40 781.80	−58 621.19
广东	13 796.41	17 270.88	16 628.95	9 857.07	−5 215.31	−34 682.13	−85 426.63
广西	743.27	−113.18	−2 149.19	−5 598.54	−10 462.66	−17 093.27	−25 822.71
海南	316.20	266.18	−99.09	−816.64	−1 925.92	−3 630.11	−6 174.09
重庆	778.19	−2 033.19	−6 832.80	−13 695.60	−21 721.83	−30 851.60	−41 761.30
四川	3 503.05	−203.79	−7 500.07	−18 893.37	−32 914.54	−49 669.39	−71 088.97
贵州	927.50	443.74	−1104.09	−4037.00	−8 042.23	−12 873.93	−18 670.05
云南	1 583.15	2 095.55	1 321.98	−1 332.80	−5 910.43	−12 663.93	−21 941.17
西藏	208.08	358.41	486.40	566.53	571.46	430.58	75.93
陕西	818.48	−63.32	−2 438.65	−6 454.56	−11 897.10	−19 484.53	−30 529.74
甘肃	527.26	271.67	−966.71	−3 225.84	−6 192.85	−10 015.94	−15 311.99
青海	84.50	233.49	189.57	−110.20	−634.11	−1 382.07	−2 421.69
宁夏	322.68	505.19	500.51	227.70	−317.54	−1 167.08	−2 397.10
新疆	1 499.41	1 924.26	1 578.49	265.26	−1 898.63	−5 185.35	−10 030.25
全国	55 186.92	17 934.64	−76 306.41	−235 284.98	−455 796.89	−766 260.13	−1 201 209.65

从演变趋势来看，除黑龙江和辽宁在测算期间一直是累计基金缺口外，其他省份在测算初期均存在或多或少的基础养老金累计结余。这类省份的演变趋势存在三种类型：第一种是基金累计结余逐步减少，直到后来出现了基础养老金累计缺口，并且累计基金缺口规模越来越大；第二种是基金累计结余先逐步增加，达到一个峰值后开始逐步减少，到后来也出现累计基金缺口，并且也越来越大；第三种则是西藏，在整个测算期间均存在累计基金结余，但也呈现出倒"U"型的演变趋势。这表明，在现行省级统筹体制下，尽管部分省份在一定的时期内能够维持基础养老金收支平衡，但绝大部分省份到后期都将耗尽累计基金结余，最终不得不依靠财政补贴或其他制度外资金来弥补基金缺口。值得注意的是，广东、上海和北京这类前期基础养老金累计结余规模较大的省份，到后期也出现了累计基金缺口。这进一步表明，对于绝大多数省份来说，如果仅仅依靠省级层面的资金支持，即使那些流动人口较多的发达省份也难以独善其身，未来养老金支出的压力将越来越大。

从具体测算规模来看，不同省份之间的累计基金缺口（或结余）规模也存在较大差别。2020年，基础养老金出现累计基金缺口的省份仅有黑龙江和辽宁，分别为609.22亿元和115.77亿元；其他省份均存在不同程度的基础养老金累计结余，结余最多的省份为广东省，高达13 796.41亿元；结余最少的省份为青海省，仅为84.50亿元。2030年，有23个省份出现了累计基金缺口，其中，基金缺口规模超过1 000亿元的就有19个；另有8个省份存在累计基金结余，其中，基金结余规模超过1 000亿元的有5个，但广东省占了结余总额一半以上。2040年，有28个省份出现了基础养老金累计基金缺口，其中，缺口规模超过1 000亿元的就有26个，超过10 000亿元的也有17个；另有上海、西藏和北京3个省份存在基础养老金累计结余，分别为187.11亿元、571.46亿元和6 607.80亿元。到2050年，除西藏存在75.93亿元累计结余外，其他30个省份均出现了较大的基础养老金缺口，规模最大的省份为山东，高达104 221.07亿元；最小的为宁夏，也达到了2 397.10亿元。

从全国层面来看，在2020—2026年间基础养老金是存在一定的累计基金结余的，但累计基金结余规模在逐步消耗中缩小；从2027年开始就出现了累计基金缺口，规模为12 378.18亿元，随后这一基金缺口规模越来越大，到2050年已经高达

1 201 209.65亿元。这意味着，如果继续按照当前省级统筹体制运行下去，前期积累的基础养老金结余最终将被耗尽，并且从2027年开始就不得不依靠制度外收入来填补这一缺口。

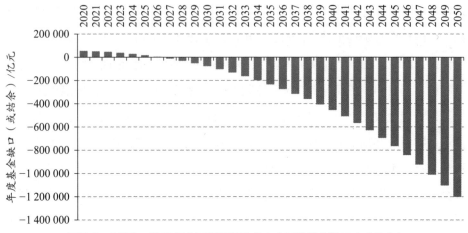

图7-2　2020—2050年全国层面基础养老金累计基金缺口（或结余）

7.3.3　人口出生率的敏感性分析

由于人口出生率在各省的差别很大，且同一省份不同年份的波动性也比较大，故而未来的人口出生率可能存在较大的不确定性。一方面，受到目前生育成本较高、缺少照料时间、少生优生观念等影响，以及多年实施计划生育政策的惯性，有可能在未来一段时间也会维持一个相对较低的生育率水平；另一方面，由于目前已经放开三孩政策，未来生育政策可能进一步放开，并且，为了实现人口均衡增长和积极应对人口老龄化，很有可能会出台鼓励生育的相关政策措施，也有可能在未来会出现相对较高的生育率水平。鉴于此，有必要对人口出生率做敏感性分析。考虑两种情景：一种为高出生率情景，假定各省在未来按照2010—2019年间该省出生率最大值作为未来的人口出生率；另一种为低生育率情景，假定各省在未来按照2010—2019年间该省出生率最小值作为未来的人口出生率。高出生率情景下的测算结果如表7-3和表7-4所示。

表7-3　高出生率情景下基础养老金年度缺口（或结余）

单位：亿元

地区	2020	2025	2030	2035	2040	2045	2050
北京	381.60	211.87	125.38	−73.89	−699.02	−2 153.94	−3 727.06
天津	40.19	−113.00	−218.12	−335.92	−586.91	−1 230.28	−2 008.75
河北	−114.29	−592.59	−1 002.18	−1 343.52	−1 768.21	−2 685.28	−3 611.40
山西	70.18	−160.91	−447.48	−738.17	−992.11	−1 394.25	−1 980.28
内蒙古	9.85	−239.92	−542.93	−872.01	−1 189.59	−1 612.97	−2 034.83
辽宁	−428.58	−965.19	−1 469.25	−2 009.72	−2 535.06	−3 247.35	−3 992.05
吉林	−127.46	−424.78	−752.47	−1 104.96	−1 441.18	−1 891.56	−2 372.52
黑龙江	−162.51	−580.66	−1 076.60	−1 609.80	−2 087.91	−2 687.81	−3 282.77
上海	87.97	−11.00	−7.39	−116.90	−577.98	−1 662.62	−2 860.59
江苏	−387.68	−1 280.79	−2 107.68	−2 846.92	−3 615.24	−5 214.87	−7 302.78
浙江	−62.01	−501.99	−987.00	−1 527.90	−2 144.94	−3 238.95	−4 620.57
安徽	−218.37	−839.00	−1 548.81	−2 201.08	−2 648.19	−3 178.32	−3 719.87
福建	91.51	−292.72	−794.55	−1 372.32	−1 951.11	−2 780.79	−3 499.12
江西	68.85	−162.24	−463.36	−865.07	−1 188.97	−1 583.11	−1 995.76
山东	−523.55	−1 551.92	−2 585.85	−3 465.58	−3 935.30	−4 917.58	−5 472.06
河南	−117.89	−677.07	−1 252.89	−1 838.79	−2 267.14	−3 157.09	−4 220.62
湖北	−228.48	−868.54	−1 521.54	−2 119.60	−2 606.77	−3 377.08	−4 317.28
湖南	−239.35	−793.34	−1 396.19	−1 935.07	−2 380.07	−3 127.09	−3 767.19
广东	1 082.51	421.31	−535.72	−1 884.66	−3 757.88	−7 195.75	−11 480.42
广西	−34.58	−263.18	−508.41	−794.26	−1 081.23	−1 460.66	−1 818.67
海南	26.36	−35.92	−99.68	−168.90	−258.16	−401.66	−574.79
重庆	−344.61	−705.33	−1 142.54	−1 508.23	−1 656.13	−1 908.93	−2 273.65
四川	−369.24	−987.00	−1 802.93	−2 568.65	−2 938.53	−3 582.23	−4 590.34
贵州	6.68	−165.75	−413.20	−693.78	−862.53	−1 012.13	−1 196.97
云南	218.19	19.67	−283.50	−688.54	−1 062.50	−1 524.09	−2 006.18
西藏	31.75	28.76	23.14	12.36	−6.73	−43.68	−86.29
陕西	−9.85	−290.45	−609.22	−921.46	−1 193.25	−1 732.96	−2 478.86
甘肃	46.25	−121.44	−340.23	−519.43	−636.41	−844.69	−1 171.93

续表

地区	2020	2025	2030	2035	2040	2045	2050
青海	46.39	17.42	−28.12	−79.73	−121.04	−167.89	−229.57
宁夏	53.34	24.44	−19.97	−76.76	−130.24	−195.20	−272.90
新疆	153.20	34.58	−144.65	−333.26	−489.79	−729.55	−1001.04
全国	−953.64	−11 866.68	−23 953.96	−36 602.49	−48 810.14	−69 940.35	−93 967.12

表7-4　高出生率情景下基础养老金累计缺口（或结余）

单位：亿元

地区	2020	2025	2030	2035	2040	2045	2050
北京	6 580.65	7 947.18	8 772.50	8 770.18	6 640.60	−838.92	−16 012.46
天津	613.38	338.40	−529.57	−1 989.99	−4 386.39	−9 094.78	−17 444.09
河北	823.01	−1 182.37	−5 334.69	−11 430.27	−19 442.13	−30 885.45	−47 010.50
山西	1 759.18	1 429.03	−205.25	−3 338.19	−7 797.21	−13 913.15	−22 608.33
内蒙古	623.63	−58.96	−2 134.67	−5 847.86	−11 150.55	−18 310.80	−27 612.98
辽宁	−115.77	−3 864.74	−10 156.26	−19 160.90	−30 771.70	−45 502.04	−63 905.19
吉林	389.50	−1 122.53	−4 195.40	−9 029.30	−15 556.64	−24 057.07	−34 925.54
黑龙江	−609.22	−2 649.78	−6 994.20	−13 996.58	−23 479.61	−35 643.51	−50 839.14
上海	2 446.98	2 524.87	2 498.29	2 106.62	234.31	−5 584.15	−17 204.04
江苏	4 692.69	78.43	−8 705.34	−21 540.62	−38 037.62	−60 598.00	−92 677.80
浙江	3 630.95	2 002.43	−1 889.39	−8 476.20	−17 901.05	−31 657.11	−51 777.62
安徽	1 748.62	−1 154.53	−7 409.92	−17 174.42	−29 559.81	−44 387.63	−61 965.02
福建	1 097.00	430.05	−2 485.12	−8 235.90	−16 827.88	−28 994.90	−45 040.74
江西	918.19	573.06	−1 103.15	−4 651.18	−9 960.96	−17 063.51	−26 221.77
山东	1 760.16	−3 921.24	−14 673.88	−30 401.86	−49 221.98	−71 717.35	−97 983.27
河南	1 248.20	−1 005.38	−6 033.98	−14 160.30	−24 683.68	−38 558.50	−57 493.99
湖北	819.13	−2 203.38	−8 445.15	−17 913.43	−29 993.65	−45 254.37	−64 923.43
湖南	1 652.45	−1 181.81	−6 896.54	−15 566.79	−26 594.36	−40 636.26	−58 185.74
广东	13 796.41	17 270.88	16 628.95	9 857.07	−5 052.21	−33 513.00	−81 888.18
广西	743.27	−113.18	−2 149.19	−5 598.54	−10 438.90	−16 923.15	−25 308.61
海南	316.20	266.18	−99.09	−816.64	−1 924.16	−3 617.46	−6 135.68

续表

地区	2020	2025	2030	2035	2040	2045	2050
重庆	778.19	−2 033.19	−6 832.80	−13 695.60	−21 703.09	−30 720.98	−41 377.30
四川	3 503.05	−203.79	−7 500.07	−18 893.37	−32 877.24	−49 406.52	−70 307.71
贵州	927.50	443.74	−1 104.09	−4 037.00	−8 032.15	−12 802.45	−18 456.17
云南	1 583.15	2 095.55	1 321.98	−1 332.80	−5 895.55	−12 557.94	−21 622.62
西藏	208.08	358.41	486.40	566.53	572.25	436.38	93.85
陕西	818.48	−63.32	−2 438.65	−6 454.56	−11 882.00	−19 378.12	−30 213.52
甘肃	527.26	271.67	−966.71	−3 225.84	−6 185.71	−9 965.25	−15 160.22
青海	84.50	233.49	189.57	−1 110.20	−633.03	−1 374.36	−2 398.36
宁夏	322.68	505.19	500.51	227.70	−316.03	−1 156.32	−2 364.68
新疆	1 499.41	1 924.26	1 578.49	265.26	−1 872.17	−4 993.97	−9 445.92
全国	55 186.92	17 934.64	−76 306.41	−235 284.98	−454 730.31	−758 670.63	−1 178 416.76

从表 7-3 和表 7-4 中可以看出，由于人口出生率的影响有一个相对较长的滞后期，在 2040 年之前对基础养老金的年度基金缺口和累计基金缺口与基准测算结果是一致的。这是因为人口出生率如果从 2020 年开始改变，要等到出生人口参加工作缴费后才会对基础养老金收支缺口 (或结余) 产生影响。但从 2040 年开始，人口出生率就开始起到一定的作用，在高出生率情景下，由于缴费人口增多，使得各省无论是年度基金缺口还是累计基金缺口规模均在一定程度上缩小了。从全国层面来看，到 2050 年，全国层面的年度基金缺口规模已经缩小为 93 967.12 亿元，较基准情形缩小了 3 920.35 亿元；全国层面的累计基金缺口规模也缩小为 1 178 416.76 亿元，较基准情形缩小了 22 792.89 亿元。这说明，提高人口出生率确实有利于在一定程度上化解基础养老金收支缺口。

表 7-5 和表 7-6 分别为低出生率情景下基础养老金年度和累计基金缺口 (或结余)。从中可以看出，从 2040 年开始，低出生率会对基础养老金收支缺口 (或结余) 产生负面影响，即各省的基金缺口规模扩大了。从全国层面来看，在低出生率情景下，2050 年的年度基金缺口规模变为 101 521.17 亿元，较基准情形扩大了 3 633.70 亿元；2050 年的累计基金缺口规模变为了 1 222 488.84 亿元，较基准情形扩大了 21

279.19亿元。这意味着，降低人口出生率会进一步恶化未来的基础养老金收支状况。尽管如此，无论是高出生率情景还是低出生率情景，所得出的测算结果均与前面的基准测算结果在趋势上保持了良好的一致性，并且，全国层面的累计基金缺口出现的时间均为2027年。这表明，本章的测算结果具有较好的稳健性。

表7-5　低出生率情景下基础养老金年度缺口（或结余）

单位：亿元

地区	2020	2025	2030	2035	2040	2045	2050
北京	381.60	211.87	125.38	−73.89	−729.20	−2 256.21	−3 937.57
天津	40.19	−113.00	−218.12	−335.92	−610.01	−1 306.79	−2 162.76
河北	−114.29	−592.59	−1 002.18	−1 343.52	−1 814.63	−2 842.57	−3 935.10
山西	70.18	−160.91	−447.48	−738.17	−1 010.51	−1 456.18	−2 106.89
内蒙古	9.85	−239.92	−542.93	−872.01	−1 202.85	−1 657.46	−2 125.49
辽宁	−428.58	−965.19	−1 469.25	−2 009.72	−2 547.00	−3 286.51	−4 070.08
吉林	−127.46	−424.78	−752.47	−1 104.96	−1 450.50	−1 922.23	−2 433.75
黑龙江	−162.51	−580.66	−1 076.60	−1 609.80	−2 103.13	−2 737.81	−3 382.43
上海	87.97	−11.00	−7.39	−116.90	−618.06	−1 798.81	−3 141.58
江苏	−387.68	−1 280.79	−2 107.68	−2 846.92	−3 637.80	−5 290.97	−7 458.81
浙江	−62.01	−501.99	−987.00	−1 527.90	−2 193.05	−3 406.15	−4 973.49
安徽	−218.37	−839.00	−1 548.81	−2 201.08	−2 682.04	−3 292.39	−3 953.36
福建	91.51	−292.72	−794.55	−1 372.32	−2 000.19	−2 947.27	−3 842.44
江西	68.85	−162.24	−463.36	−865.07	−1 203.42	−1 632.38	−2 097.86
山东	−523.55	−1 551.92	−2 585.85	−3 465.58	−4 158.03	−5 682.20	−7 067.52
河南	−117.89	−677.07	−1 252.89	−1 838.79	−2 316.77	−3 325.00	−4 565.61
湖北	−228.48	−868.54	−1 521.54	−2 119.60	−2 643.51	−3 500.51	−4 569.14
湖南	−239.35	−793.34	−1 396.19	−1 935.07	−2 437.66	−3 321.85	−4 167.33
广东	1 082.51	421.31	−535.72	−1 884.66	−3 907.05	−7 709.52	−12 556.20
广西	−34.58	−263.18	−508.41	−794.26	−1 102.39	−1 533.55	−1 971.22
海南	26.36	−35.92	−99.68	−168.90	−263.56	−420.34	−614.05
重庆	−344.61	−705.33	−1 142.54	−1 508.23	−1 675.07	−1 971.74	−2 400.07
四川	−369.24	−987.00	−1 802.93	−2 568.65	−2 971.34	−3 692.80	−4 816.51

续表

地区	2020	2025	2030	2035	2040	2045	2050
贵州	6.68	−165.75	−413.20	−693.78	−871.45	−1 042.47	−1 259.64
云南	218.19	19.67	−283.50	−688.54	−1 073.62	−1 562.14	−2 085.30
西藏	31.75	28.76	23.14	12.36	−7.96	−48.02	−95.64
陕西	−9.85	−290.45	−609.22	−921.46	−1 207.04	−1 779.41	−2 573.85
甘肃	46.25	−121.44	−340.23	−519.43	−648.00	−884.06	−1 253.15
青海	46.39	17.42	−28.12	−79.73	−122.74	−173.78	−241.92
宁夏	53.34	24.44	−19.97	−76.76	−132.41	−202.63	−288.40
新疆	153.20	34.58	−144.65	−333.26	−541.39	−907.56	−1 374.01
全国	−953.64	−11 866.68	−23 953.96	−36 602.49	−49 882.36	−73 591.31	−101 521.17

表7-6 低出生率情景下基础养老金累计缺口（或结余）

单位：亿元

地区	2020	2025	2030	2035	2040	2045	2050
北京	6 580.65	7 947.18	8 772.50	8 770.18	6 582.12	−1 252.33	−17 245.12
天津	613.38	338.40	−529.57	−1 989.99	−4 431.29	−9 407.13	−18 360.43
河北	823.01	−1 182.37	−5 334.69	−11 430.27	−19 532.09	−31 521.28	−48 906.19
山西	1 759.18	1 429.03	−205.25	−3 338.19	−7 832.89	−14 164.20	−23 353.27
内蒙古	623.63	−58.96	−2 134.67	−5 847.86	−11 176.28	−18 491.42	−28 147.67
辽宁	−115.77	−3 864.74	−10 156.26	−19 160.90	−30 794.92	−45 662.56	−64 372.84
吉林	389.50	−1 122.53	−4 195.40	−9 029.30	−15 574.77	−24 182.63	−35 291.97
黑龙江	−609.22	−2 649.78	−6 994.20	−13 996.58	−23 509.22	−35 848.36	−51 436.21
上海	2 446.98	2 524.87	2 498.29	2 106.62	156.67	−6 134.04	−18 846.61
江苏	4 692.69	78.43	−8 705.34	−21540.62	−38 081.36	−60 906.18	−93 594.02
浙江	3 630.95	2 002.43	−1 889.39	−8 476.20	−17 993.99	−32 325.71	−53 807.87
安徽	1 748.62	−1 154.53	−7 409.92	−17 174.42	−29 625.44	−44 849.77	−63 337.59
福建	1 097.00	430.05	−2 485.12	−8 235.90	−16 922.97	−29 667.51	−47 048.53
江西	918.19	573.06	−1 103.15	−4 651.18	−9 988.94	−17 262.15	−26 816.85
山东	1 760.16	−3 921.24	−14 673.88	−30 401.86	−49 652.92	−74 790.77	−107 236.45
河南	1 248.20	−1 005.38	−6 033.98	−14 160.30	−24 779.88	−39 237.70	−59 516.69

续表

地区	2020	2025	2030	2035	2040	2045	2050
湖北	819.13	−2 203.38	−8 445.15	−17 913.43	−30 064.92	−45 755.15	−66 407.35
湖南	1 652.45	−1 181.81	−6 896.54	−15 566.79	−26 705.98	−41 424.17	−60 531.89
广东	13 796.41	17 270.88	16 628.95	9 857.07	−5 340.68	−35 575.18	−88 112.15
广西	743.27	−113.18	−2 149.19	−5 598.54	−10 479.81	−17 215.69	−26 191.42
海南	316.20	266.18	−99.09	−816.64	−1 934.60	−3 692.29	−6 362.19
重庆	778.19	−2 033.19	−6 832.80	−13 695.60	−21 739.91	−30 977.26	−42 129.44
四川	3 503.05	−203.79	−7 500.07	−18 893.37	−32 940.88	−49 854.61	−71 637.95
贵州	927.50	443.74	−1 104.09	−4 037.00	−8 049.42	−12 924.87	−18 822.17
云南	1 583.15	2 095.55	1 321.98	−1 332.80	−5917.06	−12 711.06	−22 082.56
西藏	208.08	358.41	486.40	566.53	569.89	419.16	40.78
陕西	818.48	−63.32	−2 438.65	−6 454.56	−11 908.74	−19 566.34	−30 772.25
甘肃	527.26	271.67	−966.71	−3 225.84	−6 208.15	−10 124.21	−15 635.02
青海	84.50	233.49	189.57	−110.20	−636.33	−1 397.96	−2 469.70
宁夏	322.68	505.19	500.51	227.70	−320.22	−1 186.18	−2 454.59
新疆	1 499.41	1 924.26	1 578.49	265.26	−1 971.94	−5 708.05	−11 602.62
全国	55 186.92	17 934.64	−76 306.41	−235 284.98	−456 806.92	−773 397.59	−1 222 488.84

7.4 促进基础养老金全国统筹的相关政策效应分析

基于前面的基准测算结果，本章进一步测算基础养老金从省级统筹提升至全国统筹的相关政策效应，即通过省级养老保险政策协调来实施基础养老金全国统筹究竟能够带来多大的政策效果。在此，本章主要考察养老保险基金中央调剂制度的政策效应、缴费政策协调的效应、待遇政策协调的效应和综合政策协调的效应。

7.4.1 养老保险基金中央调剂的效应测算及分析

为了加快推动实现基础养老金全国统筹的步伐，我国在2018年5月30日正式发布了《关于建立企业职工基本养老保险基金中央调剂制度的通知》(国发〔2018〕18号)，建立起了养老保险基金中央调剂制度，并从2018年7月1日起开始正式实施。按照政策规定，2018年的上解比例为3%，2019年提高至3.5%，到2020年进一步提高至了4%，此处按照4%的上解比例进行测算。此处用各省获得的年度拨付额减去上解的中央调剂金，得到了2020—2050年各省的年度基金净转入或净转出，部分年份的测算结果如表7-7所示。

表7-7 养老保险基金中央调剂对各省年度基金缺口的影响

单位：亿元

地区	2020	2025	2030	2035	2040	2045	2050
北京	−316.82	−468.35	−612.75	−767.89	−883.09	−959.44	−1 087.59
天津	−70.74	−113.38	−159.38	−205.83	−227.47	−214.24	−199.39
河北	112.00	138.15	121.56	95.95	109.82	161.76	196.74
山西	27.41	42.39	62.45	82.32	101.59	116.26	169.43
内蒙古	18.40	38.42	62.59	91.94	125.46	146.29	162.20
辽宁	182.24	240.56	266.96	316.14	379.52	427.21	484.13
吉林	81.97	126.44	163.12	212.11	269.30	322.01	380.52
黑龙江	122.15	188.85	254.59	337.15	426.09	499.83	572.05
上海	−197.28	−342.77	−493.46	−643.86	−754.32	−847.55	−983.77
江苏	22.94	22.30	−15.94	−75.40	−123.24	−141.36	−117.38
浙江	−100.24	−171.32	−247.47	−342.10	−444.96	−581.42	−732.93
安徽	88.75	169.47	247.53	312.79	349.25	349.69	356.85
福建	−30.25	−11.84	28.18	77.51	131.87	186.12	209.11
江西	15.43	16.95	27.30	61.20	80.28	66.04	45.53
山东	101.72	146.55	163.38	144.80	69.92	13.69	−138.72
河南	124.73	170.32	190.44	224.15	245.52	299.59	372.93
湖北	117.42	195.88	250.43	298.55	342.84	389.98	469.89
湖南	110.35	162.52	203.00	230.11	253.14	268.14	243.06
广东	−559.10	−755.85	−873.90	−963.60	−982.46	−916.24	−816.37
广西	36.04	37.53	33.90	43.62	62.53	49.83	16.83
海南	−10.23	−12.46	−15.79	−18.65	−16.77	−19.60	−23.83
重庆	93.71	123.78	165.23	194.19	188.77	175.79	189.74
四川	105.96	128.97	185.91	230.40	205.17	157.87	174.74
贵州	−1.98	−7.36	2.99	19.36	13.79	−26.69	−62.81

续表

地区	2020	2025	2030	2035	2040	2045	2050
云南	−52.19	−65.36	−55.96	−30.33	−12.72	−25.03	−44.03
西藏	−11.32	−16.45	−20.85	−25.36	−29.29	−33.95	−40.78
陕西	42.46	61.67	80.45	99.06	118.64	159.28	235.64
甘肃	4.28	19.44	40.64	49.36	48.61	46.17	65.60
青海	−10.99	−12.25	−10.15	−8.17	−8.85	−15.92	−22.44
宁夏	−11.01	−13.86	−13.67	−12.12	−11.77	−17.64	−23.19
新疆	−35.80	−38.95	−31.30	−27.42	−27.17	−36.46	−51.76

从测算结果可以看出，养老保险基金中央调剂制度实质上是一种收入再分配方案，在一定程度上实现了部分养老保险基金跨省调剂使用，这对打破养老保险"省际分割"、均衡养老负担具有重要的意义。第一，那些养老负担较重且平均工资水平相对较低的省份，如黑龙江、辽宁、吉林、河北、四川等，获得了基金净转入；而那些养老负担相对较轻、工资水平偏高的省份，如广东、西藏、北京、上海等，则存在基金净转出。第二，从基金净转入来看，部分养老负担越来越严重的省份获得的基金净转入规模持续扩大，如黑龙江、吉林、辽宁、陕西等；也有部分养老负担逐步减轻的省份获得了净转入规模先增大后缩小，如山东省等。第三，从基金净转出来看，部分省份的基金净转出规模一直在扩大，如北京、上海等；也存在部分省份的净转出规模呈现出倒"U"型演变趋势，如广东省等；还存在部分省份的基金净转出呈现出卧倒"S"型，如青海省等。第四，养老保险基金中央调剂的政策效果在前期较好，但随着绝大部分省份都出现了基础养老金年度缺口，甚至累计缺口时，政策执行的弊端就出现了。因为这时每个省份获得的基金净转入或净转出取决于各省养老负担的相对轻重和工资水平相对高低，即使某省份本身已经出现了基金缺口，但还是不得不调出部分基金去支持其他养老负担相对更重的省份。这里的关键原因在于，养老保险基金中央调剂本身是一种对存量的调整，并不会增加养老保险基金收入，所以在前期存在较大规模基础养老金结余时，这种调剂效果会相对较好，但随着大部分省份都出现了基础养老金缺口，这种中央调剂就显得相对不合理了，甚至可能会遭到部分被调出省份的反对。

　　为了进一步考察养老保险基金中央调剂制度对各省年度基金缺口和累计基金缺口出现时间的影响，本章也对此进行了测算，测算结果如表7-8所示。从中可以发现，经过中央调剂，部分养老负担较重的省份年度基金缺口和累计基金缺口出现的时间推迟了，如山西、河南等；与此同时，部分养老负担较轻的省份，如北京、上海、广东等，出现基础养老金年度缺口和累计缺口的时间提前了。值得一提的是，西藏本来在测算期间不会出现基础养老金累计缺口，但经中央调剂后，在2044年也出现了累计基金缺口。

表7-8　中央调剂前后各省基金缺口出现的年份差异

单位：年

地区	年度基金缺口		累计基金缺口		地区	年度基金缺口		累计基金缺口	
	调剂前	调剂后	调剂前	调剂后		调剂前	调剂后	调剂前	调剂后
北京	2033	2021	2045	2036	湖北	2020	2020	2022	2024
天津	2021	2020	2028	2025	湖南	2020	2020	2024	2025
河北	2020	2020	2023	2026	广东	2028	2023	2039	2035
山西	2022	2023	2030	2032	广西	2020	2021	2025	2027
内蒙古	2021	2021	2025	2027	海南	2023	2022	2030	2029
辽宁	2020	2020	2020	2021	重庆	2020	2020	2022	2022
吉林	2020	2020	2022	2024	四川	2020	2020	2025	2026
黑龙江	2020	2020	2020	2020	贵州	2021	2020	2027	2028
上海	2025	2020	2040	2029	云南	2026	2025	2033	2033
江苏	2020	2020	2026	2026	西藏	2038	2031	－	2044
浙江	2020	2020	2028	2026	陕西	2020	2021	2025	2028
安徽	2020	2020	2024	2028	甘肃	2022	2022	2027	2029
福建	2022	2021	2027	2027	青海	2027	2026	2034	2034
江西	2022	2023	2028	2029	宁夏	2027	2027	2038	2037
山东	2020	2020	2023	2023	新疆	2025	2025	2036	2036
河南	2020	2021	2024	2026	全国	2020	2020	2027	2027

　　注：表中的年度基金缺口或累计基金缺口均是在测度期内的年份（2020—2050），部分省份可能在2020年之前就已经出现基金缺口，在此也填2020，特此说明。填"－"表示算期间没有出现基金缺口。

总体来看，养老保险基金中央调剂制度通过对各省的养老保险基金再分配，一定程度上破除了养老保险基金"省际分割"的制度藩篱，实现了部分养老保险基金在全国范围内调剂使用，也在一定程度上均衡了各省的养老负担。然而，养老保险基金中央调剂制度的实施效果在前期相对较好，到后期这种调剂的效果就受到了限制。因此，养老保险基金中央调剂制度并不能从根本上填补未来基础养老金的收支缺口。

7.4.2　缴费政策协调的效应测算及分析

（1）养老保险费改由税务部门征收的政策效应。前面章节提到，基础养老金缴费政策不协调很可能导致地方政府"少征"行为的产生，从而使得养老保险基金缴费收入"流失"。为了在一定程度上摆脱地方利益的掣肘，加快推动实现基础养老金全国统筹，国家出台了《国税地税征管体制改革方案》，明确从2019年1月1日起，将社会保险费统一移交给税务部门征收。这在很大程度上有利于实现养老保险费应收尽收，进一步提高养老保险征缴率，从而改善基础养老金收支平衡状况。那么，这一政策效应有多大？本章对此进行了测算，测算结果如表7-9和表7-10所示。

表7-9　养老保险费改由税务部门征收对年度基金缺口（或结余）的影响

单位：亿元

地区	2020	2025	2030	2035	2040	2045	2050
北京	548.24	418.06	381.81	244.12	−333.40	−1 767.58	−3 321.72
天津	114.26	−24.43	−111.45	−206.72	−444.20	−1 091.24	−1 880.11
河北	13.51	−445.46	−829.34	−1 137.04	−1 541.02	−2 465.48	−3 409.85
山西	139.05	−81.47	−357.68	−634.69	−878.28	−1 280.00	−1 875.19
内蒙古	66.60	−175.42	−470.86	−790.62	−1 101.50	−1 524.88	−1 949.49
辽宁	−334.22	−861.82	−1 356.58	−1 887.09	−2 404.88	−3 118.03	−3 867.20
吉林	−80.22	−373.67	−698.26	−1 048.20	−1 385.70	−1 845.41	−2 340.57
黑龙江	−95.97	−509.47	−1 003.40	−1 534.84	−2 018.79	−2 637.77	−3 259.77
上海	236.38	177.83	232.73	184.77	−234.60	−1 310.03	−2 510.22
江苏	−156.15	−1 013.04	−1 793.56	−2 470.86	−3 173.29	−4 723.67	−6 765.33

续表

地区	2020	2025	2030	2035	2040	2045	2050
浙江	92.91	−308.95	−747.53	−1 226.89	−1 791.06	−2 859.22	−4 231.02
安徽	−112.68	−726.10	−1 429.78	−2 070.46	−2 518.38	−3 077.77	−3 671.08
福建	189.31	−183.50	−674.62	−1 238.07	−1 820.87	−2 690.12	−3 469.37
江西	148.51	−67.60	−352.40	−737.31	−1 043.47	−1 424.16	−1 824.59
山东	−300.07	−1 299.25	−2 299.45	−3 127.40	−3 665.62	−4 937.15	−5 951.27
河南	21.44	−516.05	−1 065.87	−1 623.45	−2 036.31	−2 948.28	−4 057.33
湖北	−115.85	−747.47	−1 390.68	−1 973.37	−2 458.81	−3 258.96	−4 252.73
湖南	−123.74	−662.72	−1 249.27	−1 763.28	−2 186.31	−2 926.38	−3 560.75
广东	1 424.88	838.06	−33.85	−1 281.73	−3 118.34	−6 644.93	−11 110.97
广西	38.74	−175.04	−402.80	−668.13	−941.60	−1 320.52	−1 685.14
海南	46.92	−11.27	−69.93	−132.54	−214.81	−351.39	−516.53
重庆	−281.37	−637.01	−1 071.89	−1 431.82	−1 576.84	−1 841.24	−2 229.81
四川	−221.54	−817.51	−1 614.98	−2 354.80	−2 700.64	−3 345.49	−4 377.53
贵州	64.00	−97.52	−335.48	−605.10	−762.10	−903.22	−1 083.32
云南	302.72	120.64	−166.64	−553.50	−910.80	−1 362.96	−1 839.55
西藏	37.61	36.34	32.79	24.50	7.92	−26.75	−66.76
陕西	62.74	−208.10	−516.76	−815.47	−1 077.48	−1 621.64	−2 382.37
甘肃	87.64	−74.23	−287.80	−458.23	−566.69	−771.67	−1 100.71
青海	58.47	31.92	−11.19	−59.58	−97.02	−139.71	−196.95
宁夏	67.98	42.17	0.97	−51.93	−101.11	−161.87	−235.30
新疆	197.94	88.54	−80.45	−254.96	−406.80	−659.93	−958.97
全国	2 138.03	−8 263.56	−19 774.17	−31 684.70	−43 502.80	−65 037.46	−89 981.47

从基础养老金年度基金缺口来看，养老保险费改由税务部门征收后，相对于基准测算结果，各省的养老保险收支状况都得到了一定程度的改善，各省的基金缺口规模变小了或基金结余规模变大了。2020年，出现基础养老金年度缺口的省份为12个，较基准测算结果减少了3个；2030年，出现基金缺口的省份为27个，较基准测算结果减少了2个；2040年，出现基金缺口的省份为30个，较基准测算结果减少了1个；2050年，尽管各省均出现了基础养老金年度缺口，但各省的基

金缺口规模大大缩小了，如北京的年度基金缺口规模从原来的3 845.59亿元缩小至了3 321.72亿元。

表7-10 养老保险费改由税务部门征收对累计基金缺口（或结余）的影响

单位：亿元

地区	2020	2025	2030	2035	2040	2045	2050
北京	6 747.30	9 065.26	11 069.32	12 528.44	12 146.93	6 565.58	−6 610.44
天津	687.45	826.70	455.03	−405.63	−2 106.10	−6 107.42	−13 787.21
河北	950.81	−355.37	−3 695.61	−8 828.89	−15 730.93	−2 6053.01	−41 126.31
山西	1 828.04	1 875.06	668.96	−1 975.33	−5 879.58	−11 422.26	−19 570.45
内蒙古	680.37	305.98	−1 424.37	−4 749.90	−9 620.62	−16 338.12	−25 205.83
辽宁	−21.41	−3 268.61	−9 014.55	−17 427.16	−28 397.48	−42 475.97	−60 242.67
吉林	436.74	−825.87	−3 633.08	−8 188.40	−14 431.15	−22 679.19	−33 356.47
黑龙江	−542.68	−2 234.21	−6 215.53	−12 846.35	−21 963.48	−33 834.30	−48 855.86
上海	2 595.38	3 535.38	4 603.61	5 592.16	5 376.11	1 312.19	−8 539.11
江苏	4 924.22	1 580.08	−5 727.02	−16 811.48	−31 224.48	−51 422.74	−80 904.28
浙江	3 785.87	3 046.21	255.87	−4 956.03	−12 695.10	−24 596.08	−42 777.81
安徽	1 854.31	−494.97	−6 166.78	−15 303.86	−27 017.43	−41 275.93	−58 496.58
福建	1 194.80	1 053.19	−1 283.42	−6 395.33	−14 303.06	−25 927.26	−41 690.29
江西	997.85	1 096.58	−57.30	−3 002.01	−7 615.66	−13 949.04	−22 275.21
山东	1 983.65	−2 487.74	−11 875.62	−26 025.77	−43 198.74	−65 149.32	−92 805.19
河南	1 387.53	−102.14	−4 245.50	−11 356.61	−20 734.73	−33 511.47	−51 528.51
湖北	931.77	−1 498.42	−7 104.96	−15 875.37	−27 198.64	−41 800.20	−61 028.89
湖南	1 768.06	−440.46	−5 453.10	−13 317.79	−23 411.48	−36 459.95	−52 985.74
广东	14 138.79	19 548.04	21 239.76	17 270.24	5 568.80	−19 923.59	−66 041.31
广西	816.60	371.70	−1 172.58	−4 035.09	−8 193.34	−13 974.26	−21 674.75
海南	336.76	401.94	174.85	−374.89	−1 279.41	−2 735.33	−4 978.64
重庆	841.43	−1 636.54	−6 086.27	−12 580.20	−20 186.90	−28 839.52	−39 224.82
四川	3 650.75	750.49	−5 641.86	−16 021.62	−28 846.55	−44 183.10	−63 964.47
贵州	984.82	820.86	−357.60	−2 870.29	−6 382.70	−10 624.55	−15 718.87
云南	1 667.68	2 652.67	2 431.16	412.93	−3 418.07	−9 291.40	−17 531.91
西藏	213.94	398.67	570.64	706.15	780.31	724.53	474.38

地区	2020	2025	2030	2035	2040	2045	2050
陕西	891.06	402.91	−1 530.24	−5 044.90	−9 905.68	−16 832.39	−27 151.26
甘肃	568.65	538.33	−448.30	−2 420.13	−5 045.45	−8 465.17	−13 299.05
青海	96.58	313.31	349.08	143.19	−267.09	−875.94	−1 745.97
宁夏	337.33	602.36	695.86	539.03	132.82	−549.21	−1 578.24
新疆	1 544.15	2 220.58	2174.63	1222.51	−495.70	−3 237.35	−7 416.73
全国	58 278.60	38 061.95	−36 444.94	−172 398.38	−365 544.60	−643 931.77	−1 041 638.49

从基础养老金累计基金缺口来看，养老保险费改由税务部门征收后，各省的基础养老金可持续性也得到了较大的改善，并且，效果更加明显。以北京、天津和河北为例，2050 年的累计基金缺口规模分别为 16 705.62 亿元、17 820.78 亿元和 47 692.12 亿元，较基准测算结果减少了 10 095.18 亿元、4 033.57 亿元和 6 565.81 亿元。这表明，企业"逃费"和征收机构征缴不严的确造成了部分养老保险基金收入损失，将养老保险费统一移交给税务部门征缴有利于缩小部分基础养老金缺口。

从全国层面来看，养老保险费改由税务部门征收后，年度基金缺口出现的时间推迟了 1 年，累计基金缺口出现的时间推迟了 2 年，且基金缺口规模大大缩小。到 2050 年，年度基金缺口规模从原来的 97 887.47 缩小到了 89 981.47 亿元，整整缩小了 7 906 亿元；累计基金缺口则从原来的 1 201 209.65 亿元缩小至了 1 041 638.49 亿元，整整缩小了 159 571.15 亿元。这意味着，将养老保险费改由税务部门征收可以极大地增加养老保险费收入，从而改善基础养老金收支状况，增强基础养老金的可持续性。

表7-11　养老保险改由税务部门征收的整体改善效应

单位：亿元

年份	年度基金缺口			累计基金缺口		
	基准	税务征收	改善	基准	税务征收	改善
2020	−953.64	2 138.03	3 091.67	55 186.92	58 278.60	3 091.67
2021	−3 518.45	−308.16	3 210.29	51 668.47	57 970.44	6 301.96
2022	−4 956.30	−1 639.15	3 317.15	46 712.18	56 331.29	9 619.11
2023	−7 439.43	−4 038.66	3 400.78	39 272.74	52 292.63	13 019.89

续表

年份	年度基金缺口			累计基金缺口		
	基准	税务征收	改善	基准	税务征收	改善
2024	−9 471.42	−5 967.13	3 504.29	29 801.33	46 325.51	16 524.18
2025	−11 866.68	−8 263.56	3 603.12	17 934.64	38 061.95	20 127.30
2026	−14 128.32	−10 416.06	3 712.26	3 806.33	27 645.89	23 839.56
2027	−16 184.51	−12 352.96	3 831.55	−12 378.18	15 292.93	27 671.11
2028	−18 787.54	−14 843.77	3 943.77	−31 165.73	449.16	31 614.89
2029	−21 186.72	−17 119.92	4 066.80	−52 352.45	−16 670.76	35 681.69
2030	−23 953.96	−19 774.17	4 179.79	−76 306.41	−36 444.94	39 861.47
2031	−26 599.87	−22 292.50	4 307.38	−102 906.28	−58 737.44	44 168.85
2032	−29 124.25	−24 672.79	4 451.46	−132 030.53	−83 410.23	48 620.31
2033	−32 390.99	−27 794.62	4 596.37	−164 421.53	−111 204.85	53 216.68
2034	−34 260.97	−29 508.83	4 752.13	−198 682.49	−140 713.68	57 968.81
2035	−36 602.49	−31 684.70	4 917.79	−235 284.98	−172 398.38	62 886.60
2036	−39 001.31	−33 905.11	5 096.20	−274 286.29	−206 303.49	67 982.81
2037	−41 497.63	−36 215.04	5 282.58	−315 783.92	−242 518.53	73 265.39
2038	−43 976.24	−38 506.92	5 469.32	−359 760.15	−281 025.45	78 734.71
2039	−46 675.54	−41 016.36	5 659.19	−406 435.70	−322 041.81	84 393.89
2040	−49 361.19	−43 502.80	5 858.39	−455 796.89	−365 544.60	90 252.28
2041	−52 877.20	−46 827.45	6 049.75	−508 674.08	−412 372.05	96 302.03
2042	−57 553.39	−51 333.16	6 220.24	−566 227.48	−463 705.21	102 522.27
2043	−61 648.45	−55 233.16	6 414.48	−627 875.92	−518 939.17	108 936.75
2044	−66 558.42	−59 955.14	6 603.27	−694 434.34	−578 894.32	115 540.02
2045	−71 825.79	−65 037.46	6 788.33	−766 260.13	−643 931.77	122 328.35
2046	−76 425.12	−69 420.16	7 004.95	−842 685.24	−713 351.93	129 333.31
2047	−81 676.84	−74 460.08	7 216.76	−924 362.08	−787 812.02	136 550.06
2048	−86 825.42	−79 383.80	7 441.62	−1 011 187.50	−867 195.82	143 991.69
2049	−92 134.67	−84 461.20	7 673.47	−1 103 322.17	−951 657.02	151 665.16
2050	−97 887.47	−89 981.47	7 906.00	−1 201 209.65	−1 041 638.49	159 571.15

（2）统一养老保险费率的政策效应。从前面章节的分析可知，经过多次阶段性降低社会保险费率，由企业承担的养老保险缴费率已经从原来的 20% 下降至了 16%，但广东省和浙江省的养老保险缴费率依旧维持原来的 14%。由于已经实施基础养老金全国统筹，在全国执行统一的养老保险费率是必然的选择。按照当前政策规定，广东省和浙江省需将养老保险单位缴费率由 14% 逐步提高至 16%，以过渡到全国统一标准。由于仅涉及广东和浙江两个省份，此处测算了此项政策在全国层面的政策效应，测算结果如表 7-12 所示。

表7-12　统一费率的政策效应

单位：亿元

年份	年度基金缺口			累计基金缺口		
	基准	统一费率后	改善	基准	统一费率后	改善
2020	−953.64	−125.41	828.23	55 186.92	56 015.15	828.23
2021	−3 518.45	−2 651.17	867.28	51 668.47	53 363.98	1 695.51
2022	−4 956.30	−4 051.55	904.74	46 712.18	49 312.43	2 600.25
2023	−7 439.43	−6 501.27	938.16	39 272.74	42 811.16	3 538.41
2024	−9 471.42	−8 494.53	976.88	29 801.33	34 316.62	4 515.29
2025	−11 866.68	−10 851.10	1 015.59	17 934.64	23 465.53	5 530.88
2026	−14 128.32	−13 072.38	1 055.94	3 806.33	10 393.15	6 586.82
2027	−16 184.51	−15 085.04	1 099.47	−12 378.18	−4 691.90	7 686.28
2028	−18 787.54	−17 645.18	1 142.36	−31 165.73	−22 337.08	8 828.64
2029	−21 186.72	−19 998.06	1 188.66	−52 352.45	−42 335.15	10 017.30
2030	−23 953.96	−22 719.29	1 234.67	−76 306.41	−65 054.44	11 251.97
2031	−26 599.87	−25 317.61	1 282.27	−102 906.28	−90 372.05	12 534.24
2032	−29 124.25	−27 788.58	1 335.66	−132 030.53	−118 160.63	13 869.90
2033	−32 390.99	−31 001.83	1 389.17	−164 421.53	−149 162.46	15 259.07
2034	−34 260.97	−32 816.46	1 444.50	−198 682.49	−181 978.92	16 703.57
2035	−36 602.49	−35 097.00	1 505.49	−235 284.98	−217 075.92	18 209.06
2036	−39 001.31	−37 434.55	1 566.76	−274 286.29	−254 510.47	19 775.82
2037	−41 497.63	−39 864.45	1 633.17	−315 783.92	−294 374.92	21 408.99
2038	−43 976.24	−42 276.53	1 699.71	−359 760.15	−336 651.45	23 108.70

续表

年份	年度基金缺口			累计基金缺口		
	基准	统一费率后	改善	基准	统一费率后	改善
2039	−46 675.54	−44 907.89	1 767.66	−406 435.70	−381 559.34	24 876.36
2040	−49 361.19	−47 522.57	1 838.62	−455 796.89	−429 081.91	26 714.98
2041	−52 877.20	−50 968.74	1 908.46	−508 674.08	−480 050.64	28 623.44
2042	−57 553.39	−55 580.04	1 973.35	−566 227.48	−535 630.68	30 596.79
2043	−61 648.45	−59 603.14	2 045.30	−627 875.92	−595 233.83	32 642.09
2044	−66 558.42	−64 441.84	2 116.58	−694 434.34	−659 675.67	34 758.67
2045	−71 825.79	−69 638.20	2 187.58	−766 260.13	−729 313.87	36 946.25
2046	−76 425.12	−74 157.07	2 268.04	−842 685.24	−803 470.95	39 214.30
2047	−81 676.84	−79 328.89	2 347.95	−924 362.08	−882 799.84	41 562.24
2048	−86 825.42	−84 393.41	2 432.01	−1 011 187.50	−967 193.25	43 994.25
2049	−92 134.67	−89 615.85	2 518.82	−1 103 322.17	−1 056 809.10	46 513.07
2050	−97 887.47	−95 280.59	2 606.89	−1 201 209.65	−1 152 089.69	49 119.96

从中可以看出，统一养老保险缴费率之后，无论是基础养老金年度基金缺口还是累计基金缺口，均得到了较大程度改善。从全国层面的年度基金缺口来看，到2050年，年度基金缺口由原来的97 887.47亿元下降至了95 280.59亿元，整整缩小了2 606.89亿元。从全国层面的累计基金缺口来看，到2050年，累计基金缺口由原来的1 201 209.65亿元缩小至1 152 089.69亿元，整整缩小了49 119.96亿元。这表明，通过执行统一的养老保险费率，能够有效地缩小全国层面的养老保险基金缺口，增强养老保险基金的可持续性。

（3）养老保险费改由税务部门征收和统一养老保险费率的叠加政策效应。为了进一步考察缴费政策协调的总体效应，本章进一步测算了养老保险费改由税务部门征收和统一养老保险费率的叠加政策效应，测算结果如表7-13所示。

从中可以看出，二者叠加后的政策效应改善更为明显。从全国层面的年度基金缺口来看，出现年度基金缺口的时间推迟到了2022年；并且，到2050年，年度基金缺口规模已经从原来的97 887.47亿元缩小至87 150.98亿元，整整缩小了10 736.49亿元。从全国层面的累计基金缺口来看，出现累计基金缺口的时间从原来的2027年推迟到了2029年，整整推迟了2年；到2050年，累计基金缺口也从1 201 209.65亿元缩小至了988 305.20亿元，整整缩小了212 904.44亿元。这表明，在省级缴费政策协调的前提下，实施基础养老金全国统筹，的确能够获得巨大的政策效应，有利益增强基础养老金的财务可持续性。

表7-13 叠加的政策效应

单位：亿元

年份	年度基金缺口			累计基金缺口		
	基准	叠加后	改善	基准	叠加后	改善
2020	−953.64	3 037.30	3 990.94	55 186.92	59 177.86	3 990.94
2021	−3 518.45	633.52	4 151.97	51 668.47	59 811.38	8 142.91
2022	−4 956.30	−656.80	4 299.50	46 712.18	59 154.58	12 442.41
2023	−7 439.43	−3 020.02	4 419.41	39 272.74	56 134.56	16 861.82
2024	−9 471.42	−4 906.45	4 564.96	29 801.33	51 228.11	21 426.78
2025	−11 866.68	−7 160.86	4 705.83	17 934.64	44 067.25	26 132.60
2026	−14 128.32	−9 269.55	4 858.77	3 806.33	34 797.70	30 991.37
2027	−16 184.51	−11 159.18	5 025.33	−12 378.18	23 638.52	36 016.70
2028	−18 787.54	−13 603.43	5 184.12	−31 165.73	10 035.09	41 200.82
2029	−21 186.72	−15 829.31	5 357.42	−52 352.45	−5 794.21	46 558.24
2030	−23 953.96	−18 433.60	5 520.36	−76 306.41	−24 227.81	52 078.60
2031	−26 599.87	−20 900.24	5 699.63	−102 906.28	−45 128.06	57 778.23
2032	−29 124.25	−23 222.56	5 901.69	−132 030.53	−68 350.61	63 679.92
2033	−32 390.99	−26 286.30	6 104.69	−164 421.53	−94 636.91	69 784.61
2034	−34 260.97	−27 940.43	6 320.54	−198 682.49	−122 577.34	76 105.15
2035	−36 602.49	−30 050.07	6 552.42	−235 284.98	−152 627.41	82 657.57
2036	−39 001.31	−32 203.95	6 797.35	−274 286.29	−184 831.37	89 454.92
2037	−41 497.63	−34 441.78	7 055.84	−315 783.92	−219 273.15	96 510.77
2038	−43 976.24	−36 661.41	7 314.82	−359 760.15	−255 934.57	103 825.59
2039	−46 675.54	−39 097.08	7 578.47	−406 435.70	−295 031.64	111 404.06
2040	−49 361.19	−41 506.47	7 854.72	−455 796.89	−336 538.11	119 258.78
2041	−52 877.20	−44 755.29	8 121.91	−508 674.08	−381 293.40	127 380.69

续表

年份	年度基金缺口			累计基金缺口		
	基准	叠加后	改善	基准	叠加后	改善
2042	−57 553.39	−49 190.54	8 362.85	−566 227.48	−430 483.94	135 743.54
2043	−61 648.45	−53 013.22	8 635.22	−627 875.92	−483 497.16	144 378.76
2044	−66 558.42	−57 657.02	8 901.40	−694 434.34	−541 154.18	153 280.16
2045	−71 825.79	−62 662.23	9 163.56	−766 260.13	−603 816.41	162 443.72
2046	−76 425.12	−66 957.57	9 467.54	−842 685.24	−670 773.98	171 911.26
2047	−81 676.84	−71 910.74	9 766.10	−924 362.08	−742 684.72	181 677.36
2048	−86 825.42	−76 743.18	10 082.24	−1 011 187.50	−819 427.90	191 759.61
2049	−92 134.67	−81 726.33	10 408.34	−1 103 322.17	−901 154.23	202 167.95
2050	−97 887.47	−87 150.98	10 736.49	−1 201 209.65	−988 305.20	212 904.44

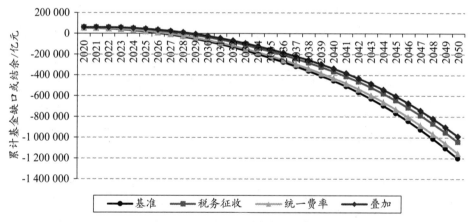

图7-3　缴费政策协调的政策效应比较（累计基金缺口或结余）

7.4.3　待遇政策协调的效应测算及分析

前面章节的分析提到，在基础养老金全国统筹的大背景下，基础养老金省级待遇政策不协调很可能出现地方政府"多发"养老金的行为，从而也会在一定程度上导致养老保险基金流失。如果实现待遇政策协调，实施基础养老金全国统筹的效应有多大？本章分三种方案对此进行了测算：方案一、方案二和方案三的养老金增长率分别比基准情形减少1%、2%和3%，测算结果如表7-14所示。

表7-14　待遇政策协调的效应测算

单位：亿元

年份	年度基金缺口				累计基金缺口			
	基准	方案一	方案二	方案三	基准	方案一	方案二	方案三
2020	−953.64	−606.25	−258.86	88.53	55 186.92	55 534.31	55 881.70	56 229.09
2021	−3 518.45	−3 133.99	−2 749.53	−2 365.08	51 668.47	52 400.32	53 132.17	53 864.02
2022	−4 956.30	−4 546.64	−4 136.99	−3 727.33	46 712.18	47 853.68	48 995.19	50 136.69
2023	−7 439.43	−6 997.31	−6 555.18	−6 113.05	39 272.74	40 856.37	42 440.00	44 023.64
2024	−9 471.42	−8 998.88	−8 526.34	−8 053.80	29 801.33	31 857.50	33 913.66	35 969.83
2025	−11 866.68	−11 360.84	−10 854.99	−10 349.14	17 934.64	20 496.66	23 058.67	25 620.69
2026	−14 128.32	−13 589.29	−13 050.26	−12 511.23	3 806.33	6 907.37	10 008.42	13 109.46
2027	−16 184.51	−15 613.11	−15 041.72	−14 470.32	−12 378.18	−8 705.74	−5 033.30	−1 360.86
2028	−18 787.54	−18 179.42	−17 571.30	−16 963.18	−31 165.73	−26 885.16	−22 604.60	−18 324.04
2029	−21 186.72	−20 542.61	−19 898.49	−19 254.38	−52 352.45	−47 427.77	−42 503.09	−37 578.42
2030	−23 953.96	−23 271.49	−22 589.02	−21 906.55	−76 306.41	−70 699.26	−65 092.12	−59 484.97
2031	−26 599.87	−25 878.60	−25 157.32	−24 436.04	−102 906.28	−96 577.86	−90 249.43	−83 921.01
2032	−29 124.25	−28 363.50	−27 602.74	−26 841.99	−132 030.53	−124 941.35	−117 852.17	−110 762.99
2033	−32 390.99	−31 583.70	−30 776.41	−29 969.12	−164 421.53	−156 525.06	−148 628.58	−140 732.11
2034	−34 260.97	−33 419.07	−32 577.16	−31 735.26	−198 682.49	−189 944.12	−181 205.75	−172 467.38
2035	−36 602.49	−35 720.47	−34 838.45	−33 956.43	−235 284.98	−225 664.59	−216 044.20	−206 423.80
2036	−39 001.31	−38 077.23	−37 153.16	−36 229.08	−274 286.29	−263 741.82	−253 197.35	−242 652.89
2037	−41 497.63	−40 529.71	−39 561.79	−38 593.88	−315 783.92	−304 271.53	−292 759.15	−281 246.76
2038	−43 976.24	−42 964.60	−41 952.97	−40 941.34	−359 760.15	−347 236.14	−334 712.12	−322 188.10
2039	−46 675.54	−45 617.78	−44 560.02	−43 502.26	−406 435.70	−392 853.92	−379 272.14	−365 690.36
2040	−49 361.19	−48 256.40	−47 151.62	−46 046.83	−455 796.89	−441 110.32	−426 423.76	−411 737.19
2041	−52 877.20	−51 718.45	−50 559.70	−49 400.96	−508 674.08	−492 828.77	−476 983.46	−461 138.15
2042	−57 553.39	−56 332.08	−55 110.76	−53 889.44	−566 227.48	−549 160.85	−532 094.22	−515 027.59
2043	−61 648.45	−60 367.41	−59 086.38	−57 805.35	−627 875.92	−609 528.26	−591 180.60	−572 832.94
2044	−66 558.42	−65 210.62	−63 862.81	−62 515.01	−694 434.34	−674 738.88	−655 043.41	−635 347.95
2045	−71 825.79	−70 408.27	−68 990.75	−67 573.23	−766 260.13	−745 147.15	−724 034.16	−702 921.18
2046	−76 425.12	−74 940.70	−73 456.28	−71 971.86	−842 685.24	−820 087.84	−797 490.45	−774 893.05

续表

年份	年度基金缺口				累计基金缺口			
	基准	方案一	方案二	方案三	基准	方案一	方案二	方案三
2047	−81 676.84	−80 119.93	−78 563.01	−77 006.10	−924 362.08	−900 207.77	−876 053.46	−851 899.14
2048	−86 825.42	−85 195.55	−83 565.67	−81 935.80	−1 011 187.50	−985 403.32	−959 619.13	−933 834.94
2049	−92 134.67	−90 429.56	−88 724.46	−87 019.35	−1 103 322.17	−1 075 832.88	−1 048 343.59	−1 020 854.30
2050	−97 887.47	−96 102.89	−94 318.32	−92 533.74	−1 201 209.65	−1 171 935.78	−1 142 661.91	−1 113 388.04

从中可以发现，适当减少地方政府"多发"养老金行为能够有效增强养老保险基金的可持续性。就三个方案而言，方案三产生的政策效应要大于方案二，方案二产生的政策效应又要大于方案一。从年度基金缺口来看，到2050年，三个方案下基金缺口规模从原来的97 887.47亿元分别缩减至96 102.89亿元、94 318.32亿元和92 533.74亿元。从累计基金缺口来看，到2050年，三个方案下基金缺口规模从原来的1 201 209.65亿元分别缩减至1 171 935.78亿元、1 142 661.91亿元和1 113 388.04亿元。这表明，协调好省级层面待遇政策，能够在一定程度上化解未来养老金收支缺口，增强养老保险基金的可持续性。这也意味着，从待遇政策协调的角度来看，基础养老金全国统筹也能够带来较大的政策效应。

7.4.4 综合政策协调的效应测算及分析

以上分别从缴费政策协调和待遇政策协调的角度考察了基础养老金全国统筹的政策效应，但二者综合的政策效应有多大？为此，这里进一步测算了缴费政策协调和待遇政策协调的综合政策效应。考虑三种综合方案：综合方案一（简称"综合 I"）是在缴费政策叠加效应的基础上再嵌入待遇政策协调方案一；综合方案二（简称"综合 II"）是在缴费政策叠加效应的基础上再嵌入待遇政策协调方案二；综合方案三（简称"综合 III"）是在缴费政策叠加效应的基础上再嵌入待遇政策协调方案三。对综合政策效应的测算结果如表7-15所示。

从表7-15可以发现，综合 I 使得全国层面的年度基金缺口推迟到了2022年，使得全国层面的累计基金缺口推迟到了2029年，较基准情形均推迟了2年。到2050年，基础养老金年度基金缺口规模和累计基金缺口规模分别缩减至了85 366.40亿元和 95 9031.33 亿元，较基准情形分别整整缩小 12 521.07 亿元和 242 178.31 亿元。综合 II 使得全国层面的年度基金缺口推迟到了 2023 年，使得全面层面累计基金缺口推迟到了 2030 年，较基准情形均推迟了 3 年。到 2050 年，基础养老金年度基金缺口规模和累计基金缺口规模分别缩减至了 83 581.83 亿元和 929 757.47 亿元，较基准情形分别缩小了 14 305.65 亿元和 271 452.18 亿元。综合 III 对推迟基金缺口出现的时间与综合 II 一致，但基金缺口规模变小了，到 2050 年，基础养老金年度基金缺口规模和累计基金缺口规模分别缩减至了 81 797.25 亿元和 900 483.60 亿元，较基准情形分别缩小了 16 090.22 亿元和 300 726.05 亿元。

表 7-15　综合政策效应测算

单位：亿元

年份	年度基金缺口				累计基金缺口			
	基准	综合 I	综合 II	综合 III	基准	综合 I	综合 II	综合 III
2020	−953.64	3 384.69	3 732.08	4 079.47	55 186.92	59 525.25	59 872.64	60 220.03
2021	−3 518.45	1 017.97	1 402.43	1 786.89	51 668.47	60 543.23	61 275.08	62 006.92
2022	−4 956.30	−247.14	162.52	572.17	46 712.18	60 296.09	61 437.59	62 579.10
2023	−7 439.43	−2 577.90	−2 135.77	−1 693.65	39 272.74	57 718.19	59 301.82	60 885.45
2024	−9 471.42	−4 433.92	−3 961.38	−3 488.84	29 801.33	53 284.27	55 340.44	57 396.61
2025	−11 866.68	−6 655.01	−6 149.16	−5 643.32	17 934.64	46 629.26	49 191.28	51 753.29
2026	−14 128.32	−8 730.52	−8 191.49	−7 652.46	3 806.33	37 898.75	40 999.79	44 100.84
2027	−16 184.51	−10 587.79	−10 016.39	−9 445.00	−12 378.18	27 310.96	30 983.40	34 655.84
2028	−18 787.54	−12 995.30	−12 387.18	−11 779.06	−31 165.73	14 315.65	18 596.22	22 876.78
2029	−21 186.72	−15 185.19	−14 541.07	−13 896.96	−52 352.45	−869.53	4 055.14	8 979.82
2030	−23 953.96	−17 751.13	−17 068.66	−16 386.19	−76 306.41	−18 620.66	−13 013.52	−7 406.37
2031	−26 599.87	−20 178.97	−19 457.69	−18 736.41	−102 906.28	−38 799.63	−32 471.20	−26 142.78
2032	−29 124.25	−22 461.80	−21 701.05	−20 940.29	−132 030.53	−61 261.43	−54 172.25	−47 083.07
2033	−32 390.99	−25 479.01	−24 671.72	−23 864.43	−164 421.53	−86 740.44	−78 843.97	−70 947.50
2034	−34 260.97	−27 098.53	−26 256.63	−25 414.73	−198 682.49	−113 838.97	−105 100.60	−96 362.22
2035	−36 602.49	−29 168.05	−28 286.03	−27 404.01	−235 284.98	−143 007.02	−133 386.63	−123 766.23
2036	−39 001.31	−31 279.88	−30 355.80	−29 431.73	−274 286.29	−174 286.90	−163 742.43	−153 197.96
2037	−41 497.63	−33 473.87	−32 505.95	−31 538.03	−315 783.92	−207 760.77	−196 248.38	−184 736.00

续表

年份	年度基金缺口				累计基金缺口			
	基准	综合 I	综合 II	综合 III	基准	综合 I	综合 II	综合 III
2038	−43 976.24	−35 649.78	−34 638.15	−33 626.52	−359 760.15	−243 410.55	−230 886.53	−218 362.51
2039	−46 675.54	−38 039.31	−36 981.55	−35 923.79	−406 435.70	−281 449.86	−267 868.08	−254 286.30
2040	−49 361.19	−40 401.68	−39 296.90	−38 192.11	−455 796.89	−321 851.55	−307 164.98	−292 478.42
2041	−52 877.20	−43 596.54	−42 437.79	−41 279.04	−508 674.08	−365 448.08	−349 602.77	−333 757.46
2042	−57 553.39	−47 969.22	−46 747.90	−45 526.59	−566 227.48	−413 417.31	−396 350.68	−379 284.05
2043	−61 648.45	−51 732.19	−50 451.16	−49 170.13	−627 875.92	−465 149.50	−446 801.84	−428 454.18
2044	−66 558.42	−56 309.21	−54 961.41	−53 613.61	−694 434.34	−521 458.71	−501 763.25	−482 067.79
2045	−71 825.79	−61 244.71	−59 827.19	−58 409.67	−766 260.13	−582 703.42	−561 590.44	−540 477.46
2046	−76 425.12	−65 473.16	−63 988.74	−62 504.32	−842 685.24	−648 176.58	−625 579.18	−602 981.78
2047	−81 676.84	−70 353.83	−68 796.91	−67 240.00	−924 362.08	−718 530.41	−694 376.09	−670 221.78
2048	−86 825.42	−75 113.30	−73 483.43	−71 853.55	−1 011 187.50	−793 643.71	−767 859.52	−742 075.33
2049	−92 134.67	−80 021.22	−78 316.12	−76 611.01	−1 103 322.17	−873 664.93	−846 175.64	−818 686.35
2050	−97 887.47	−85 366.40	−83 581.83	−81 797.25	−1 201 209.65	−959 031.33	−929 757.47	−900 483.60

这表明，在缴费政策和待遇政策协调的基础上，实施基础养老金全国统筹，能够有效地化解部分养老保险基金缺口，增强养老保险基金的可持续性。这与本书理论部分提出的研究假说3高度一致，研究假说3得到了验证。

7.5 本章小结

本章的测算结果表明：

（1）尽管各省份在基础养老金缺口的出现时间、演变趋势和规模大小等方面存在差异，但所有省份在测算期内都会出现年度基金缺口，且除西藏外，其他省份在测算期内都会出现累计基金缺口。

（2）从全国层面看，基础养老金从2027年开始将出现累计基金缺口，并且累计基金缺口规模越来越大，到2050年将形成高达1 201 209.65亿元的累计基金缺口。

（3）养老保险基金中央调剂制度能够实现部分养老保险基金在全国范围内调剂

使用，均衡各省之间的养老保险缴费负担，但这仅仅是一种存量调整，并不能从根本上化解未来基础养老金缺口。

（4）在协调好省级缴费政策的前提下，实施基础养老金全国统筹，能够产生巨大的政策效应。将养老保险费改由税务部门征收和统一养老保险缴费率，可以使得2050年的基础养老金累计基金缺口规模降至988 305.20亿元。

（5）在协调好省级待遇政策的前提下，实施基础养老金全国统筹，也能产生巨大的政策效应，在三种方案下可以分别实现将2050年的累计基金缺口规模缩减至1 171 935.78亿元、1 142 661.91亿元和1 113 388.04亿元。

（6）在同时实现缴费政策协调和待遇政策协调的前提下，实施基础养老金全国统筹，能够产生更大的政策效应，三种综合方案可以分别使得2050年的累计基金缺口规模分别缩减至959 031.33亿元、929 757.47亿元和900 483.60亿元。

第8章 基础养老金全国统筹的系统动力学政策仿真模拟

上一章从省级层面测算了各省级统筹单位的基础养老金缺口（或结余）情况，并测算了从省级统筹到全国统筹的政策效应。但在上一章测算过程中本书没有考虑基础养老金制度外的一些收入，比如政府财政补贴、国有资本充实社保基金等，也没有考虑延迟退休、提高养老保险基金投资收益率等相关配套政策改革带来的政策效果。因此，本章假定在实施基础养老金全国统筹的同时，辅之以相关配套政策改革举措，并构建系统动力学仿真模型来进一步考察基础养老金全国统筹的政策效应，以验证理论部分提出的研究假说4。

8.1 系统动力学政策仿真的主要步骤

系统动力学（System Dynamic，SD）最开始是由美国麻省理工学院的 Jay W. Forrester 创立的，他将反馈控制的基本原则用于社会经济学系统，并出版了一本专著 "*Industrial Dynamics*"。经过多年的发展和运用，系统动力学模型已经广泛被运用于经济社会的各个领域[①]。笔者使用 VENSIM 系统动力学软件对基础养老金全国统筹的相关政策进行仿真模拟，运用系统动力学模型进行政策仿真的步骤如下：

第一步是进行系统分析。先要明确所研究的对象和问题，合理界定系统的边界，并对系统中各大重要模块之间以及各变量之间的因果关系进行分析。这一步最重要的是要对一些主要参数和变量进行假设，避免系统过于复杂带来的运行困难。

第二步是系统动力学模型的构建。这一步骤最为关键的是要画出因果关系和流量存量图。具体而言，就是需要在 VENSIM 系统动力学软件上清晰地展现各系

---

① 系统动力学模型的介绍、构建和使用方法等可以参见：（奥）陶在朴. 系统动力学入门 [M]. 上海：上海复旦大学出版社，2018.

统模块和变量之间的因果关系，并形成反馈回路。在此基础上，需要建立系统动力学方程。

第三步为基本假设与参数估计。系统动力学模型也是对现实的一种模拟，因此需要恰当对其进行假设，使其尽可能符合现实情境。在参数估计时，需要合理给定部分变量的初始值和常数值。对于部分变量之间的非线性关系则需要借助系统动力学模型中的表函数来进行构造，VENSIM 软件中的表函数形式如下：

$$Y = \text{withlookup}\left\{X, \left[(x_{\min}, y_{\min}) - (x_{\max}, y_{\max})\right](x_1, y_1)(x_2, y_2)\cdots(x_n, y_n)\right\}$$

式中，X 为自变量名；Y 为因变量名；其中 $x_{\min}$、$y_{\min}$ 分别为自变量和因变量的最小值，$x_{\max}$、$y_{\max}$ 分别为自变量、因变量最大值；[ ] 后面 n 个（ ）是已知自变量和因变量对应点，若自变量不在给出点中，则自动用线性插值法求得因变量对应值。

第四步为模型有效性检验。在仿真模型模拟之前，需要对模型的有效性进行检验，包括直观检验、历史检验、运行检验和灵敏度分析等。具体到 VENSIM 软件中则可以通过 "Check Model" "Unit Check" 等进行。

第五步则是模型的仿真模拟。对确定好的模型、方程、参数等进行模拟仿真，并可以根据研究需要对部分参数进行优化设置，从而模拟出不同情景下的仿真结果。笔者将先在一个基准的情形下对基础养老金全国统筹的相关政策效应进行模拟，然后再根据需要对各项政策参数进行调整，模拟不同情景下的政策效果，并与基准情形对比分析。

8.2　系统动力学政策仿真模型的构建

8.2.1　建模目的及假设

基础养老金全国统筹本身是一个复杂的、系统性的问题，受经济因素、社会因素、人口因素、国家政策等影响。笔者建模的目的在于考察基础养老金全国统筹的政策效果及相关配套政策效果，并据此为最后提出基础养老金全国统筹的省级政策协调方案提供依据。具体而言，就是考察基础养老金全国统筹及其相关配套政策能否增强养老保险基金的可持续性，对各种政策组合方案的预期效果进行模拟，从而寻找到最优的政策参数或组合方案。为了使得模型更加符合真实的基础养老金全国统筹情形，本章对构建的系统动力学模型做如下假设：

（1）测算时段。由于本章所涉及的数据为全国层面数据，相对更易获取，故而以 2021 年的数据为测算基础，为了保持和第 7 章的测算时段大致一致，这里也将 2050 年作为测算末期。因此，本章的测算时段界定为 2022—2050 年。

（2）参加工作和退休年龄。与前第 7 章相一致，本章假定参加工作的年龄为 20 岁。为了简化分析，本章没有区分男性职工和女性职工的退休年龄，参照周芬（2019）等学者的研究，本章假定退休年龄统一为 56 岁[①]，即从 56 岁开始领取养老金。由于现有政策规定，女工人、女干部和男性职工的退休年龄分别为 50 岁、55 岁和 60 岁，女性干部所占的比例较小，取其加权平均值大约为 56 岁。

（3）参保对象。本书的研究对象是基础养老金，故只考察参加企业职工基本养老保险制度的人员，包括在职缴费人员和领取离退休金的人员，没有包括参加城乡居民基本养老保险和机关事业单位养老保险的人员。

（4）缴费年限。假定从 1997 年正式建立企业职工基本养老保险制度之日起，"新人"和"中人"就开始连续缴费，一直缴费至退休手续办理之前。

（5）养老保险基金收入和支出范围。养老保险基金收入包括企业缴费收入、政府财政补贴收入和国有资本充实养老保险基金的收入，没有包括职工个人缴费收入。养老保险基金支出则包括"老人"的养老金支出、"中人"的过渡性养老金支出和基础养老金支出，以及"新人"的基础养老金支出；没有包括"中人"和"新人"的个人账户养老金支出，也没有包括丧葬补助等其他支出。

（6）统筹账户累计基金结余或缺口。即基础养老金累计结余或缺口，主要考察全国层面基础养老金累计结余或缺口，预测基础养老金在测算期间的财务可持续性状况。需要注意的是，当出现基础养老金累计缺口时，因为要保障养老金按时足额发放，这就需要从金融市场上融入资金[②]，融入资金的利率假设按投资收益率计算。

---

① 后面会专门对退休年龄进行考察分析，参见延迟退休的政策仿真结果部分。

② 因为已经考虑了政府财政补贴，故此处假定不再增加财政补贴，而是由政府通过金融市场上融资来发放养老金。

8.2.2　确定系统边界

对基础养老金全国统筹的系统动力学政策仿真模拟涉及养老保险系统、经济系统和人口系统。其中，养老保险系统包括基础养老金缴费率、缴费基数、遵缴率①、覆盖率、平均缴费指数、"老人"人均养老金、"中人"过渡性养老金支出、"中人"基础养老金支出、"新人"基础养老金支出、"中人"过渡性养老金计发系数、"老人"养老金计发系数、"中人"缴费年限、"中人"视同缴费年限、"新人"缴费年限、养老金随工资增长比例、养老金调节系数、基础养老金累计结余等。人口系统则主要包括参保缴费职工、领取养老金的"老人""中人"和"新人"人数。经济系统则包括 GDP 增长率、上年度社会加权平均工资、投资收益率、平均工资增长率、政府财政补贴、国有资本收益充实养老保险基金等。

8.2.3　因果关系图

根据前面的分析，并借鉴王平（2012）、周芬（2019）和赵萌（2020）等学者的做法，笔者绘制了基础养老金收支系统动力学因果关系图，见图 8-1。除影子变量（Shadow Variable）指向的箭头外，各变量之间的因果关系已经用带箭头的线直观地展现出来。带"+"号的箭头表示正向反馈关系，表明该变量的增加会带来所指向变量的增加，带"−"号的箭头则表示负向反馈关系，表明该变量的增加会导致所指向变量的减少。

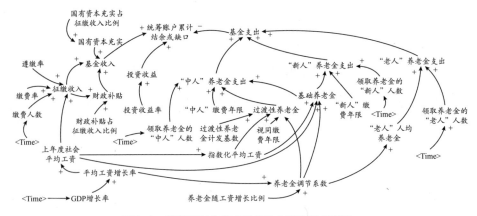

图8-1　基础养老金收支系统动力学因果关系图

---

① 实质上与上一章的征缴率相等，征缴率是从征收机构的角度来说的，而遵缴是从企业的角度来说的。

8.2.4 模型主要变量方程及参数设定

（1）养老保险系统模块的主要变量方程及参数设定。根据我国基础养老金的实际运行情况和全国统筹的要求，本章对养老保险系统模块中的主要变量方程和参数设定如表8-1所示。

表8-1 养老保险系统模块中的主要变量方程和参数设定

变量	参数设定 / 方程设定
缴费率	16%
缴费基数	=上一年度社会平均工资的83.6%
平均缴费指数	1
遵缴率	92.1%
覆盖率	90%
"老人"人均养老金	初始值等于2021年度人均养老金
"老人"养老金支出	=领取养老金的"老人"人数 × "老人"人均养老金 × 养老金调节系数
"中人"过渡性养老金支出	=退休"中人"人数 × 指数化平均缴费工资 × 视同缴费年限 × 过渡性养老金计发系数 × 养老金调节系数
过渡性养老金计发系数	1.2%
"中人"基础养老金支出	=退休"中人"人数 × （上年度社会平均工资＋指数化平均缴费工资）/2 ×1%× "中人"实际缴费年限 × 养老金调节系数
"中人"视同缴费年限	10
"中人"实际缴费年限	26
养老金随工资增长比例	0.7
"新人"基础养老金支出	退休"新人"人数 × （上年度社会平均工资＋指数化平均缴费工资）/2×1%× "新人"缴费年限 × 养老金调节系数
"新人"缴费年限	36
养老金调节系数	=1+ 养老金随工资增长比例 × 平均工资增长率
年度基础养老金收入	=征缴收入＋财政补贴＋国有资本充实
年度基础养老金支出	="老人"养老金支出＋"中人"过渡性养老金＋"中人"基础养老金支出＋"新人"基础养老金支出
统筹账户累计结余或缺口	前期累计基金结余 × 投资收益率＋年度基础养老金收入 - 年度基础养老金支出

（2）人口系统模块的主要参数设定。为了预测2022—2050年间城镇职工基本养老保险参保人数情况，本书对人口系统模块中的主要变量方程和参数设定如表8-2所示。

表8-2 人口系统模块中的主要变量方程和参数设定

变量	参数设定/方程设定
城镇化率	《中国城市发展报告》预测到2050年全国城镇化率将超过75%，以2021年的64.7%为基数，每年递增0.355%，到2050年刚好达到75%。
参保人口年龄分布	与《中国人口和就业统计年鉴》中城镇人口年龄分布一致
分年龄人口死亡率	与《中国人口和就业统计年鉴》中城镇人口分年龄死亡率一致
总人口出生率	假设与2021年人口出生率一致
总人口死亡率	假设与2021年人口死亡率一致
总人口增长率	假设与2021年人口增长率一致
城镇人口失业率	4%
生存极限年龄	95岁

基于表8-2的参数设定，根据第7次全国人口普查公布的部分数据和《中国人口和就业统计年鉴》中城镇人口年龄分布和死亡率情况，以及《2021年度人力资源和社会保障统计快报》和《2021年中国统计年鉴》等数据，本书运用队列要素法推算了2022—2050年间的参保缴费职工、领取养老金的"老人""中人"和"新人"人数，如图8-2所示。

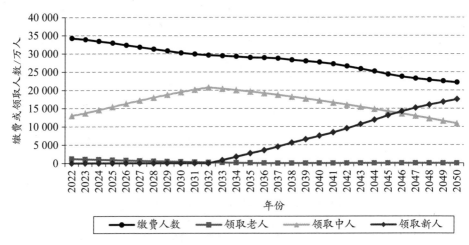

图8-2 2022—2050年间参加城镇职工基本养老保险人数预测

（3）经济系统模块的主要方程和参数设定。经济系统中的相关变量对基础养老金收支缺口（或结余）的影响较大，本章对此进行如下设定。

表8-3　经济系统模块中的主要变量方程和参数设定

变量	参数设定/方程设定
GDP 增长率	假定在 2022—2030 年间 GDP 增长率维持在 5.5% 的平均水平；2031—2040 年间 GDP 增长率维持在 4.5% 的平均水平；2041—2050 年间 GDP 维持在 3.5% 的平均水平。
上年度社会加权平均工资	基于城镇非私营单位就业人员平均工资和城镇私营单位就业人员平均工资，用就业人员所占比重进行加权，得到 2021 年的社会加权平均工资初始值。
社会平均工资增长率	假设社会平均工资增长率与 GDP 增长率保持同步。
投资收益率	3%
政府财政补贴占征缴收入的比例	根据历年《人力资源和社会保障事业发展统计公报》公布的数据测算可以发现，政府财政补贴占征缴收入的比重呈上升趋势，2017 年已经达到 23.96%，但 2018—2020 年间的政府财政补贴养老保险基金的数据未能公布[①]，为此，本书假定政府财政补贴占征缴收入的比重是 25%。
国有资本充实养老保险基金占征缴收入的比例	1%

8.3　政策仿真结果及分析

8.3.1　基准政策仿真结果及分析

设定好系统动力学模型中各参数和方程后，本章运用 VENSIM 软件对模型的有效性进行了检验，运行 "Model Test" 和 "Unit Check" 都通过了检验，这说明本章构建的模型是有效的，可以在此基础上进行仿真模拟。在基准情形下，2022—2050 年间城镇职工基本养老保险统筹账户的累计结余或缺口的政策仿真结果如图8-3所示。

从图8-3可以看出，基础养老金的累计基金缺口或结余呈现出倒 "U" 型的变化趋势。2022—2030 年间累计基金结余是逐年递增的，2030 年达到14.12万亿元的峰值，之后开始逐年下降；到2040 年开始出现累计基金缺口，之后，累计基金

---

① 2018—2020 年间只公布了养老保险基金的收入、支出和结余情况，以及基金调剂规模，未能公布明细的收入情况。

缺口规模进一步扩大，到2050年这一规模已经高达111.08万亿元。这表明，如果按照当前制度继续运行，基础养老金到2040年就会出现养老金支付危机，到2050年将出现规模超过111万亿元的巨额累计基金缺口。这一测算结果印证了前述学者的研究结果，即在人口老龄化和少子化冲击下，中国城镇职工基本养老保险在未来将出现支付危机，需要及时采取相关政策予以应对。

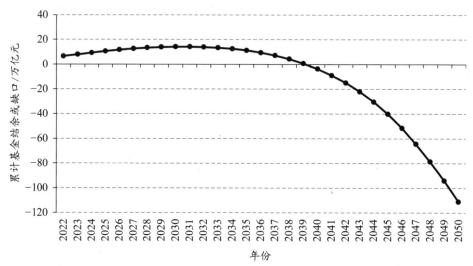

图8-3　基准情形下政策仿真结果

8.3.2　财政补贴政策仿真结果及分析

在基准仿真结果中，本章假定政府财政补贴占基础养老金征缴收入的比例为25%，但考虑到近年来政府财政补贴力度越来越大，政府财政补贴占基础养老金征缴收入的比例有可能进一步提高。为此，本章进一步考察将这一比例提高至30%、35%和40%的政策效果，政策仿真结果如图8-4所示。

从图8-4可以看出，相较于基准情形，提高政府财政补贴占征缴收入的比例可以显著地改善基础养老金的财务可持续性，这一比例越大，改善的效果越明显。从推迟基础养老金出现累计基金缺口的时间来看，当财政补贴占征缴收入的比例分别达到30%、35%和40%时，可以由原来的2040年推迟到2041年、2042年和2044年，较基准情形分别推迟了1年、2年和4年。从缩小基础养老金累计基金缺口规模来看，到2050年，财政补贴占征缴收入的比例分别提高至30%、35%和

40% 时，基金缺口规模分别缩减至了 98.88 万亿元、86.68 万亿元和 74.47 万亿元，较基准情形分别缩减了 12.20 万亿元、24.40 万亿元和 36.61 万亿元。这表明，加大财政补贴力度确实能够在一定程度上增强基础养老金的财务可持续性，但考虑到政府财政负担能力有限，单靠这一政策很难完全化解基础养老金缺口。

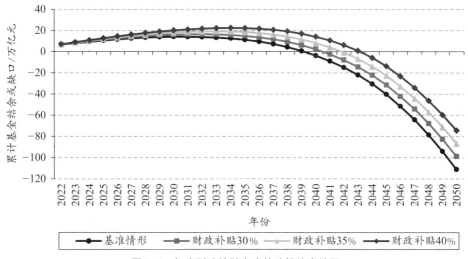

图8-4　加大财政补贴力度的政策仿真结果

8.3.3　国有资本充实养老保险基金政策仿真结果及分析

为增强社会保险基金的可持续性，国家发布了《国务院关于印发划转部分国有资本充实社保基金实施方案的通知》(国发〔2017〕49 号) 和《关于全面推开划转部分国有资本充实社保基金工作的通知》(财资〔2019〕49 号) 等一系列政策文件，这意味着，国有资本充实将会成为养老保险基金的一个重要收入来源。有了国有资本充实，本章预计基础养老金的财务可持续性将得到一定程度的改善，那么，这一政策效应究竟有多大？为此，本章假设国有资本充实养老保险基金占征缴收入的比例从基准情形的 1% 提升至 3%、5% 和 7%，并对产生的政策效果进行仿真模拟，结果如表 8-5 所示。

从图 8-5 可以发现，提高国有资本充实养老保险基金占征缴收入的比例可以在一定程度上增强基础养老金的财务可持续性。从推迟基础养老金基金缺口出现的时间来看，当这一比例提高至 5% 和 7% 时，可以由原来的 2040 年推迟到 2041 年。

从缩小基础养老金基金缺口规模来看，到2050年，当这一比例分别提升至3%、5%和7%时，基础养老金基金缺口规模将分别缩减至106.20万亿元、101.32万亿元和96.44万亿元，分别较基准情形缩小了4.88万亿元、9.76万亿元和14.64万亿元。这表明，全面推行划转部分国有资本充实社保基金的工作具有重要意义，能够有效缩小基础养老金基金缺口规模，有利于城镇职工基本养老保险制度的可持续性。需要注意的是，尽管这一政策能够在一定程度上改善基础养老金的财务收支状况，但单靠这一政策也难以完全填补未来养老金缺口。

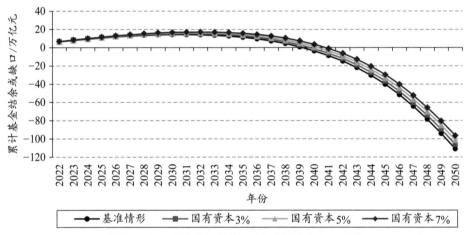

图8-5　国有资本充实养老保险基金的政策仿真结果

8.3.4　提高投资收益率政策仿真结果及分析

在基准政策仿真情形，本章设置的养老保险基金投资收益率仅为3%，属于相对较低的收益水平。但随着《国务院关于印发基本养老保险基金投资管理办法的通知》(国发〔2015〕48号) 的发布，以及全国社会保障基金理事会对养老基金投资的实践，未来很有可能提高养老保险基金的投资收益率。因此，这里分别假设投资收益率提高至5%、7%和9%，并对其效果进行政策仿真，如图8-6所示。

从图8-6中的政策仿真结果来看，当基础养老金存在累计基金结余时，提高投资收益率的确可以在一定程度上改善养老保险基金的可持续性；但随着基础养老金累计基金缺口的出现，较高的投资收益率意味着较高的融资成本，基金缺口扩大的速度反而会更快。具体而言，当投资收益率提高至5%时，基础养老金累计基金缺口出现的时间将从原来的 2040 年推迟至 2041 年；但到 2050 年，累计基金缺口规模却仅缩减至了 110.33 万亿元，较基准情形仅缩减了 0.75 万亿元。当投资收益率提高至 7% 和 9% 时，基础养老金累计基金缺口出现的时间将从原来的 2040 年分别推迟至 2043 年和 2045 年；到 2050 年，累计基金缺口规模也分别缩减至了 101.12 万亿元和 76.89 万亿元，较基准情形分别缩减了 9.96 万亿元和 34.19 万亿元。这说明，要在基础养老金存在累计基金结余的时期尽可能地提高投资收益率，这样的政策效果才最为有效。遗憾的是，单靠这一政策也不能完全填补未来养老金缺口。

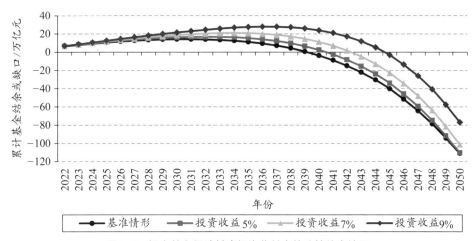

图8-6　提高养老保险基金投资收益率的政策仿真结果

8.3.5　提高遵缴率政策仿真结果及分析

减少养老保险"逃费率"，提高养老保险遵缴率，实现应征尽征，是基础养老金全国统筹的内在要求。在基准情形中，本章假设企业缴纳养老保险费的遵缴率为 92.1%，为考察进一步提高遵缴率的政策效应，假定遵缴率分别提升至 95%、97% 和 100%，并进行政策模拟仿真，结果如图 8-7 所示。

从图 8-7 中可以发现，提高遵缴率的确可以在一定程度上改善基础养老金的可持续性，缩小基础养老金累计缺口规模。就推迟基金缺口出现的时间而言，将遵缴率提高至 95% 和 97% 时，基金缺口出现的时间将推迟至 2041 年，较基准情形推迟了 1 年；将遵缴率提高至 100% 时，基金缺口出现的时间将推迟至 2043 年，较基准情形推迟了3年。就缩小的基金缺口规模而言，将遵缴率分别提升至95%、97%和100%时，到2050年，基金缺口规模将分别缩减至101.40万亿元、94.72万亿元和84.71万亿元，分别缩减了9.68万亿元、16.36万亿元和26.37万亿元。这表明，加强对养老保险费的征缴，实现应征尽征，对填补未来基础养老金缺口具有重要作用。但即使将遵缴率提高至100%，也不能完全填补未来基础养老金缺口，故而仅采取这一项政策的效果有限。

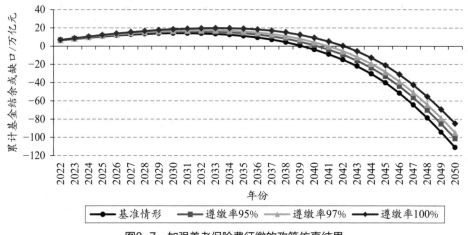

图8-7　加强养老保险费征缴的政策仿真结果

8.3.6　提高养老保险缴费率政策仿真结果及分析

在基准情形中，本章设定的养老保险缴费率为16%，但这是阶段性降费后执行的政策，在此之前，由企业承担的养老保险缴费率曾经高达20%[1]。为此，本章考察将养老保险缴费率分别上调至17%、18%和19%的政策效果，政策仿真结果如图8-8所示。

从图8-8中可以发现，提高养老保险缴费率将大大增加基础养老金收入，能够改善基础养老金的财务可持续性状况。从推迟基础养老金累计基金缺口出现的时间来看，将养老保险缴费率分别提升至17%、18%和19%时，基金缺口出现的时间将分别推迟至2042年、2044年和2047年，分别较基准情形推迟了2年、4年和7年。从缩小基金缺口规模来看，将养老保险缴费率分别提升至17%、18%和19%

---

① 为减轻企业缴费负担，养老保险缴费率由20%下降至了19%，后来又下降至了16%。

时，基金缺口规模将分别缩减至91.86万亿元、72.64万亿元和53.43万亿元，分别较基准情形缩减了19.22万亿元、38.44万亿元和57.65万亿元。这表明，提高养老保险缴费率能够增强基础养老金基金可持续性，但这会在一定程度上增加企业的缴费负担、削弱企业竞争力，且会增加养老保险征缴难度，因此，单靠提高养老保险缴费率也难以完全化解基础养老金缺口。

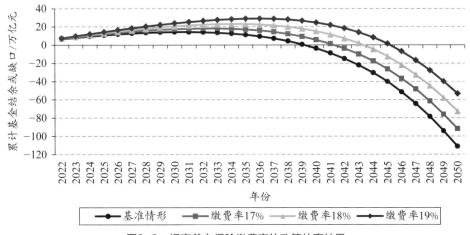

图8-8　提高养老保险缴费率的政策仿真结果

8.3.7　降低养老金增长率政策仿真结果及分析

在前面的章节分析中发现部分地区可能存在"多发"养老金的行为，这对基础养老金全国统筹将产生不利影响。这就要求实施基础养老金全国统筹需要保持养老保险基金增长在一个相对合理的水平。为此，本章考察将养老金随工资增长的比例从基准情形的70%分别下调至55%和40%，并对此进行模拟仿真，结果如图8-9所示。

从图8-9中可以看出，降低养老金增长率的确可以在一定程度上改善基础养老金的财务收支状况，但这种政策效果相对有限。当养老金随工资增长的比例下降至55%和40%时，尽管在一定程度上缩小了基础养老金基金缺口规模，但基金缺口出现的时间依然和基准情形一样，都在2040年。到2050年，在养老金随工资增长的比例下调至55%时，基础养老金累计基金缺口缩小为108.12万亿元，较基准情形缩小了2.96万亿元；在养老金随工资增长的比例下调至40%时，基础养老金累计基金缺口缩小至105.17万亿元，较基准情形缩小了5.91万亿元。这表明，尽管合理地降低养老金增长率能够在一定程度上缩小未来基础养老金金累计缺口，但在越来越严峻的人口老龄化挑战下，养老金待遇支出具有一定的刚性，仅仅依靠这一政策很难有效化解未来基础养老金缺口。

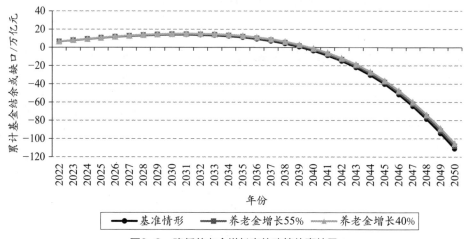

图8-9　降低养老金增长率的政策仿真结果

8.3.8　进一步放开生育政策的仿真结果及分析

在基准情形中，本章设置的人口出生率为7.52‰，这一出生率属于相对较低的水平。考虑到近年来国家逐步放开了"单独二孩""全面二孩"和"全面三孩"政策，未来有可能进一步放开计划生育政策，甚至出台鼓励生育的政策。本书假设测算期间人口出生率会在一定程度上提高，一种情形为中出生率情形，将出生率提升至2005—2021年间的平均水平（11.53‰）；另一种情形为高出生率情形，将出生率提升至2005—2021年间的最高值（12.95‰）。将人口出生率分别提升至中出生率情形和高出生率情形的政策仿真的结果如图8-10所示。

从图8-10中可以发现，放开生育政策的效果具有滞后性，即使在2022年就提高出生率，也要到2042年以后才会增加缴费人数，从而对基础养老金累计基金收支状况产生影响。具体而言，到2050年，高出生率情形和中出生率情形下的基础养老金累计基金缺口规模分别缩减至了104.96万亿元和106.26万亿元，相对于基准情形分别缩小了6.12万亿元和4.52万亿元。这表明，如果想要通过改变人口年龄结构来化解养老金支付危机，需要尽早采取放开计划生育和鼓励生育的政策。但由于放开生育政策需要较长时间才能取得效果，单纯依靠这一政策也难以在测算期间内化解基础养老金缺口。

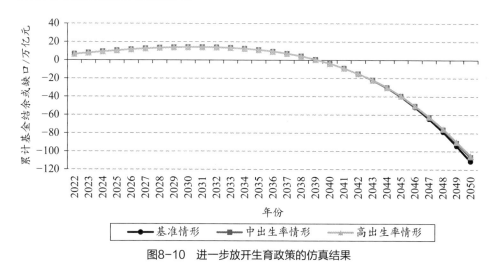

图8-10 进一步放开生育政策的仿真结果

8.3.9 延迟退休政策仿真结果及分析

延迟退休不仅是国际上应对人口老龄化普遍的做法（Helmuth et al.，2003；Fehr et al.，2006；Fanti，2014），也是我国即将要实施的一项政策[1]。为此，本章对延迟退休的政策效果进行考察。因为"老人"已经退休，可以延迟退休的主要是未退休的"中人"和"新人"，本书分别考察仅"新人"延迟退休和"中人"和"新人"均延迟退休的政策仿真结果。

（1）仅"新人"延迟退休的政策仿真。按照基准仿真情形，"新人"需要到2033年才有人退休领取养老金，对这类人实施延迟退休政策受到的阻力可能比较小，因此，本章此处假设只有"新人"延迟退休，"中人"依旧按照原来的政策退休。假定"新人"分别延迟退休年龄至60岁、63岁和65岁，并对其进行政策仿真，结果如图8-11所示。

---

①《中华人民共和国国民经济和社会发展第十四个五年规划和2035年远景目标纲要》明确提出，逐步延迟法定退休年龄。

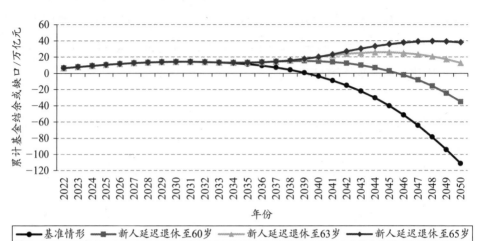

图8-11 仅"新人"延迟退休的政策仿真结果

从图 8-11 中可以看出，延迟退休的政策效果十分显著，尽管只有"新人"延迟退休，但只要将退休年龄延迟到 63 岁，就可以实现基础养老金在测算期间不出现累计基金缺口。具体而言，当"新人"的退休年龄全部延迟至 60 岁时，仅这一项政策的效果就可以使得基础养老金累计缺口出现的时间推迟至 2046 年，较基准情形整整推迟了 6 年；到 2050 年的累计基金缺口规模也缩小至了 35.16 万亿元，较基准情形整整缩小了 75.92 万亿元。当"新人"的退休年龄全部延迟至 63 岁时，基础养老金在测算期间将能够维持基金的平衡，并且到了 2050 年还会出现 12.84 万亿元的累计基金结余。当"新人"的退休年龄全部延迟至 65 岁时，这一政策效果更大，不仅实现了测算期间的基础养老金收支平衡，还在一定程度上促进了累计基金结余的增长，到 2050 年将形成高达 38.14 万亿元的累计结余。这一政策仿真结果表明，相对于其他单一政策，延迟退休对化解未来基础养老金缺口具有更加明显的政策效果。究其原因，很大程度上是因为延迟退休既增加了养老保险缴费收入，又减少了养老金支出，更为重要的是，延迟退休使得中国可以较为平稳地渡过人口老龄化高峰期。

(2)"中人"和"新人"均延迟退休。前面分析了仅"新人"延迟退休的情形，本书进一步假设"新人"和未退休的"中人"均延迟退休，并假设退休年龄分别延迟到 60 岁、63 岁和 65 岁，政策仿真的结果如图 8-12 所示。

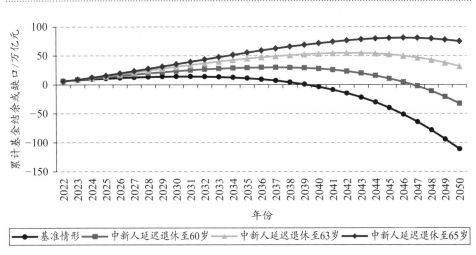

图8-12　"中人"和"新人"均延迟退休的政策仿真结果

从图8-12中可以发现,"中人"和"新人"均延迟退休的政策效果要明显大于仅"新人"延迟退休的政策效果。具体而言,当"中人"和"新人"的退休年龄延迟至60岁时,要到2047年才会出现累计基金缺口,较基准情形整整推迟了7年;到测算期末的累计基金缺口缩减至了32.80万亿元,较基准情形整整缩小了78.28万亿元;当"中人"和"新人"的退休年龄延迟至63岁和65岁时,不仅在测算期间可以很好地维持基础养老金收支平衡,而且到2050年还会分别产生高达31.73万亿元和74.66万亿元的累计基金结余。这意味着,延迟退休的确可以在很大程度上改善基础养老金未来的收支状况,有利于我国积极应对人口老龄化风险。

8.4　综合政策仿真结果及分析

从以上8种单一政策对化解基础养老金缺口的效果来看,除了延迟退休政策外,其他单一政策均难以完全化解未来基础养老金缺口。基于此,本书进一步考察某几项政策同时实施产生的综合政策效果。由于延迟退休的政策效果非常明显,本书先考察不考虑延迟退休的综合政策效果;然后再考察考虑延迟退休的综合政策效果。

8.4.1 不考虑延迟退休的综合政策仿真及分析

在不考虑延迟退休政策的前提下，针对财政补贴占征缴收入的比例、国有资本充实养老保险基金占征缴收入比例、养老保险基金投资收益率、人口出生率、养老保险遵缴率、养老保险缴费率和养老金随工资增长比例这些指标，设置了六种综合政策组合方案，具体如表8-4所示。

表8-4 不考虑延迟退休的综合政策组合方案

政策	综合1	综合2	综合3	综合4	综合5	综合6
财政补贴占征缴收入比例	30%	35%	40%	30%	35%	30%
国有资本充实占征缴收入比例	3%	5%	7%	3%	5%	5%
养老保险基金投资收益率	5%	7%	9%	5%	7%	7%
人口出生率	7.52‰	7.52‰	7.52‰	11.53‰	11.53‰	12.95‰
养老保险遵缴率	95%	97%	100%	95%	97%	97%
养老保险缴费率	17%	18%	16%	16%	16%	16%
养老金随工资增长比例	55%	55%	40%	55%	55%	55%
退休年龄	56	56	56	56	56	56

本章对表8-4中六种综合方案进行政策仿真的结果如图8-13所示。从中可以发现，综合政策仿真的效果要远远大于单一政策仿真的效果，在"综合2""综合3"和"综合5"方案下可以确保基础养老金在测算期间不出现累计基金缺口，甚至在测算末期出现较大的累计基金结余。从"综合1"方案来看，基础养老金基金缺口出现的时间推迟至了2047年，较基准情形推迟了7年；到2050年，累计基金缺口规模缩减至了42.64万亿元，较基准情形缩减了68.44万亿元。"综合2"在"综合1"方案的基础上进一步提高了财政补贴占征缴收入的比例、国有资本充实养老保险基金占征缴收入比例、养老保险基金投资收益率、养老保险遵缴率和养老保险缴费率，仿真结果表明，这一方案不仅能够很好地化解基础养老金缺口，还能在2050年产生77.65万亿元的累计基金结余。"综合3"在"综合2"的基础上进一步加大了政策支持力度，但将养老保险缴费率降至了16%，结果表明，这一方案较"综合2"产生的政策效果更大，基础养老金不仅不会出现累计基金缺口，反而累计基金结余会呈逐步扩大趋势，到2050年还将形成高达137.50万亿元的累计基金结余。"综合

4"则试图在"综合1"的基础上在提高人口出生率的同时降低养老保险缴费率,遗憾的是,这一方案到2045年就会出现累计基金缺口。"综合5"试图在"综合2"的基础上提高人口出生率的同时,将养老保险缴费率降至16%,结果表明,这一方案能够维持测算期间基础养老金收支平衡、略有结余。"综合6"试图在"综合5"方案的基础上通过提高人口出生率来降低政府财政补贴负担,但这一方案到2049年也会出现累计基金缺口。以上六种综合政策仿真结果表明,在各种政策综合作用下,能够有效地增强基础养老金基金的财务可持续性,甚至通过恰当的政策组合可以确保在测算期间不出现累计基金缺口。这意味着,化解未来养老金支付危机需要多种配套政策措施的综合发力,这样才能取得更大的政策效果。

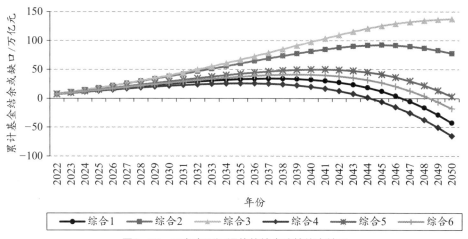

图8-13 不考虑延迟退休的综合政策仿真结果

8.4.2 仅考虑"新人"延迟退休的综合政策仿真及分析

从前面的分析可知,仅"新人"延迟退休就可以取得较大的政策效果,此处进一步考虑在"新人"延迟退休的前提下进行综合政策仿真。与前面的综合政策仿真不同的是,此处将重点考察在维持基础养老金收支平衡的前提下,是否可以适当减轻政府财政压力、是否可以适当降低企业缴费负担和是否可以不降低甚至增加养老金待遇。

(1)仅"新人"延迟退休至60岁的综合政策仿真。假设仅"新人"退休年龄延迟至60岁,本章设置了六种政策组合方案,如表8-5所示。

表8-5 仅"新人"延迟退休至60岁的综合政策组合方案

政策	综合7	综合8	综合9	综合10	综合11	综合12
财政补贴占征缴收入比例	30%	35%	30%	25%	25%	25%
国有资本充实占征缴收入比例	3%	5%	5%	5%	5%	5%
养老保险基金投资收益率	5%	7%	7%	7%	7%	7%
人口出生率	7.52‰	7.52‰	11.53‰	11.53‰	12.95‰	12.95‰
养老保险遵缴率	95%	97%	97%	97%	97%	97%
养老保险缴费率	16%	16%	16%	16%	15%	14%
养老金随工资增长比例	55%	55%	55%	55%	70%	70%
"新人"退休年龄	60	60	60	60	60	60

对表8-5中六种综合方案进行政策仿真的结果如图8-14所示，从中可以发现，"综合7"方案就可以较好地实现基础养老金基金收支平衡，且到2050年将产生17.37万亿元的累计基金结余。"综合8"方案的政策效果更加明显，到2050年可以产生高达103.69万亿元的累计基金结余。"综合9"则是在"综合8"方案的基础上将政府财政补贴力度降至30%，同时提高人口出生率，仿真结果发现，依然可以在2050年产生84.88万亿元的累计基金结余。"综合10"则是在"综合9"的基础上进一步将政府财政补贴力度降至25%，仿真结果表明，依然可以很好地维持测算期间基础养老金基金收支平衡，并到2050年将产生高达60.29万亿元的累计基金结余。"综合11"在"综合10"的基础上进一步提高人口出生率，同时，将养老金随工资增长比例调整为与基准情形一致，另外，还将养老保险缴费率从16%下调到了15%，仿真结果发现，这一方案可以在不增加政府财政负担、不降低养老金待遇、减轻企业缴费负担的前提下很好地实现基础养老金收支平衡，到2050年还可产生17.37万亿元的累计基金结余。"综合12"则在"综合11"的基础上进一步将养老保险企业缴费率降至14%，但这一方案到2048年就会出现累计基金缺口，这表明，在仅"新人"延迟退休至60岁的情形下，不宜过快降低养老保险缴费率。

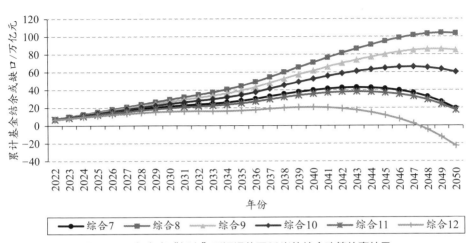

图8-14　仅考虑"新人"延迟退休至60岁的综合政策仿真结果

（2）仅"新人"延迟退休至63岁的综合政策仿真。由前面的仿真结果可知，仅"新人"延迟退休至63岁就能够很好地维持基础养老金收支平衡，故此处设置的综合方案将重点考察是否可以在维持基础养老金基金平衡的前提下，降低政府财政补贴压力、减轻企业缴费负担和提高养老金待遇。此处也设置了六种综合方案，如表8-6所示。

表8-6　仅"新人"延迟退休至63岁的综合政策组合方案

政策	综合13	综合14	综合15	综合16	综合17	综合18
财政补贴占征缴收入比例	30%	25%	25%	25%	20%	20%
国有资本充实占征缴收入比例	3%	3%	3%	5%	5%	5%
养老保险基金投资收益率	5%	5%	5%	7%	7%	7%
人口出生率	7.52‰	7.52‰	7.52‰	11.53‰	11.53‰	12.95‰
养老保险遵缴率	95%	95%	97%	97%	97%	97%
养老保险缴费率	16%	15%	14%	14%	14%	13%
养老金随工资增长比例	55%	70%	70%	70%	80%	90%
"新人"退休年龄	63	63	63	63	63	63

对表8-6中六种综合方案进行政策仿真的结果如图8-15所示，从中可以发现，将"新人"退休年龄延迟到63岁，通过适当的政策组合，可以有效实现基础养老金基金可持续、降低政府财政补贴压力、减轻企业缴费负担和提高养老金待遇四重

目标。具体而言，在"综合13"方案下，基础养老金可以在2050年产生高达73.80万亿元的累计基金结余。"综合14"则在"综合13"方案下将政府财政补贴和养老金待遇维持与基准情形一致，并将养老保险缴费率从16%降至15%，仿真结果显示，这一方案不仅能够维持基础养老金基金的收支平衡，还能在2050年产生高达22.15万亿元的累计基金结余。"综合15"则在"综合14"的基础上进一步将养老保险缴费率从15%降至了14%，同时，提高养老保险遵缴率至97%，仿真结果显示，依然能够较好地维持基础养老金基金收支平衡，到2050年还将产生1.18万亿元的累计基金结余。"综合16"在"综合15"方案的基础上提升养老保险基金投资收益率和人口出生率，仿真结果发现，可以进一步改善基础养老金的财务收支状况，在2050年将产生33.88万亿元的累计基金结余。"综合17"则尝试在"综合16"方案的基础上提高退休人员养老金待遇，将养老金随工资增长比例从70%提升至80%，仿真结果显示，适当提高养老金待遇依然能够维持基础养老金基金的收支平衡，到2050年还会产生8.65万亿元的累计基金结余。"综合18"在"综合17"方案的基础上进一步提高人口出生率和养老金随工资增长比例，同时，再将养老保险缴费率从14%降至13%，遗憾的是，这一方案不能实现基础养老金基金收支平衡，从2043年开始就会出现累计基金缺口。这表明，将"新人"退休年龄延迟至63岁，不仅可以很好地增强基础养老金基金的可持续性，而且通过适当的政策组合可以适当减轻政府财政补贴压力、适当降低企业缴费负担和适当提高养老金待遇。

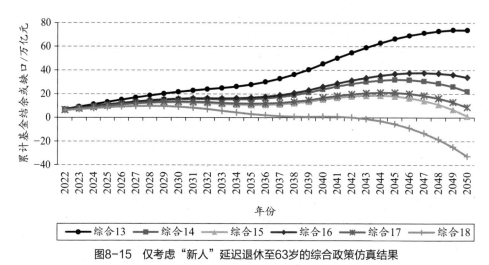

图8-15 仅考虑"新人"延迟退休至63岁的综合政策仿真结果

（3）仅"新人"延迟退休至 65 岁的综合政策仿真。尽管将"新人"延迟退休到 65 岁就能够取得很好地政策效果，此处仍进一步考察这一政策与其他政策组合可能产生的综合政策效果，设置了六种综合方案，如表 8-7 所示。

表8-7　仅"新人"延迟退休至65岁的综合政策组合方案

政策	综合 19	综合 20	综合 21	综合 22	综合 23	综合 24
财政补贴占征缴收入比例	25%	20%	20%	20%	20%	20%
国有资本充实占征缴收入比例	3%	3%	3%	5%	5%	5%
养老保险基金投资收益率	5%	5%	5%	7%	7%	9%
人口出生率	7.52‰	7.52‰	7.52‰	7.52‰	11.53‰	12.95‰
养老保险遵缴率	95%	95%	95%	97%	97%	97%
养老保险缴费率	15%	15%	14%	13%	13%	13%
养老金随工资增长比例	70%	80%	80%	90%	90%	90%
"新人"退休年龄	65	65	65	65	65	65

对表 8-7 中六种综合方案进行政策仿真的结果如图 8-16 所示。从中可以发现，"综合 19"方案不仅可以较好地维持基础养老金基金平衡，还能在 2050 年产生高达 49.47 万亿元的累计基金结余。"综合 20"在"综合 19"的基础上降低了政府财政补贴力度，并提高了退休人员的养老金待遇，仿真结果显示，依然可以较好地维持基础养老金基金收支平衡，到 2050 年还将产生 29.57 万亿元累计基金结余。"综合 21"则在"综合 20"方案的基础上进一步将养老保险企业缴费率从 15% 降至 14%，仿真结果发现，尽管基础养老金到 2050 年仅产生了 0.49 万亿元的累计基金结余，但在测算期间还是较好地实现了收支平衡。"综合 22"在"综合 21"方案的基础上试图通过提高国有资本充实占征缴收入比例、养老保险基金投资收益率和养老保险遵缴率，来换取进一步提高退休人员养老金待遇和进一步降低养老保险缴费率，遗憾的是，这一方案到 2048 年就将出现基础养老金累计基金缺口。"综合 23"则在"综合 22"的基础上提高人口出生率，仿真结果显示，相对于"综合 22"，可以延迟累计基金缺口出现的时间至 2049 年，但依旧难以维持基础养老金基金平衡。"综合 24"则在"综合 23"的基础上进一步提高人口出生率和养老保险基金投资收益率，仿真结果表明，这一方案可以较好地实现基础养老金在测算期间的收

支平衡，并在 2050 年产生 11.82 万亿元的累计基金结余。

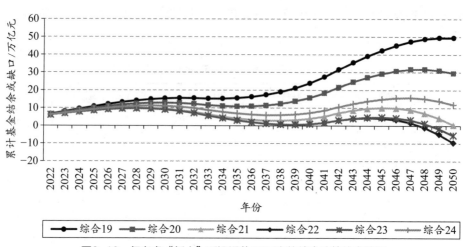

图8-16　仅考虑"新人"延迟退休至65岁的综合政策仿真结果

8.4.3　考虑"中人"和"新人"均延迟退休的综合政策仿真及分析

从前面的政策仿真效果可知，"中人"和"新人"均延迟退休的政策效果相对较大，此处进一步考察在此基础上的综合政策仿真效果。

(1)"中人"和"新人"均延迟退休至 60 岁的综合政策仿真。针对"中人"和"新人"均延迟退休至 60 岁的情形，本章设置了六种综合政策组合方案，如表 8-8 所示。

表8-8　"中人"和"新人"均延迟退休至60岁的综合政策组合方案

政策	综合25	综合26	综合27	综合28	综合29	综合30
财政补贴占征缴收入比例	30%	25%	20%	20%	20%	20%
国有资本充实占征缴收入比例	3%	3%	5%	5%	5%	5%
养老保险基金投资收益率	5%	5%	7%	7%	7%	9%
人口出生率	7.52‰	7.52‰	7.52‰	7.52‰	11.53‰	12.95‰
养老保险遵缴率	95%	95%	95%	97%	97%	97%
养老保险缴费率	16%	16%	16%	15%	14%	14%
养老金随工资增长比例	55%	70%	80%	90%	90%	90%
"中人"和"新人"退休年龄	60	60	60	60	60	60

对表 8-8 中的六种政策组合方案进行仿真的结果如图 8-17 所示。从中可以发现，在"综合 25"方案中，基础养老金不仅能够在测算期间维持收支平衡，还能在 2050 年产生 33.12 万亿元的累计基金结余。"综合 26"则在"综合 25"方案的基础上，尝试不增加政府财政补贴压力和不降低养老金待遇，仿真结果显示，基础养老金依然能够较好地维持基金收支平衡，到 2050 年依然能够产生 10.64 万亿元的累计基金结余。"综合 27"则在"综合 26"方案的基础上，降低政府财政补贴力度和提高退休人员养老金待遇，同时，提高国有资本充实占征缴收入比例、养老保险基金投资收益率和养老保险遵缴率，仿真结果表明，这一方案的政策效果更为明显，到 2050 年将产生高达 50.68 万亿元的累计基金结余。"综合 28"则在"综合 27"的基础上进一步提高退休人员养老金待遇，并将养老保险企业缴费率从 16% 降至 15%，仿真结果显示，尽管到 2050 年的累计基金结余规模变小，但依旧能够维持基础养老金基金的收支平衡。"综合 29"在"综合 28"方案的基础上进一步降低企业养老保险降费负担，同时，提高人口出生率，遗憾的是，这一方案到 2048 年就会出现累计基金缺口。"综合 30"则在"综合 29"方案的基础上进一步提高养老保险基金投资收益率和人口出生率，仿真结果显示，这一方案则能够较好地维持基础养老金基金平衡，并在 2050 年产生 14.67 万亿元的累计基金结余。

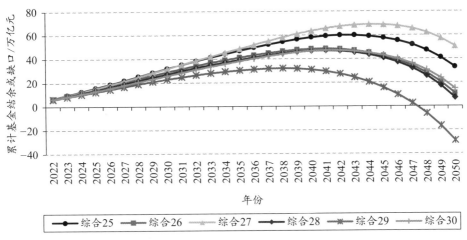

图 8-17　"中人"和"新人"均延迟退休到 60 岁的综合政策仿真结果

(2)"中人"和"新人"均延迟退休至 63 岁的综合政策仿真。针对"中人"和"新人"均延迟退休至 63 岁的情形, 本章也设置了六种综合方案, 如表 8-9 所示。

表8-9 "中人"和"新人"均延迟退休至63岁的综合政策组合方案

政策	综合 31	综合 32	综合 33	综合 34	综合 35	综合 36
财政补贴占征缴收入比例	25%	25%	20%	20%	20%	20%
国有资本充实占征缴收入比例	3%	3%	3%	5%	5%	5%
养老保险基金投资收益率	5%	5%	5%	7%	7%	8%
人口出生率	7.52‰	7.52‰	7.52‰	7.52‰	11.53‰	12.95‰
养老保险遵缴率	95%	95%	95%	97%	97%	97%
养老保险缴费率	16%	15%	14%	13%	12%	12%
养老金随工资增长比例	70%	70%	80%	90%	90%	90%
"中人"和"新人"退休年龄	63	63	63	63	63	63

对表 8-9 中的六种综合方案进行仿真的结果如图 8-18 所示。从中可以发现, "综合 31"方案的政策效果要明显优于"中人"和"新人"延迟退休至 63 岁的单一政策效果, 且无须增加政府财政补贴压力和降低退休人员养老金待遇, 到 2050 年还将产生高达 93.99 万亿元的累计基金结余。"综合 32"则在"综合 31"的基础上降低养老保险企业缴费率至 15%, 仿真结果显示, 依然能够较好地维持基础养老金基金平衡, 并且到 2050 年还将产生 61.23 万亿元的累计基金结余。"综合 33"在"综合 32"的基础上降低政府财政补贴力度、提高退休人员养老金待遇和进一步降低企业缴费负担, 仿真结果表明, 这一方案依然可以确保基础养老金基金在测算期间内不出现累计基金缺口。"综合 34"在"综合 33"的基础上提高国有资本充实占征缴收入比例、养老保险基金投资收益率、养老保险遵缴率和退休人员养老金待遇, 同时, 降低企业养老保险缴费负担, 仿真结果显示, 这一方案也能较好地实现基础养老金基金的可持续性。"综合 35"尝试在"综合 34"的基础上将养老保险企业缴费率从 13% 降至 12%, 同时, 提高人口出生率, 遗憾的是, 由于征缴收入大幅减少, 这一方案到 2049 年就会出现基础养老金累计基金缺口。"综合 36"在"综合 35"方案的基础上进一步提高了养老保险基金投资收益率和人口出生率, 仿真结果表明, 这一方案在测算期间能够较好地维持基础养老金收支平衡, 且有效地降低了政府财政补贴压力、提高了退休人员养老金待遇和减轻了企业养老保

险缴费负担。

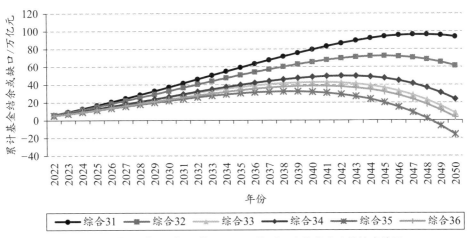

图8-18　"中人"和"新人"均延迟退休到63岁的综合政策仿真结果

（3）"中人"和"新人"均延迟退休至65岁的综合政策仿真。针对"中人"和"新人"均延迟退休至65岁的情形，本章也设置了六种综合方案，如表8-10所示。

表8-10　"中人"和"新人"均延迟退休至65岁的综合政策组合方案

政策	综合 37	综合 38	综合 39	综合 40	综合 41	综合 42
财政补贴占征缴收入比例	25%	20%	20%	20%	15%	10%
国有资本充实占征缴收入比例	3%	3%	3%	5%	5%	5%
养老保险基金投资收益率	5%	5%	5%	7%	7%	7%
人口出生率	7.52‰	7.52‰	7.52‰	7.52‰	11.53‰	12.95‰
养老保险遵缴率	95%	95%	95%	97%	97%	97%
养老保险缴费率	15%	14%	13%	12%	12%	12%
养老金随工资增长比例	70%	80%	90%	90%	100%	100%
"中人"和"新人"退休年龄	65	65	65	65	65	65

对表8-10中六种综合政策的仿真结果如图8-19所示。从中可以看出，"综合37"方案可以在既不增加政府财政补贴压力，又不降低退休人员养老金待遇的基础上，降低企业缴费负担，并且还将在2050年产生高达114.97万亿元的累计基金结余。"综合38"在"综合37"的基础上进一步减少政府财政补贴、提高退休人员养老金待遇和降低企业缴费负担，仿真结果显示，依然可以很好地维持基础养老

金基金平衡，且出现较大的累计基金结余。"综合39"则进一步提高退休人员养老金待遇，同时，将养老保险企业缴费率降至13%，仿真结果表明，尽管到2050年累计基金结余缩减至24.71万亿元，但这一方案还是能够维持基础养老金基金收支平衡。"综合40"则在"综合39"的基础上进一步将养老保险企业缴费率降至12%，同时，提高国有资本充实占征缴收入比例、养老保险基金投资收益率和养老保险遵缴率，仿真结果发现，这一方案到2050年还将产生43.28万亿元的累计基金结余。"综合41"试图在"综合40"的基础上进一步减少政府财政补贴比例和提高退休人员养老金待遇，同时，提高人口出生率，仿真结果表明，这一方案也能够较好地维持基础养老金基金平衡。"综合42"在"综合41"的基础上进一步降低政府财政补贴力度，同时，进一步提升人口出生率，仿真结果显示，到2050年仅能产生1.37万亿元的累计基金结余，但依旧可以实现测算期间内基础养老金基金收支平衡。

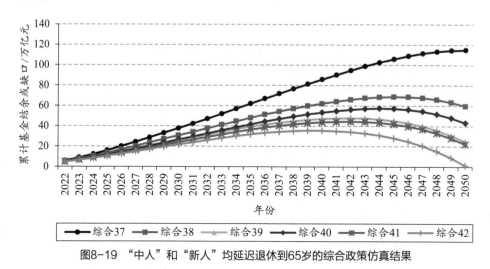

图8-19 "中人"和"新人"均延迟退休到65岁的综合政策仿真结果

8.5 本章小结

通过对基础养老金全国统筹的系统动力学政策仿真模拟可知：

（1）实施基础养老金全国统筹，增加财政补贴和国有资本收益充实养老保险基金两大收入来源之后，可以极大地提高基础养老金的可持续性，但测算末期依然会出现较大的累计基金缺口规模，需要进一步采取相关配套政策来填补这一缺口。

（2）除延迟退休外，单一的配套政策，如提高政府财政补贴、提高遵缴率、提高国有资本收益充实养老保险基金的比例等，尽管能够在一定程度上延缓基础养老金累计基金缺口出现的时间或缩小基础养老金累计基金缺口规模，但政策效果有限。

（3）综合政策的效果要远远大于单一政策的效果，通过合理设置综合政策组合方案，可以实现基础养老金可持续、降低企业缴费负担和不增加政府财政负担"三赢"。

（4）延迟退休的政策效果非常明显，只要将退休年龄延迟至63岁以上，则不论是仅延迟"新人"退休，还是"中人"和"新人"均延迟退休，都可以较好地实现基础养老金在测算期间的财务收支平衡，甚至出现较大规模的累计基金结余。

（5）将延迟退休政策与其他配套政策组合起来的政策效果更佳，在这样的综合政策配套下，可以获得更大的合作博弈剩余，更加有利于促进省级政策协调，进而有利于实施基础养老金全国统筹。本章的这些研究结论较好地验证了本书的研究假说4，研究假说4通过检验。

第9章 基础养老金统筹层次提升的典型案例及启示

基础养老金从省级统筹向全国统筹与各省从县市级统筹向省级统筹所面临的政策协调问题存在一定类似性，通过选择部分典型省份推动基础养老金省级统筹的案例进行剖析，总结其经验和教训，对提出基础养老金省级政策协调方案具有重要的借鉴意义。陕西省位于西部欠发达地区，较早就实现了基础养老金省级统筹，统收统支的省级统筹模式产生了广泛的影响力（郭秀云 等，2020）。湖南省则位于中部地区，实现真正意义上的省级统筹时间较晚，但在推动实现基础养老金省级统筹的过程中也形成了一定的地方特色。广东省为东部沿海发达地区，是目前养老保险基金累计结余最多的省份，推动基础养老金省级统筹的一些做法也值得借鉴。因此，本章选择西部的陕西省、中部的湖南省和东部的广东省进行案例剖析和比较，并总结相关启示。

9.1 陕西实现基础养老金省级统筹的政策协调及启示

9.1.1 陕西推进省级统筹的背景及动因

早在1992年，陕西省就建立了企业职工基本养老保险地市级统筹制度。但是，由于制度建立初期的养老保险政策不完善，加之破产改制的企业较多、大型老国有企业带来的历史债务问题等，使得不少企业存在欠缴养老保险费的现象，进而较早就出现了养老保险基金收不抵支。据统计，在剔除政府财务补贴的前提下，1998年和1999年陕西省出现的养老保险基金收支缺口分别为6.2亿元和10.3亿元（蔡凤娜，2011）。在巨大的养老保险基金财务收支压力下，陕西省曾经建立了养老保险省级调剂金制度，希望借此来缓解基础养老金收支缺口，但遗憾的是，运行效果远不及预期，基础养老金年度收不抵支的趋势仍然未能有效遏制。恰逢1998

年出台了《关于实行企业职工基本养老保险省级统筹和行业统筹移交地方管理有关问题的通知》，为陕西省推动基础养老金省级统筹提供了政策依据。在这一政策的框架内，陕西省通过对基本养老保险制度的改革，在2001年顺势推动实现了基础养老金省级统收统支的模式，成为国内为数不多较早实现真正意义上基础养老金省级统筹的省份之一。通过将基础养老金统筹层次提升至省级层面，陕西省的基本养老保险制度取得了较为显著的成效。从参保覆盖面来看，参保人数已经从2004年369万人增加至2019年的1081万人，后者是前者的2.93倍。从养老保险基金的累计结余来看，2004年仅为32亿元，到2019年已经形成了高达804亿元的规模，后者是前者的25.13倍。到2021年，经过人社部、财政部实地考核和综合评议，陕西省企业职工基本养老保险省级统筹工作通过国家考核验收，是国家首批验收合格的7个省份之一。

表9-1　陕西省企业职工基本养老保险制度运行情况

年份	参保人数（万人）	参保缴费职工（万人）	离退休人数（万人）	基金收入（亿元）	基金支出（亿元）	累计结余（亿元）
2004	369	267	103	87	76	32
2005	376	268	108	105	83	53
2006	392	280	111	134	106	80
2007	408	291	117	158	135	102
2008	433	309	124	203	171	130
2009	459	328	131	235	201	166
2010	550	400	150	303	265	216
2011	589	433	156	368	328	256
2012	643	466	177	481	401	339
2013	685	493	192	536	465	415
2014	717	516	200	576	543	446
2015	752	544	208	605	613	453
2016	791	577	214	691	678	475
2017	953	707	246	1 049	962	566
2018	992	734	258	1 173	1 045	693
2019	1 081	817	264	1 254	1 188	804

数据来源：历年《中国统计年鉴》。

从陕西推进基础养老金省级统筹的动因来看，主要有以下几点：

（1）贯彻落实国家关于实行企业职工基本养老保险省级统筹的政策意图。这是政策方面的动因，正是由于这一政策的推动，陕西省才有了实施基础养老金省级统筹的可能。这说明，来自政府自上而下的政策推动有利于提升基础养老金的统筹层次。

（2）养老保险基金收不抵支造成的巨大财务压力。回顾陕西省基础养老金省级统筹的历程可知，陕西省各级地方财政对养老保险基金的财政补贴能力较弱，对中央财政的转移支付依赖性较强，为了保证养老金的按时足额发放，需要进一步加强对养老保险基金的收支管理。

（3）破解企业职工基本养老保险基金省内分割的现实需要。在县市级统筹阶段，省内的养老保险政策执行力度不一，地方之间的政策难以协调，客观上需要将统筹层次提升到省级层面来加以彻底解决。

9.1.2　陕西推进省级统筹的主要做法及分析

自 2001 年开始，陕西省就实现了基础养老金省级统收统支。经过 20 多年的实践，陕西省将参加养老保险的各类企业，全部纳入省级统筹，建立了不分所有制形式，不分职工身份，以"七个统一"[①]为主要内容的省级统筹制度。一是在全省实行统一的养老保险政策，取代原来各地存在一定差别的养老保险政策，从政策上消除了省内地区分割的现象。在全省实行统一的养老保险费率，设置统一的养老保险缴费基数和缴费比例，由各地市遵照执行，避免了不同地区养老保险缴费负担畸轻畸重的现象。在全省统一待遇项目，按照国家政策规定发放养老金待遇，严格控制和规范提前退休现象和待遇计发项目。二是统一了养老保险基金的收支管理，实行收支两条线管理。基本养老保险基金全部用于职工养老保险，严禁挤占挪用和挥霍浪费。基金结余除预留相当于支付全省 2 个月离退休人员的费用外，全部购买国家债券和存入财政专户，禁止投入其他金融和经营事业。建立健全养老保险基金监督机构，财政、审计部门依法加强监督，确保基金的安全。三是统

---

① 部分文献总结的是"六个统一"，但在2021年的国家考核后进一步将之总结为了"七个统一"。具体内容详见：https://baijiahao.baidu.com/s?id=1688921984916112889&wfr=spider&for=pc

一了基金预算管理，建立基本养老保险基金支出预算制度，每年年初由省级政府根据各设区市参保人员等情况，确定基本养老保险基金支出预算，并下达各设区市。四是在全省实施统一的责任分担机制，执行中超出预算部分，建立了由省、市共同分担的机制。五是统一集中信息系统，在全省实施统一的养老保险信息管理系统。六是统一经办管理服务，对养老保险经办机构的人、财、物、事等实行省级垂直管理（席恒 等，2017），业务经办规程统一。七是统一了激励约束机制。在"七个统一"的基础上，具体运行可以总结为"五子模式"，即"政府定点子、社保开单子、地税收款子、银行发票子、财政兜底子"。

陕西省采取的这些做法，进一步完善了企业职工基本养老保险制度，在基础养老金统筹层次提升的过程中走在了全国前列。然而，在陕西省基础养老金省级统筹过程中也存在一些问题，主要包括：

（1）部分地区存在较多的提前退休现象，地方政府对违规提前退休把关不严，一定程度上恶化了基本养老保险基金的财务收支状况[①]。

（2）税务部门征缴与经办机构之间对接协调问题，税务部门征缴后产生的票据单据传递存在记账滞后，给一些参保单位造成了不便。

（3）一定程度上弱化了县市级政府的责任，部分地区存在"等靠要"的思想，甚至对部分企业逃避缴纳养老保险费的行为存在一定的纵容。

（4）养老金替代率偏高，养老金平均增长率超过了工资增长率，存在部分养老金增长不合理的现象。

9.1.3 陕西实施省级统筹的主要启示

从陕西省推动实现基础养老金省级统筹的案例来看，主要获得了以下主要启示：

（1）尽早提升基础养老金统筹层次可以防止地方利益固化，减轻基础养老金统筹层次提升的阻力。陕西省的基础养老金统筹层次在县市级层次停留的时间相对较短，当发现推出的省级调剂金制度实施效果不及预期后，果断地将基础养老金统筹层次提升到了省级层面，这在很大程度上避免了地方利益固化的掣肘。这也是陕西省能够这么顺利地就在2001年实现基础养老金省级统收统支的重要原因。

---

① 郭云秀和于丽平（2020）将之形象地总结为"地方请客、省里买单"。

（2）实行养老保险经办机构省级垂直管理，保证了基础养老金省级统筹工作的顺利实施。不同于其他省份的"双重领导、地方为主"的管理体制，陕西省直接将养老保险经办机构的人、财、物、事等实行省级垂直管理，这在很大程度上有利于贯彻省级政府的政策意图，使得制定的基础养老金省级统筹政策能够得到有效的执行。这也在一定程度上避免了县市级政府对政策实施的不合理干预或"打折扣"行为。

（3）要防范地方政府由于责任弱化而产生的道德风险。基础养老金统筹层次由县市级上移至省级之后，承担财政兜底的责任也主要上移至了省级政府，县市级政府出于地方利益，很有可能在养老保险费征缴和待遇发放这一块出现道德风险，恶化养老保险基金的财务状况。陕西省在推动基础养老金省级统筹过程中出现的违规提前退休现象和纵容企业逃费行为等就说明了这一点。

（4）要协调好养老保险经办机构和税务征收机构之间关系。截至 2021 年底，所有省份都已经将养老保险费的征缴工作交由了税务机关，这就涉及税务机关与养老保险经办机构之间的协调问题。陕西省在基础养老金省级统筹的过程中就遇到了票据传递滞后引起的记账滞后等问题，这些问题需要引起足够的重视。

9.2　湖南实现基础养老金省级统筹的政策协调及启示

9.2.1　湖南推进省级统筹的背景及动因

在 20 世纪 90 年代国家提出基础养老金全国统筹的初步设想之后，中央政府多次在政策文件中提出要先实现基础养老金省级统筹，并鼓励各地区积极探索省级统筹方案和政策。在这样的政策背景下，湖南省作为中部省份，较早地响应了中央政府的号召，于 1998 年就开始建立了以省级调剂金为主要内容的基础养老金省级统筹制度。之所以采取先建立省级调剂金制度，而不是像陕西省那样一步实现省级统收统支，主要是基于以下背景：一是当时湖南省建立的企业职工基本养老保险制度还很不完善，各种遗留问题还比较多，难以一次性就在全省范围内实现养老保险基金的统收统支。二是当时湖南省的国有企业和私营企业之间的养老保险缴费负担存在较大差异，国有企业承担的养老保险缴费率远远超过政策规定的 20%，私营企业则正处于发展时期，能够承受的养老保险缴费负担有限，直接实行养老保险省级统收统支的阻力较大。三是当时湖南省的人口老龄化问题还相对较小，2004 年的制度赡养率仅为 36.61%，对推动实现基础养老金省级统收统支的外部压力较小。正是在这些背景下，湖南省采取了逐步推动基础养老金省级统筹的做法，因此，直到 2019 年才出台《湖南省人民政府关于完善企业职工基本养老保险省级统筹制度的通知》，正式建立以政策全省统一为基础，以基金省级统收统支为核心，以基金预算管理为约束，以信息系统为支撑，以经办管理服务为依托，以防控基金风险为保障的企业职工基本养老保险省级统筹制度，即建立了真正意义上的省级统筹制度。从湖南省企业职工基本养老保险制度运行情况来看，2004 年到 2019 年间基本维持了养老保险基金收大于支、略有结余的状况，2019 年的累计基金结余达到了 1 837 亿元。

表9-2　湖南省企业职工基本养老保险制度运行情况

年份	参保人数（万人）	参保缴费职工（万人）	离退休人数（万人）	基金收入（亿元）	基金支出（亿元）	累计结余（亿元）
2004	692	506	185	158	130	103
2005	719	523	195	173	152	125
2006	752	542	210	213	181	157
2007	784	557	227	272	223	206
2008	829	594	235	340	264	282
2009	879	633	246	384	308	359
2010	939	674	265	452	355	456
2011	988	710	278	542	417	581
2012	1 048	748	300	608	503	686
2013	1 092	762	330	734	622	797
2014	1 119	770	349	812	730	879
2015	1 160	791	369	910	849	939
2016	1 187	824	363	1 087	1 019	1 007
2017	1 279	857	423	1 448	1 349	1 104
2018	1 402	948	455	2 129	1 610	1 658
2019	1 558	1 072	486	1 768	1 620	1 837

数据来源：历年《中国统计年鉴》。

回顾湖南省基础养老金省级统筹的历程，推动其基础养老金统筹层次提升的主要动因包括：

（1）中央政策的推动。在全国出台的养老保险相关政策文件中，多次提出要提高基本养老保险统筹层次，并且还出台了关于养老保险省级统筹的标准，并且允许先建立养老保险基金省级调剂金制度，这就给湖南省先建立省级调剂金制度提供了政策依据和动力。

（2）湖南省自身现实情况的折中选择。尽管提升基础养老金统筹层次是大势所趋，但湖南省出于现实情况的考量，采取的是比较温和的、渐进的省级统筹模式，为的是减轻基础养老金省级统筹的阻力。

（3）发挥地方政府积极性的需要。在很长一段时间里，湖南省的基础养老金省级统筹都停留在省级调剂金阶段，主要是防止地方政府将维持基础养老金收支平衡的责任上移至省级政府，从而导致县市级政府激励约束弱化，进而产生道德风险。

9.2.2 湖南推进省级统筹的主要做法及分析

从前面的分析可知，湖南省尽管在较早的时期就实施了养老保险基金省级调剂金制度，但直到2019年才实现了真正意义上的基础养老金省级统筹，主要的做法包括：

（1）逐步统一全省的养老保险企业缴费率。在湖南建立统一的企业职工基本养老保险制度初期，国有企业承担的养老保险缴费率高达24.5%，针对这一问题采取了分两步降低的做法，即第一步在1998年1月降低至22.5%，第二步到2000年底降至20%。同时，针对私营企业则制定了较低的缴费率，私营用人单位现按其从业人员个人缴费工资基数总和的10%缴纳基本养老保险费，以后每年提高2个百分点，5年内逐步过渡到统一的城镇企业缴费水平。这就使得养老保险缴费率逐步实现了统一，也减轻了养老保险缴费负担对企业经营的负面影响。

（2）建立和完善了基本养老金正常调整机制。按照湖南省的政策规定，职工退休后领取的基本养老金，根据全省经济发展情况和养老保险基金的承受能力，原则上每年7月1日按照本省上年度职工平均工资增长率的一定比例调整一次。职工平均工资负增长时不做调整。据统计，在2005—2019年间，湖南省的平均养老金增长率为 11.21%，略低于这一期间的工资增长率（11.87%）。总体来看，基本养老金的调整相对合理和规范。

（3）统一了基础养老金的责任分担机制。根据基金收支总体状况，在考虑地方经济社会中长期发展规划、经济发展状况、人口结构、就业状况、财政投入能力、参保缴费人数、抚养比等因素的基础上，建立了省、市、县三级政府养老保险工作责任分担机制。根据基础养老金缺口形成原因，将基金缺口分为地方一般性收支缺口和地方管理性缺口①。一般性收支缺口由省人民政府通过中央财政对企业职工基本养老保险的补助资金、中央调剂金、全省基金滚存结余、省级财政预算安排资金统筹解决；地方管理性缺口由地方自行承担。这就在厘清基金缺口形成原因的基础上，明确了省级政府和县市级政府的财政补贴责任。

（4）允许企业在特殊情况下缓缴养老保险费。根据湖南省出台的政策规定，基本养老保险费不实行减免，因特殊原因，用人单位暂无力缴纳的，由用人单位提出书面申请，经当地社会保险经办机构批准可以暂缓缴纳。缓缴期最长不得超过6个月。这就使部分企业有了一定时期的缓冲期，减少了部分企业逃费的行为。

（5）实现了养老保险自行申报征收。在养老保险全面划转至税务部门征收后，湖南省根据中央政策要求，将征收方式由事先核定征收调整为了向税务部门自行申报缴纳。据统计，截至2021年底，全国税务部门实行全责或自行申报的单位仅有4个②，湖南即为其中之一。

湖南省在采取以上做法后，基本上建立起了与国家政策规定相一致的省级统筹制度。然而，这种逐步推动的做法也存在部分问题，包括：

（1）这种做法使得地方利益出现了部分固化的倾向，这在一定程度上增加了基础养老金统筹层次提升的难度。

---

① 地方一般性收支缺口是指预算年度内的各地企业职工基本养老保险费收入预算、地方财政补助预算之和小于各地符合政策的企业职工基本养老金和丧葬抚恤费支出预算的差额。地方管理性缺口是指地方各级政府由于管理因素造成的基金应收未收、违规列支形成的基金减少额，即预算年度内因未完成养老保险费收入预算和同级财政补助预算，以及违规支出等主观因素造成的基金减收增支额。

② 分别为广东、厦门、湖南、西藏。

（2）出现了部分企业在缴纳养老保险费时与征收部门谈判的情形，提出诸多困难诉求希望能够少缴、缓缴，这在无形中也增加了征收部门的征缴难度。

（3）多年的县市级统筹，造成了地方政府出台的政策条目繁多，这也给基础养老金省级统筹造成了不小困难。

（4）在养老保险扩面过程中，出现了为扩大养老保险覆盖面而将部分参保条件较差的人群纳入参保，尽管对当期养老金收入增加有所帮助，但却增加了未来基础养老金的财务风险。

9.2.3　湖南实施省级统筹的主要启示

从湖南省推动实现基础养老金省级统筹的案例来看，主要获得了以下主要启示：

（1）要注重对部分现实问题的协调，可通过设置过渡期逐步实现各地区养老保险政策的统一。湖南省在省级统筹的过程中，针对国有企业和私营企业的养老保险缴费率存在差异的问题，没有采取直接统一的方式，而是采取了设置一定的过渡期，分步骤逐步统一。这样既给了缴费参保单位足够的调整时间，又逐步协调好了缴费率不一致的问题。

（2）要特别注重地方利益的掣肘，避免因地方利益延缓基础养老金统筹层次提升的进程。湖南省早在1998年就初步建立起了省级调剂金制度，但直到2019年才建立统收统支制度，期间虽有很多问题和阻碍，但地方利益逐步固化带来的协调困难是其中最重要的原因。因此，基础养老金从省级统筹向全国统筹提升，应尽早协调好各省之间的利益关系，加快基础养老金全国统筹的步伐。

（3）区分基础养老金缺口形成的原因，合理设置各级政府的责任分担机制。湖南省将基金缺口分为地方一般性收支缺口和地方管理性缺口，地方性一般缺口主要由省级政府承担，但地方管理性缺口则主要由地方政府承担，这就在一定程度上实现了责任与义务的对等，激励了地方政府积极履行好维持基金收支平衡的责任。

（4）处理好征收机构和缴费单位之间的关系，既坚持应收尽收的原则，又考虑到企业经营的实际情况。湖南省在养老保险费的征缴过程中，明确提出基本养老保险费不能减免，但允许部分特殊困难企业缓缴，这在一定程度上有利于协调好征收机构和企业之间的关系。

（5）建立基本养老金待遇正常调整机制，严格控制"多发"养老金的行为。从湖南省的基本养老金增长率来看，基本上维持了与工资增长率基本同步的态势，使得基本养老金待遇水平始终在经济发展水平的承受能力范围之内。这样就既避免了养老金待遇和工资待遇"倒挂"的现象，又避免了不合理扩大基础养老金收支缺口的行为，减轻了维持基础养老金收支平衡的压力。

9.3　广东实现基础养老金省级统筹的政策协调及启示

9.3.1　广东推进省级统筹的背景及动因

广东省作为东部发达省份的典型代表，经济发展水平一直居于全国前列，也是较早实行养老保险社会化改革的省份之一。正是由于其发达的经济实力，吸引了外省，尤其是中西部省份的人口流入，从而给广东省带来了大量的缴费收入，使得广东省整体的基本养老保险基金出现了大量的累计结余。但事实上，广东省内的经济发展也很不平衡，经济最发达的地区集中在珠三角地区，而粤北、粤西和粤东这些地区的经济发展相对滞后，以至于珠三角地区的养老保险基金能够出现巨额的结余，占据全省超过97%的累计结余份额；但粤东、粤西和粤北等地区的部分县市却存在养老保险基金收不抵支、待遇发放难等问题。在这种现实背景下，广东省在1998年就出台了省级养老金调剂办法，试图通过省级调剂金的形式来实现养老保险基金在省内的余缺调剂。2006年，这种省级调剂金的做法进一步成熟，基本建立了"市级层面的统收统支＋省级调剂"的省级统筹模式。2009年，建立起了养老保险基金预算管理制度，实行省级调剂与预算管理相结合的省级统筹模式。并且，将省级养老保险调剂金上缴比例统一调整为企业养老保险单位缴费的9%。2017年，进一步完善了企业职工基本养老保险制度，推动建立养老保险基金省级统收统支统管模式，但从其实际做法来看，依旧属于分级管理的"省级调剂金"模式。经历了这些统筹层次改革，广东省企业职工基本养老保险制度运行情况总体较好，到2019年，已经形成了高达12 344亿元的累计基金结余，是全国养老保险基金累计结余最多的省份。

表9-3　广东省企业职工基本养老保险制度运行情况

年份	参保人数（万人）	参保缴费职工（万人）	离退休人数（万人）	基金收入（亿元）	基金支出（亿元）	累计结余（亿元）
2004	1 589	1 368	220	374	234	597
2005	1 796	1 565	231	458	280	775
2006	1 972	1 729	244	560	307	1 027
2007	2 227	1 970	257	638	383	1 283
2008	2 444	2 171	273	787	449	1 621
2009	2 716	2 422	294	886	553	1 951
2010	3 215	2 876	340	1 139	628	2 471
2011	3 801	3 428	373	1 400	765	3 108
2012	4 034	3 644	390	1 681	901	3 880
2013	4 183	3 762	421	1 843	1 050	4 673
2014	4 810	4 364	446	2 059	1 289	5 444
2015	5 087	4 613	473	2 564	1 476	6 533
2016	5 392	4 868	525	2 819	1 679	7 653
2017	5 287	4 718	569	3 457	1 898	9 245
2018	4 920	4 283	637	4 571	2 451	11 129
2019	4 633	3 962	671	5 593	3 762	12 344

数据来源：历年《中国统计年鉴》。

从广东省推动基础养老金省级统筹的动因来看，主要包括：

（1）均衡省内养老负担的需要。省内经济发展不平衡，养老金财务收支状况差异较大，需要从珠三角地区调剂大量的养老保险基金来补助粤东、粤北和粤西地区。

（2）中央政策的积极推动，使得广东省进一步完善了基础养老金省级统筹制度。对于广东自身而言，由于省级层面的养老保险基金财务收支状况较好，完全有能力在省级政府的调剂下实现养老金的按时足额发放，故而对推动实现基础养老金省级统收统支的积极性不高，在中央政策的反复推动下，才基本上建立了省级统收统支制度，但养老保险基金依然分级存放在地方政府。

（3）促进劳动力合理流动的需要。广东省每年都有大量的流动人口涌入，省内人口流动也较为频繁，实现基础养老金省级统筹，有利于优化人力资源配置。

9.3.2 广东推进省级统筹的主要做法及分析

广东省作为东部沿海地区的典型代表，存在较多的养老保险基金结余，在推动基础养老金省级统筹的过程中，采取诸多值得借鉴的做法，主要包括：

（1）实施养老保险费由税务机关全责征收，实现了养老保险基金的收、支独立运行。养老保险费的征收主要分为社保机构征收和税务部门征收两种模式，其中，税务部门征收模式又分为税务部门代征模式和税务部门全责征收模式。从 2009 年 1 月 1 日起，广东省就将社会保险费的征缴工作交由税务机关全面负责征收[①]，规定地方税务机关全面负责社会保险费征缴环节中的缴费登记、申报、审核（核定）、征收、追欠、查处财政专户等相关工作，并将征收数据准确、及时传递给社会保险经办机构记账。由于税务机关在养老保险费征缴方面更具优势，有利于提高养老保险费的足额征缴率，增强基本养老保险基金的财务可持续性，进而有助于提高基础养老金统筹层次。

（2）在提高省级养老保险调剂金上解比例的同时，适当扩大了省级调剂金的使用范围。为均衡省内的养老负担，客观上需要提高省级调剂金的规模，让更多的养老保险基金在全省范围内进行余缺调剂。为此，2009 年开始，广东省就将省级调剂金上解比例从原来的3%提高至了9%，这就极大地增强了对那些存在基础养老金收支缺口地区的补助力度。与此同时，扩大省级调剂金的使用范围，如对接收养老保险关系的地区给予适当补助等，从而在一定程度上协调了养老保险关系转入地和转出地之间的利益关系。

（3）积极探索建立省级统筹储备金制度。《广东省人民政府关于印发广东省完善企业职工基本养老保险省级统筹实施方案的通知》（粤府〔2017〕71 号）明确提出，探索从国有资本收益、土地出让金等按照一定比例提取资金，用于建立企业养老保险基金省级统筹储备金，专门用于未来人口老龄化高峰时期全省养老保险支出或其他紧急支出的补充、调剂。

（4）清理地方政策和规范业务经办。为更好地推动实现基础养老金省级统筹，

---

① 广东省政府印发的《广东省社会保险费征缴办法》第十六条的规定，广东省社会保险经办机构负责办理缴费单位、缴费个人的社会保险参保登记，负责社会保险基金的会计核算以及个人账户的记录、发放等工作。

广东省规定，各地级以上市要按照社会保险法律法规和企业养老保险省级统筹的要求，清理本市养老保险政策，包括计发办法、统筹项目、缴费基数和比例、一次性缴费政策等，对与国家和省现行法律法规和政策规定不一致的地方性养老保险政策及业务经办逐步予以整改规范。

（5）建立省级统筹工作咨询委员会。广东省提出，在推动基础养老金省级统筹的过程中，建立企业养老保险省级统筹工作咨询委员会，由省及部分地市有关部门相关人员组成，定期或不定期召开会议，通报全省基金筹集、分配使用情况，形成省市沟通协调机制，增强制度运行透明度。

以上做法较好地推动实现了基础养老金省级统筹，对国家实施基础养老金全国统筹具有重要的借鉴意义。然而，不可否认的是，广东省的在推动实现基础养老金省级统筹的过程中也存在一些问题：

（1）基础养老金缴费率长期低于全国的水平。按照国家的政策规定，各省份基础养老金缴费应统一为20%（后降至16%），但广东省执行基础养老金缴费率长期偏低，且较为宽松，部分基础养老金缴费收入并未征缴上来。

（2）养老保险基金结余存放在市级层面，一定程度上增加了基金分散存放的风险，也不利于基金的保值增值。按照广东省的政策规定，各地2017年7月1日后形成的结余基金由省统一管理、统一调度使用，存放在各市。这就使得养老保险基金依旧实质上停留在市级层面。

（3）一定程度上弱化了地方政府维持基础养老金收支平衡的积极性。按照广东省的政策规定，"弥补各市基金收支缺口所需资金，由省财政厅按照相同比例从2017年7月1日实施基金省级收统支后有结余地区调拨基金（调拨比例＝收入不足支付的各市基金缺口总额÷其他市当期结余总额），并拨付至各市社会保障基金财政专户"。这就可能助长出现基础养老金收支缺口的地方政府"等靠"的思想，不利于提高地方政府的积极性。

9.3.3 广东实施省级统筹的主要启示

从广东省推动实现基础养老金省级统筹的过程来看，主要得出了以下主要启示：

（1）注重养老保险基金的互助共济。养老保险制度本身是一种收入再分配制度，实现养老保险基金的互助共济是其本质要求。广东省将珠三角地区的大量养老保险基金结余调剂到粤东、西、北地区，一定程度上均衡了全省各地区的养老负担，确保了全省各地的养老金按时足额发放。这就启示我们，实施基础养老金全国统筹，也要充分发挥养老保险基金的互助共济功能，站在全国整体利益的角度来实现养老保险基金的余缺调剂。

（2）将养老保险费交由税务机关全责征收有利于提高征缴效率。广东省是全国较早实施养老保险费由税务机关全责征收的省份，在这种征收模式下，广东省的养老保险基金收入逐年增加，并且积累了大量结余，说明这种征收模式相对有效，也有利于发挥税务机关的征缴优势。这就启示我们，虽然当前我国各省已经将养老保险费交由税务机关征收，但很多还是让税务机关代征，应进一步转变为由税务机关全责征收。

（3）设置较低的基础养老金缴费率有利于推动基础养老金统筹层次提升。与其他省份不同，广东省的养老保险缴费率一直处于相对较低的水平，尤其是那些经济相对发达的地区，在较长时期内基础养老金缴费率甚至低于10%。广东省这次推动基础养老金省级统筹，并没有直接将基础养老金缴费提升至16%，而是选择了先逐步提高至14%，这在很大程度上减轻了各地区提升养老金缴费率的阻力。这说明，在实施基础养老金全国统筹的过程中，也可以考虑设置一个相对较低基础养老金缴费率。

（4）建立省级统筹储备金制度的做法值得借鉴。在广东省推动实现基础养老金省级统筹的方案中提出要从国有资本收益、土地出让金等中按照一定比例提取资金，用于建立企业养老保险基金省级统筹储备金，这对于应对人口老龄化挑战具有重要意义。这就启示我们，在实施基础养老金全国统筹的过程中，需要进一步扩大全国社会保障基金的规模，拓宽收入来源。

（5）建立一个推动基础养老金统筹层次提升的协调委员会。广东省在推动基础养老金省级统筹的过程中，提出建立企业养老保险省级统筹工作咨询委员会，由省及部分地市有关部门相关人员组成，这对于协调好各方利益关系具有积极作用。因此，可以考虑在实施基础养老金全国统筹的过程中，也建立一个全国统筹工作咨询委员会，由中央和各省相关利益代表组成，并建立良好的沟通和协调机制。

（6）需要适当考虑类似广东省这样存在大量养老保险基金结余省份的利益诉求。广东省是我国基本养老保险基金累计结余最多的省份，本身的财务可持续性相对较好，在一定程度上对推动实现基础养老金全国统筹的积极性不高。究其原因，本质上是担心实施基础养老金全国统筹导致地方利益的损失，这就启示我们在设计基础养老金全国统筹的省级政策协调方案中需要考虑到这类省份的利益诉求，减少来自这些省份的阻力。

9.4　本章小结

本章选择了西部的陕西省、中部的湖南省和东部的广东省作为典型案例进行剖析，并分别对三个省份推进基础养老金省级统筹的背景、动因和主要做法，以及带给我们主要启示进行了重点阐释。总体来看，陕西省通过"七个统一"和"五子模式"的做法，较早地实现基础养老金省级统收统支；湖南省则在较早建立省级调剂金的基础上，"渐进式"地推动基础养老金省级统收统支；广东省也是先建立省级调剂金制度来均衡省内养老负担，再逐步提高省级调剂金的比例来推动基础养老金省级统收统支，但依旧将结余基金存放在市级层面。虽然这三个省份的省级统筹做法存在一定的差异，但均是中央政策推动和自身实际情况需要综合的结果，对本书提出基础养老金省级政策协调方案具有重要的启示。

第10章　基础养老金全国统筹的省级政策协调方案设计

通过前面的现状分析、理论分析和实证分析，本书已经获得了较为充分的理论依据和现实依据，因此，本章将对基础养老金全国统筹的省级政策协调方案进行设计。首先，阐释方案设计的基本原则和主要思路；然后，分别从缴费政策、待遇政策、转接政策和补贴政策四个方面设计出具体的省级政策协调方案；最后，在此基础上提出相关配套政策改革建议，以期为更好地实施基础养老金全国统筹工作提供决策参考。

10.1　方案设计原则和思路

10.1.1　设计原则

（1）标准统一与分步整合的原则。实施基础养老金全国统筹的主要标准必须统一和明确，让省级政策协调有章可循、有规可依。然而，根据本书前面的分析可知，各省面临的实际情况存在较大差别，要求各省同步从省级统筹直接跨越到全国统筹标准还存在不小阻力和困难，需要给予部分省份一定的过渡期，让其有时间来消化部分历史遗留问题，避免"一刀切"引致的种种弊端，因此，省级政策协调需要采取分步整合的办法。

（2）公平与效率相结合的原则。基础养老金全国统筹的本质是实现养老保险基金在全国范围内的余缺调剂和风险分散，增强基本养老保险制度的公平性和可持续性。因此，在省级政策协调的过程中，一方面要积极促进公平，消除区域分割带来的种种弊端，让基础养老金更加公平地惠及每一位参保者；另一方面，要尽量避免省级政策协调不当带来的效率损失，要让基础养老金全国统筹带来的收益大于省级统筹带来的收益，进而有效地增强制度的可持续性。

（3）整体利益与局部利益兼顾的原则。在实施基础养老金全国统筹的过程中，不可避免有部分省份的短期利益可能受到损失，但整体利益肯定是远远大于局部利益，因此，必须毫不动摇地实施基础养老金全国统筹工作。因此，在省级政策协调过程中，对于地方合理利益诉求可以考虑采取适当的利益均衡办法，但遇到短期实在难以协调的问题时，则需要坚持局部利益服从整体利益的原则，长期再对这些利益受损的地区进行补偿，实现整体利益与局部利益兼顾。

（4）事权与财权相匹配的原则。实施基础养老金全国统筹后，维持基金收支平衡的主要责任上移至了中央层面，但并不代表地方政府就可以置身事外，而是应该建立合理的央地责任分担机制，调动中央和地方两个积极性。这就要求，在省级政策协调过程中，中央政府和地方政府应按照事权与财权对等的原则进行分级分担，建立激励约束机制，理顺中央与地方的权责利关系。

（5）配套改革与全国统筹同步推进的原则。前面的分析表明，单纯地实施基础养老金全国统筹不仅阻力很大，获得的合作博弈剩余也相对有限，需要相关配套改革才能获得更多的合作博弈剩余，才更有利于协调好区域间的利益关系。因此，在省级政策协调的过程中，不仅要抓紧落实基础养老金全国统筹的政策，同时也应及时推出相应的配套改革举措。

（6）新老划断与增量改革相结合的原则。从1997年正式建立全国统一的企业职工基本养老保险制度至今，已经历二十多年，不少参保人员或离退休人员的养老金问题已经在原来的政策框架下得到了较好的处理。因此，在省级政策协调的过程中，不应再在这些"老问题"上纠结，而是应该采取"新老划断"的方式，将重点放在增量改革上，这样更有利于协调工作的开展。

10.1.2　设计思路

根据前面的分析，本书认为，基础养老金全国统筹的省级政策协调方案设计关键在于协调好缴费政策、待遇政策、转接政策和补贴政策。就缴费政策协调而言，要在"应收尽收、应保尽保"的目标下，回答缴费标准如何协调、征缴模式如何协调等问题，提高足额征缴率和养老保险覆盖率，杜绝"少征"行为，进而实现基础养老金全国"统收"。就待遇政策协调而言，应在"适度再分配、合理增长"

的目标下，回答养老金待遇计发标准如何协调、养老金待遇正常调整幅度如何协调等问题，在确保退休人员老年生活水平不降低的前提下适当分享经济发展成果，杜绝"多发"行为，进而实现基础养老金全国"统支"。就转接政策协调而言，要在"转接顺畅、利益均衡"的目标下，回答经办规程如何统一协调、信息系统如何有效兼容对接，确保按照"新老划断、分段计算、统一支付"来维护流动人口的正当权益，进而实现基础养老金全国"统管"。就补贴政策协调而言，要在"权责清晰、激励相容"的目标下，回答养老保险累计结余基金如何处置、基金缺口如何在各级政府间分担等问题，确保养老金待遇足额按时发放，进而实现基础养老金全国"统兜"。在此基础上，再辅之以相关配套改革政策，进而高质量实施基础养老金全国统筹工作。基本的设计思路如图10-1所示。

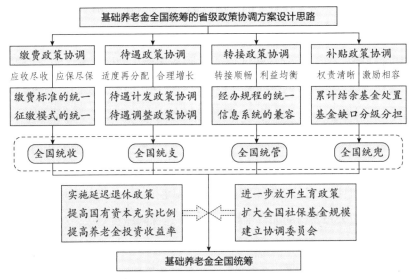

图10-1　基础养老金全国统筹的省级政策协调方案设计思路

10.2　具体省级政策协调方案设计

10.2.1　缴费政策协调方案

基础养老金全国统筹的省级缴费政策协调，关键在于统一缴费标准和统一征缴模式，杜绝"少征"行为。只有在这个基础上才能确保"应收尽收、应保尽保"，进而实现基础养老金在全国层面的"统收"。

（1）统一缴费标准。统一缴费标准需要考虑到各省的参保缴费人数、缴费基数和缴费率三个重要参数，这就涉及参保政策的协调、缴费基数的协调和缴费率的协调。

就参保政策的协调而言，企业职工基本养老保险制度覆盖了企业职工、个体工商户、灵活就业人员、农民工、自由职业者等，各省理应将符合条件的人员均纳入基本养老保险，即实现基本养老保险制度由制度全覆盖向人员全覆盖转变，做到应保尽保。这里协调的难点在于各省如何将那些没有依托单位的就业人员纳入基本养老保险体系。协调的办法包括：第一，每年由各省对这类应参保但未参保的人员进行测算摸底，将准确数字报送人社部，并分3至4年制定合理的扩面计划，争取到2025年实现应保尽保。第二，开展精准宣传，通过线上线下渠道宣传参加企业职工基本养老保险制度的各项政策，增强就业人员参保意识，吸引这类人群主动参保。第三，推动缴费服务有效下沉，各省的税务机关可与乡镇、街道、代收银行等单位合作，充分发挥村（社区）服务功能，为这类参保缴费提供便利。第四，建立参保扩面考核的正向激励机制，对参保扩面率排名前十的省份予以奖励，对排名后十位的省份予以惩罚，具体奖惩办法由人社部统一制定。

就缴费基数的协调而言，现有政策规定是"各省应以本省城镇非私营单位就业人员平均工资和城镇私营单位就业人员平均工资的加权平均工资核定养老保险的缴费基数"，但部分省份依旧未能遵照这一规定执行。协调的办法分两步：第一步，规定各省应公布各自的加权平均工资与养老保险缴费基数，对比养老保险缴费基数是否遵照了这一规定，对未能遵照规定的省份，要求详细阐释原因。第二步，设置两至三年的过渡期，逐步调整至与现有政策规定一致。

就缴费率的协调而言，现有绝大部分省份执行的都是16%的基础养老金缴费率，只有广东省和浙江省执行的是14%的缴费率，但部分省内重点园区执行的基础养老金缴费率偏低，另外，个体工商户、自由职业者和灵活就业人员的基础养老金缴费率为12%。要统一各省的基础养老金缴费率，协调的步骤包括：短期内，可以考虑将让广东省和浙江省提高至16%，先实现各省基础养老金缴费率的统一；中期内，视基础养老金财务收支状况，可以考虑进一步降低至14%左右；长期内则可以考虑将基础养老金缴费率降至12%，实现所有参保人群都执行统一的缴费率。

（2）统一征缴模式。国务院办公厅关于做好社保费征管职责划转工作指导意见明确，企业社保费划转税务部门征收后，征收方式由事先核定征收调整为向税务部门自行申报缴纳。但鉴于疫情原因和经济形势的影响，为不因征收机构变化而增加企业负担，国务院原则上允许采取核定征收方式，但支持有条件的省份采取自行申报方式。这就导致部分省份实行的是核定征缴模式，而另有一部分省份则实现了全责或自行申报征缴模式，征缴模式的不同必然引致足额征缴率的省际差异。协调的办法是：第一，明确全责或自行申报为基础养老金全国统筹的征缴模式，事先核定征收仅为过渡模式或暂行模式，由各省制定过渡办法。第二，逐步统一各省的征收信息系统，加快将本地征收信息系统切换到全国统一系统的步伐，到 2023 年实现全国征收信息系统的统一。第三，到 2025 年基本实现全国统一的征缴模式，达到基础养老金全国"统收"的目标。

（3）统一奖惩办法。为了更好地协调好省级缴费政策，尽快推动实现基础养老金全国统筹，应在统一缴费标准和征缴模式的基础上，制定奖惩措施。对于各省参保扩面，可以考虑对各省超额完成养老保险扩面计划的超额部分不纳入下一年的扩面计划基数，并且，相应增加的基金征缴收入可部分留存当地；对于没有按时完成扩面计划的省份，将未完成部分追加纳入下一年度扩面计划，由此产生的基金缺口由该省统筹解决。对于征缴力度而言，超额完成基金征缴计划和当期缴费申报核定额指标的省份，超收部分可以将一定比例留存当地，并且可以抵顶由地方财政承担的基金缺口部分；未能完成征缴收入计划和当期缴费申报核定指标的省份，未完成部分追加至下一年度计划，由此产生的基金缺口由该省统筹解决，并按相应比例扣减该省相关部门工作经费拨付额。

10.2.2　待遇政策协调方案

基础养老金全国统筹的省级待遇政策协调，关键在于待遇计发政策的协调和待遇调整政策的协调，杜绝"多发"行为。待遇计发政策的协调主要是要掌握好收入再分配的"度"，而待遇调整政策的协调主要是掌握好合理增长的"度"，从而使得在保持老年人生活水平不降低的前提下适度分享经济发展成果，促进基础养老金待遇的横向公平和纵向公平，进而实现基础养老金全国"统支"。

（1）待遇计发政策的协调。按照现有基础养老金待遇计发办法，退休时职工的基础养老金待遇取决于当地社会平均工资、个人指数化平均缴费工资和缴费年限，因此，对这三个重要参数的协调就显得尤为关键。总体来看，应该在适度再分配的原则下，实现"多缴多得、长缴多得"，协调好个人利益、区域利益和全国利益之间的关系。

就社会平均工资而言，理论上基础养老金统筹层次提升到哪一层次就应以该层次的社会平均工资作为缴费基数纳入，基础养老金全国统筹就应以全国社会平均工资纳入。但是，在目前各省基础养老金待遇差距较大的现实情况下，这种剧烈的收入再分配不利于协调好各省之间的利益关系，甚至可能加大对基础养老金全国统筹的阻力。因此，可以采取折中的协调办法，在现有省级社会平均工资的基础上，引入全国社会平均工资，但全国社会平均工资的权重开始应相对较低（低于10%），待条件成熟后再进一步提高。这样就既考虑了各地区养老金待遇的差距，又在全国层面实现了一定程度的再分配，有利于养老金待遇的横向公平，并且可以与现行办法进行有效衔接，避免制度出现剧烈波动。

就个人指数化平均缴费工资而言，现行办法已经考虑到了个人缴费基数与社会平均工资之间的差异，一定程度上考虑了个人在缴费上的贡献[1]，但没能考虑到缴费率的差异，从而事实上也导致了一定程度上的不公（林宝，2016）。因为不同省份实际执行的养老保险缴费率在很长时间内是存在一定差异的，如果不把缴费率的差异纳入基础养老金待遇确定公式就忽略了个人实际缴费贡献的差异，违背了"多缴多得"的制度初衷。因此，协调的办法可以考虑将个人实际缴费率指数纳入个人指数化平均缴费工资进行测算，这样就真正考虑到了个人的缴费贡献，有利于养老金待遇的纵向公平。个人实际缴费率指数的计算公式为：

$$\pi_i = (\frac{\mu_1}{\overline{\mu_1}} + \frac{\mu_2}{\overline{\mu_2}} + \cdots + \frac{\mu_n}{\overline{\mu_n}}) / n \tag{10-1}$$

式（10-1）中，π_i 为个人实际缴费率指数，μ_n 为退休前 n 年的个人实际执行缴费率，$\overline{\mu_n}$ 为退休前制度规定的平均缴费率，n 为缴费年限。

---

[1] 尽管基础养老金缴费率由单位缴纳，实际上也是来自职工个人劳动报酬所得，单位仅仅是代为缴纳。

就缴费年限而言，目前政策规定的最低缴费年限为 15 年，如果不满 15 年则不能享受到养老金待遇，仅仅将个人账户部分一次性发放给参保人或将其转入城乡居民社会基本养老保险。这一政策规定可能造成两种情况：一种情况是由于缴费年限不足导致参保人权益受损；另一种情况是缴费年限满 15 年后就不再缴费导致养老待遇过低。对于前一种情况，可以考虑采取适当的协调办法，如缴费超过 10 年的可以允许其继续缴费至 15 年，待缴满 15 年后再领取养老金待遇，这样就可以在一定程度上维护参保人权益或尽可能减少权益损失。对于后一种情况，则可以考虑适当延长法定最低缴费年限，或者规定职工在就业期间应当连续缴费，无特殊原因不得"断缴"或"停缴"养老保险费，进而可以保障参保人退休后的养老金待遇水平不至于过低。

总体来看，基础养老金待遇计发政策协调后的公式如下：

$$P_i = [x \times \overline{w_{国}} + y \times (\overline{w_{省}} + \pi_i \times \overline{w_{个}})/2] \times n\% \tag{10-2}$$

式（10-2）中，P_i 代表个人领取的基础养老金待遇，x 和 y 分别表示各自的权重，$\overline{w_{国}}$、$\overline{w_{省}}$ 和 $\overline{w_{个}}$ 分别表示全国社会平均工资、各省社会平均工资和个人指数化缴费工资。通过这一待遇计发政策的协调，可以较好地协调好全国、区域和职工个人之间的利益关系，有利于待遇的横向公平和纵向公平，这对实施基础养老金全国统筹大有裨益。

（2）待遇调整政策的协调。根据《社保法》规定，国家建立基本养老金正常调整机制。目前，主要是根据职工工资增长、物价上涨情况等对基本养老金进行调整，采取的做法是"中央制定标准、地方自拟方案"。这在一定程度上给予了地方政府相对较大的自由裁量权，也导致了部分省份之间养老金待遇增长不协调现象。协调好各省养老金待遇调整政策可以考虑采取这一思路——在确保退休职工基本养老金购买力不下降的前提下，加强缴费与待遇之间的联系，合理共享省内经济发展成果和全国经济发展成果。按照这一思路，可以将基础养老金待遇调整分为四个部分：物价调整、激励调整、省内共享和全国共享。

物价调整，可以上年度个人领取的养老金为调整基数，以该省城镇居民消费价格指数的上涨幅度为调整比例，实现"应调尽调"，确保老年人领取到的养老金购买力不下降。这样才能真正保障老年人的基本生活，不至于因通货膨胀而使退休职工的消费水平降低，这是最起码的要求。

在物价调整的基础上，激励调整、省内共享调整和全国共享调整三个部分都是基于共享经济发展成果对养老金待遇进行的调整。其中，激励调整部分是为了兑现"多缴多得、长缴多得"的制度承诺，激励职工参保缴费，从而增强参保的吸引力。从这个角度来讲，以职工上年度领取到的基础养老金待遇作为调整基数较为合适。省内共享调整部分则是要体现对本省经济发展成果的普遍共享，让老年人也能分享到省内经济发展成果的好处。从这一角度来讲，以省内上年度平均基础养老金待遇作为调整基数较为合适。全国共享调整部分则是要体现全国经济发展成果全民共享，老年人也应当从全国经济发展中分享到一定的好处。从这一角度来讲，全国共享调整部分以全国上年度平均基础养老金待遇作为调整基数较为合适。至于配置给激励调整部分、省内共享调整部分和全国共享调整部分的比例或数额则应统筹考虑，但需遵循的原则就是激励调整部分和省内共享调整部分不能超过省内的实际工资增长率，全国共享调整部分不能超过全国实际工资增长率，三个部分的调整比例之和不能大于全国实际平均工资增长和省内实际平均工资增长率中的最大值。具体配置给激励调整部分、省内共享调整部分和全国共享调整部分的比例应由国家统一规定，地方遵照执行。另外，为了保障基础养老金的财务可持续和养老金替代率的稳定性，还应对激励调整、省内共享调整和全国共享调整三个部分乘以一个综合因子。具体调整公式如下：

$$PA_t^p = W_{i,t-1}^p \times I_{t-1}^p + (W_{i,t-1}^p \times \alpha \times g_{t-1}^p + W_{t-1}^p \times \beta \times g_{t-1}^p + W_{t-1}^N \times \gamma \times g_{t-1}^N) \times \theta \quad (10\text{-}3)$$

$$\theta = \frac{M_{t-2}}{M_{t-1}} \times \frac{R_{t-1}}{R_{t-2}} \times \frac{T_{t-2}}{T_{t-1}} \quad (10\text{-}4)$$

式（10-3）和式（10-4）中，PA_t^p 表示 t 年 p 省养老金调整部分，$W_{i,t-1}^p \times I_{t-1}^p$ 表示物价调整部分，$W_{i,t-1}^p \times \alpha \times g_{t-1}^p \times \theta$ 表示激励调整部分，$W_{t-1}^p \times \beta \times g_{t-1}^p \times \theta$ 表示省内共享部分，$W_{t-1}^N \times \gamma \times g_{t-1}^N \times \theta$ 表示全国共享部分。在物价调整部分，$W_{i,t-1}^p$ 表示 p 省个人上年度领取的养老金水平，I_{t-1}^p 表示上年度城镇居民消费价格指数上涨幅度。在激励调整部分，g_{t-1}^p 表示 p 省上年度的实际工资增长率，α 表示该省实际工资增长率中

配置给激励部分的调整比例，θ 表示综合因子，等于制度赡养率变化倒数（$\dfrac{M_{t-2}}{M_{t-1}}$）、

收支比变化（$\dfrac{R_{t-1}}{R_{t-2}}$）和替代率变化倒数（$\dfrac{T_{t-2}}{T_{t-1}}$）的乘积。在省内共享部分，W_{t-1}^{p} 为上

年度 p 省平均养老金待遇水平，β 为该省实际工资增长率中配置给省内共享的比例。在国内共享部分，W_{t-1}^{N} 表示上年度全国平均养老金水平，g_{t-1}^{N} 表示上年度全国实际工资增长率，γ 表示全国实际工资增长率中配置给全国共享的比例。

通过以上待遇调整政策协调方案，不仅较好地考虑到了个人利益、区域利益和全国利益，也考虑到了影响基础养老金收支平衡的一些关键因素，有利于促进各省基础养老金待遇调整政策的协调、规范和统一。

（3）建立基础养老金待遇调整政策协调评估机制。为了确保统一的养老金待遇调整政策能够在各省得到有效的贯彻执行，需要定期由专人或第三方对各省政策执行效果进行科学、客观的评估，一旦发现有不规范的行为则及时予以纠正，并实施相应惩处。另外，如果遇到重大政策变化或经济冲击，也需要对基础养老金待遇调整政策进行充分评估，从而协调好各省之间的养老金待遇调整政策。

10.2.3　转接政策协调方案

基础养老金转接政策的协调，关键在于经办规程的统一和信息系统的兼容对接，只有在这一基础上才能实现转接顺畅、利益均衡，按照"新老划断、分段计算、汇总支付"的办法实现协调，进而实现基础养老金全国"统管"。就经办规程的统一而言，可以由人社部制定统一的经办流程，由各省在一定期限内规范到位，实现全国统一的经办规程。就养老保险信息系统的兼容对接而言，加快各省由本地系统切换到全国统一系统的步伐，尽快实现信息系统的全国兼容、统一和联网，在中央与地方之间以及各部门之间实现信息、数据互联互通。具体协调办法为：

（1）新老划断。以前已经按照《人力资源社会保障部关于城镇企业职工基本养老保险关系转移接续若干问题的通知》进行跨省转接的人员则继续维持现行办法，对未完成转接的流动人口则适用新的转接办法。

（2）分段计算、汇总支付。在实现全国经办规程统一和信息系统兼容的前提下，个人的参保信息就可以在全国统一的信息系统中清晰地显示出来，包括参保地、

缴费年限、缴费基数、缴费比例等。有了这些基本信息就可以按照分段计算的办法计算出每一个参保者在参保缴费地的养老金待遇，不必再在各省之间进行转接，从而保证了"在哪里参保缴费就在哪里计算养老金待遇"，将每个地区计算得到的养老金待遇汇总后支付给退休职工，有利于各地区基础养老金利益的均衡与协调。

举例来说，张三在上海工作了5年之后，到北京又工作了5年，之后又到广东工作了10年，在每个地区都按照规定参保缴费。参保缴费年限已经超过了15年，满足享受养老金待遇的条件。按照原来的政策，张三应该将养老保险关系转移到广东省，然后再按照广东省的养老金待遇计发办法和调整办法享受养老金待遇，但会导致转入地和转出地，以及流动人口之间的利益不协调。现在按照"分段计算、汇总支付"的办法，张三就可以在上海按照5年计算养老金待遇、在北京按照5年计算养老金待遇、在广东按照10年计算养老金待遇，并分别按照各地区的养老金调整政策进行调整，每月将3个地方计算得到的养老金待遇汇总支付给张三。

从以上协调方案来看，张三的基础养老金利益得到了最大限度的保障，各省也不用担心张三的转入或转出会给自己带来养老金收益损失或加大财政补贴负担，各省的养老金利益也得到了最大限度的维护。更为重要的是，"新老划断、分段计算、汇总支付"的协调办法，使得劳动力可以更加顺畅地在各省之间进行自由有序流动，有利于实现人力资源在全国范围内的优化配置。

10.2.4 补贴政策协调方案

基础养老金全国统筹的补贴政策协调，关键在于累计结余基金的处置和基金缺口分级分担，既要权责清晰，又要激励相容，进而实现基础养老金全国"统兜"。

就累计结余基金处置而言，《国务院关于建立企业职工基本养老保险基金中央调剂制度的通知》明确规定："各地在实施养老保险基金中央调剂制度之前累计结余基金原则上留存地方，用于本省（自治区、直辖市）范围内养老保险基金余缺调剂。"这一规定虽然有利于调动地方积极性，减少养老保险基金中央调剂的阻力，但实际上在一定程度上固化了地方利益，累计结余基金依旧处于区域分割的状态。为协调好这一利益关系，本书认为，既要承认地方政府在征缴养老保险基金收入方面做出的积极贡献，调动地方政府的积极性；又要坚持养老保险基金统收统支的基本方向，最大限度地实现养老保险基金在全国范围的余缺调剂。因此，在真正实现基础养老金全国统筹之前形成的累计结余基金，可以允许一定比例的累计结余基金充当该省份的过渡金，其他部分则全额上缴中央统筹，但在中央统筹账户中建立各省累计结余基金上缴账目，并承诺在未来该省出现养老保险基金缺口时，在其上缴额度内优先用于弥补该省承担的基金缺口。换言之，该协调方案可以总结为"留、收、记、补"四个字，即省级政府留下一小部分累计结余作为过渡基金，中央政府收走大部分累计结余基金用于全国统筹，中央政府记下各省上缴的累计结余基金额度，中央政府承诺在上缴基金额度内优先用于弥补未来该省应承担的基金缺口。这一协调方案，对于存在累计结余基金的省份来说，既在短期内让其能够继续保留部分养老金支配的权益，又在长期内获得了优先用于弥补其未来可能需要承担基础养老金收支缺口的承诺，有效地实现了短期利益和长期利益的均衡；对于全国而言，则实现了绝大部分累计结余基金的统筹，有利于推动实现真正意义上的基础养老金全国统筹。

就基金缺口分级分担而言，关键是要明确各级政府责任，建立各级政府养老保险基金缺口责任分担机制。然而，目前各省建立的基金缺口责任分担机制各不相同，有的更多地由省级政府承担，而有的则更多地由市、县级政府承担。协调好这一政策的办法是：按照基金统收统支、责任分级负责、缺口合理分担的原则，在考虑地方经济社会中长期发展规划、经济发展状况、人口结构、就业状况、财政投入能力、参保缴费人数、抚养比等因素的基础上，建立权利与义务相对应、事权与财权相匹配、激励与约束相结合的中央、省、市、县四级政府责任分担机制。根据基金缺口形成的原因，可将其分为地方一般性收支缺口[①]和地方管理性缺口[②]。对于地方一般性收支缺口，因为主要受一些客观因素影响，可由中央政府承

[①] 地方一般性收支缺口是指预算年度内的各地企业职工基本养老保险费收入预算（以下简称养老保险费收入预算）、地方财政补助预算之和小于各地符合政策的企业职工基本养老金和丧葬抚恤费支出预算（以下简称养老保险待遇支出预算）的差额。

[②] 地方管理性缺口是指地方各级政府由于管理因素造成的基金应收未收、违规列支形成的基金减少额，即预算年度内因未完成养老保险费收入预算和同级财政补助预算，以及违规支出等主观因素造成的基金减收增支额。

担绝大部分比例，省、市和县级政府承担小部分比例，地方政府具体分担比例按照各地收支缺口占编制预算时上年度各省、市、县决算的可用财力比重分档确定。对于地方管理性缺口，由于更多受主观因素影响，原则上应由地方政府自行填补。因未完成年度养老保险收入预算和同级财政补助预算造成基金减收的，由地方政府筹措资金补足；因违规支出造成基金增支的，由地方政府全额追回，并依法追究相关人员责任。

10.3　相关配套政策改革建议

10.3.1　合理实施延迟退休政策

通过前面章节的政策仿真分析可知，合理实施延迟退休政策有利于增强基础养老金的可持续性，对基础养老金全国统筹的省级政策协调极为有利，因此，适当延迟"新人"和未退休"中人"的法定退休年龄势在必行。《中华人民共和国国民经济和社会发展第十四个五年规划和2035年远景目标纲要》明确提出，按照"小步调整、弹性实施、分类推进、统筹兼顾"等原则，逐步延迟法定退休年龄。"小步调整"要求渐进式实现延迟退休，不搞"一步到位"的做法，可以考虑每年延迟几个月或每几个月延迟一个月的做法，逐步将法定退休年龄延迟。"弹性实施"要求考虑个人对延迟退休的多元化需求，在原法定退休年龄和推迟后的法定退休年龄之间，允许个人根据自身实际情况自主选择退休时间，体现一定的弹性，避免"一刀切"。"分类推进"要求对不同群体、不同性别、不同岗位、不同地区的职工实施差别化退休年龄，不搞"齐步走"，而是稳步推进，逐步到位。如对工作强度大、存在一定危害性的职业可以制定较低的法定退休年龄，对那些知识密集型行业职工如医生、教师、科研工作者等群体可以制定较高的法定退休年龄。"统筹兼顾"则要求延迟退休与其他配套措施统筹谋划、协同推进，确保延迟退休政策平稳落地、顺利实施。

10.3.2　提高国有资本收益充实养老保险基金的比例

根据本书的研究，提高国有资本收益充实养老保险基金的比例能够在一定程度上增强基础养老金的可持续性，因此，需要在基础养老金全国统筹的省级政策协调过程中提高国有资本收益充实养老保险基金的比例。从政策来看，为有效化解各省遗留的历史债务，增强养老保险基金的代际公平性和可持续性，国家近年来出台了《划转部分国有资本充实社保基金实施方案》(国发〔2017〕49 号) 和《关于全面推开划转部分国有资本充实社保基金工作的通知》(财资〔2019〕49 号) 等一系列政策文件，要求在 2020 年底前中央层面和地方层面均完成划转工作。目前，这一划转工作已经基本完成。并且，根据政策规定，划转的国有资本具有充实社保基金的特定用途和政策目标，运营收益根据基本养老保险基金的支出需要上缴，专项用于弥补企业职工基本养老保险基金缺口。这就从政策上为国有资本收益充实养老保险基金提供了依据，接下来的工作就是要尽快落实好这一政策。应理直气壮发展壮大国有企业，促进国有企业高质量发展，使得划转的国有资本能够有更多的收益用来充实养老保险基金，这是基础。短期内应以弥补企业职工基本养老保险制度转轨时期因企业职工享受视同缴费年限政策形成的企业职工基本养老保险基金缺口为基本目标，确保历史债务能够得到有效化解，均衡各省的养老保险负担。长期内应将国有资本收益充实基本养老保险基金作为退休职工共享经济发展成果的重要举措，进而构建高质量的企业职工基本养老保险制度。

10.3.3　提高养老保险基金投资收益率

从第 8 章的仿真模拟结果可以看出，提高养老保险基金投资收益率对增强养老保险基金的可持续性具有显著的作用，尤其在存在累计结余基金的时段效果更佳。然而，就目前我国的养老保险基金投资收益来看，大部分的养老保险基金投资仍然停留在购买国债、银行存款等阶段，尽管保障了基金的相对安全，但却未能实现保值增值，部分地区的收益率甚至没有跑赢 CPI，这对于增强养老保险基金的可持续性是极为不利的。针对这一问题，《国务院关于印发基本养老保险基金投资管理办法的通知》(国发〔2015〕48 号) 明确提出："各省、自治区、直辖市养老保险基金结余，可按照本办法规定，预留一定支付费用后，确定具体投资额度，委托给国务院授权的机构投资运营。"在这一政策的支持下，已经有超过 25 个省级统筹单位与全国社保基金会签署了委托投资合同，合同总金额超过 1.11 万亿元，实际到账资金约 9 800 亿元。并且，近年来全国社保基金投资收益率保持了相对较好的业绩，2019年和2020年的投资收益率分别达到了9.03%和15.84%。这表明，在保障养老保险基金安全的前提下，积极推动养老保险基金入市、提高养老保险基金收益率是必要的，而且是可行的。为此，在实施基础养老金全国统筹的同时，应尽可能地提高养老保险基金的投资收益率。一是在预留一定过渡金的前提下，将累计结余基金收归中央统筹，从而有效发挥规模效应。二是由中央政府与全国社保基金会或其他具有相应资质的投资机构签署委托合同，委托专业投资机构负责投资运营。三是要在坚持基金安全的前提下，进一步拓宽养老保险基金投资的范围和比例。四是要建立有效的风险防范机制，最大化地对冲市场风险。

10.3.4 进一步放开生育政策

老龄化风险是导致养老保险基金制度内不可持续的根本性因素。随着我国人口老龄化程度的加深，领取养老金的人数比例将会加大，而缴费职工人数比例将会缩小。而要解决这一问题，关键还在于改善人口结构（徐颢等，2021；武汉大学国家发展战略研究院中国人口发展研究课题组，2021）。然而，在多年严格的计划生育政策下，我国的人口出生率降至了相对较低的水平。据第七次全国人口普查数据显示，2020年的总和生育率仅为1.3，已经低于了国际公认的警戒线（1.5），甚至可能存在跌入低生育率陷阱的风险。面对这一严峻人口形势，国家先后放开了单独二孩、全面二孩、全面三孩政策，甚至部分地区开始出台了鼓励生育政策的相关举措。国家"十四五"规划更是提出："增强生育政策包容性，推动生育政策与经济社会政策配套衔接，减轻家庭生育、养育、教育负担，释放生育政策潜力。"然而，从目前的生育意愿来看，大多数家庭生育意愿并不高，即使有生育意愿，但迫于生养育成本的压力，实际做出生育决策的家庭并不多。这对改善人口结构极为不利，也不利于增强养老保险基金的可持续性。因此，在实施基础养老金全国统筹的同时，应进一步放开生育政策，甚至出台实质性的鼓励生育政策措施，让人们想生、敢生，促进人口均衡增长，进而增强养老保险基金的可持续性。

10.3.5 继续扩大全国社会保障基金规模

全国社会保障基金是国家社会保障储备基金，专门用于人口老龄化高峰时期的养老保险等社会保障支出的补充、调剂。这一基金规模的大小直接关系到未来应对人口老龄化风险的能力。从 2000 年成立至今，全国社会保障基金规模已经达到 2.45 万亿元，但无论是从其占全国 GDP 比重，还是弥补未来基础养老金缺口的实际需要来看，这一基金规模还相对较小。因此，为了更加有利于实施基础养老金全国统筹，应该继续扩大全国社会保障基金规模。一方面，要积极拓宽全国社会保障基金来源渠道，从外部来源做大全国社会保障基金规模。可以考虑将部分国有资源（如土地、矿产等）转让收益充实全国社会保障基金，也可以考虑开征遗产税或其他特别税种来充实全国社会保障基金。另一方面，要提高全国社会保障基金的投资收益率，从内部保值增值来壮大全国社会保障基金规模。并且，需要加强专业化人才队伍建设，建立市场化的激励约束机制，构建科学的基金风险管控体系。

10.3.6　建立基础养老金全国统筹工作协调委员会

根据本书的研究可知，基础养老金全国统筹是一项十分复杂的系统工程，需要协调的利益错综复杂，牵涉面广、人多、时长，需要统筹兼顾、综合平衡，进而才能平稳地从省级统筹迈向全国统筹。因此，可以考虑建立基础养老金全国统筹工作协调委员会，专门负责省级政策协调过程中的相关事宜。这一协调委员会由中央和各省相关成员组成，定期或不定期召开协调会议，对实施基础养老金全国统筹过程中出现的重要问题进行讨论和研究，在广泛征求意见的基础上形成具体的协调方案。与此同时，建立中央与地方的沟通协调机制，赋予该协调委员会向全社会通报基础养老金全国统筹的进展情况、对部分协调方案进行解释等职责，从而减轻基础养老金全国统筹的阻力。

10.4　本章小结

本章主要是根据前面的现状分析、理论分析和实证分析，分别从缴费政策、待遇政策、转接政策和补贴政策设计基础养老金全国统筹的省级政策协调方案，并提出相关配套政策措施。就缴费政策协调而言，关键要在"应收尽收、应保尽保"的目标下，统一缴费标准、统一征缴模式，提高足额征缴率和养老保险覆盖率，杜绝"少征"行为，进而实现基础养老金全国"统收"。就待遇政策协调而言，关键要在"适度再分配、合理增长"的目标下，促进待遇计发政策和待遇调整政策的协调，在确保老年生活水平不降低的前提下适当分享经济发展成果，杜绝"多发"行为，进而实现基础养老金全国"统支"。就转接政策协调而言，关键要在"转接顺畅、利益均衡"的目标下，统一经办规程和信息系统互联互通，确保按照"新老划断、分段计算、统一支付"来维护流动人口的正当权益，进而实现基础养老金全国"统管"。就补贴政策而言，关键要在"权责清晰、激励相容"的目标下，对累计结余基金进行合理处置，并建立基金缺口分级分担机制，确保养老金待遇足额按时发放，进而实现基础养老金全国"统兜"。在此基础上，再辅之以相关配套改革政策，包括合理实施延迟退休政策、提高国有资本收益充实养老保险基金的比例、提高养老保险基金投资收益率、进一步实施放开生育政策、继续扩大全国社会保障基金规模和建立基础养老金全国统筹工作协调委员会等。

参考文献

[1] AARON H. The Social Insurance Paradox[J]. The Canadian Journal of Economics and Political Science, 1966, 32(3): 371-374..

[2] BARRO R J. Are Government Bonds Net Wealth? [J]. Journal of Political Economy, 1974, 82(6):1095-1117.

[3] BORELLA M. The Distributional Impact of Pension System Reforms: An Application to the Italian Case[J]. Fiscal Studies, 2010, 25(4):415-437.

[4] BRUNELLO G, COMI S. The Side Effect of Pension Reforms on the Training of Older Workers: Evidence from Italy[J]. Journal of the Economics of Ageing, 2015, 6:113-122.

[5] CHEN X, EGGLESTON K, SUN A. The Impact of Social Pensions on Intergenerational Relationships: Comparative Evidence from China[J]. Journal of the Economics of Ageing, 2017: S2212828X16300615.

[6] DIAMOND P A. A framework for Social Security Analysis[J]. Journal of Public Economics, 1977, 8(3):275-298.

[7] DIAMOND PETER. National Debt in a Neoclassical Growth Model[J]. American Economic Review, 1965, 55(12): 1126-1150.

[8] DIAMOND, P. Proposals to Restructure Social Security[J]. Journal of Economic Perspectives, 1996, 10(3):67-88.

[9] ISKHAKOV F, KEANE M. Effects of Taxes and Safety Net Pensions on Life-cycle Labor Supply, Savings and Human Capital: The Case of Australia [J]. Journal of Econometrics, 2020.

[10] FELDSTEIN M S, LIEBMAN J B. The Distributional Effects of an Investment-Based Social Security System[J]. NBER Chapters, 2002.

[11] FREUDENBERG C, LAUB N, SUTOR T. Pension Decrement Rates Across Europe-Are They too Low? [J]. The Journal of the Economics of Ageing, 2018(12):35-45.

[12] GALE C I. Standard Auctions with Financially Constrained Bidders[J]. Review of Economic Studies, 1998, 65(1):1-21.

[13] JIA H B. An Evaluation of Pension Differentials between Chinese Private and Public Sectors from Perspective of Protection and Incentives over the Lifecycle[J]. China Economic Review, 2017, 44:16-29.

[14] HOVEN H, DRAGANO N, LUNAU T, et al. The Role of Pension Contributions in Explaining Inequalities in Depressive Symptoms. Results from SHARE[J]. Scandinavian Journal of Public Health, 2020:140349482090901.

[15] HUBBARD R G. Pension Wealth and Individual Saving: Some New Evidence[J]. Journal of Money, Credit and Banking,1986:167-178.

[16] HUMBERTO G O, MARIA DEL CARMEN B P, STEVEN H. Optimal Strategies for Pay-as-you-go Pension Finance: A Sustainability Framework[J]. Insurance: Mathematics and Economics, 2016, 69:117-126.

[17] HURD M D, SHOVEN J B. The Distributional Impact of Social Security[J]. NBER Chapters, 1985.

[18] KOTLIKOFF, LAURENCE J. Dynamic fiscal policy[M]. Cambridge University Press, 1987.

[19] LALIVE R, PARROTTA P. How Does Pension Eligibility Affect Labor Supply in Couples? [J]. Labour Economics, 2017, 46:177-188.

[20] LI H, ZHANG J, ZHANG J. Effects of Longevity and Dependency Rates on Saving and Growth: Evidence from a Panel of Cross Countries[J]. Journal of Development Economics, 2007 84(1):138-154.

[21] LI J, WANG X, YUAN C, et al. The Role of Public Pensions in Income Inequality

among Elderly Households in China 1988–2013[J]. China Economic Review, 2020, 61(3):1-12.

[22] WANG L J, Daniel BÉLAND, ZHANG S F. Pension Fairness in China[J]. China Economic Review, 2014, 28(1): 25-36.

[23] MARTIN, FELDSTEIN. Social Security, Induced Retirement, and Aggregate Capital Accumulation[J]. Journal of Political Economy, 1974, 82(5):905-926.

[24] NELISSEN J. The Redistributive Impact of the General Old Age Pensions Act on Lifetime Income in the Netherlands[J]. European Economic Review, 1987, 31(7):1419-1441.

[25] PAK T Y . What Are the Effects of Expanding Social Pension on Health? Evidence from the Basic Pension in South Korea [J]. The journal of the economics of ageing, 2021, 18.

[26] PIIRITS M, VÕRK A. The Effects on Intra-generational Inequality of Introducing a Funded Pension Scheme: A Microsimulation Analysis for Estonia[J]. International social security review, 2019, 72(1):33-57.

[27] ROMP W, BEETSMA R. Sustainability of Pension Systems With Voluntary Participation[J]. Insurance Mathematics and Economics, 2020, 93(7):125-140.

[28] SAMUELSON P A. An Exact Consumption Loan Model of Interest with or without the Social Contrivance of Money[J]. Journal of Political Economy, 1958, 66 (6): 467-482.

[29] LI Y, MAURO M, STEFAN H, et al. The Role of Wealth in the Start-up Decision of New Self-employed: Evidence from a Pension Policy Reform[J]. Labour Economics, 2016, 41:280-290.

[30] ZHANG J, ZHANG J. How does Social Security Affect Economic Growth? Evidence from Cross-country data[J]. Journal of Population Economics, 2004, 17(3):473-500.

[31] ZHAOY H, XU J G. China's Urban Pension System: Reform and Problems[J].

Gato Journal, 2002, 21(3):395-414.

[32] ZHU H, WALKER A. Pension System Reform in China: Who Gets What Pensions? [J]. Social Policy & Administration, 2018, 52(1): 1410-1424.

[33] 艾慧, 张阳, 杨长昱, 等. 中国养老保险统筹账户的财务可持续性研究: 基于开放系统的测算 [J]. 财经研究, 2012 (2): 91-101.

[34] 白维军. 完善省级统筹 促进全国调剂 [D]. 南京: 南京大学, 2011.

[35] 鲍方. 新型城镇化战略下新生代农民工社会保险制度建设研究 [D]. 齐齐哈尔: 齐齐哈尔大学, 2015.

[36] 边恕, 李东阳. 推进职工基本养老保险全国统筹的方案设计与实施路径 [J]. 华中农业大学学报 (社会科学版), 2019 (5): 156-163.

[37] 卞听韵. 城镇职工基础养老金实行全国统筹的思考 [J]. 财政研究, 2014 (4): 52-55.

[38] 蔡凤娜. 陕西省城镇企业职工基本养老保险基金收支平衡因素分析 [D]. 西安: 西北大学, 2011.

[39] 曹光源. 公平视角下基础养老金全国统筹研究 [D]. 大连: 东北财经大学, 2017.

[40] 曹信邦, 阚梦香. 基本养老保险全国统筹的系统性整合研究 [J]. 中国行政管理, 2021 (4): 94-98.

[41] 曾益, 凌云, 张心洁. 从 "单独二孩" 走向 "全面二孩": 城乡居民基本养老保险基金可持续性能提高吗? [J]. 财政研究, 2016 (11): 65-79+64.

[42] 曾益, 杨悦. 社会保险缴费率下调能促进企业创新吗? [J]. 保险研究, 2021 (6): 114-127.

[43] 陈雷, 杜鑫. 国有资本划转社保基金面临挑战及对策 [J]. 地方财政研究, 2021 (8): 58-62.

[44] 陈强. 高级计量经济学及 Stata 应用 [M]. 北京: 高等教育出版社, 2014.

[45] 陈曦, 范璐璐, 王冬雨. 城镇职工养老保险全国统筹实现机制研究 [J]. 北京航空航天大学学报 (社会科学版), 2019 (2): 34-40.

[46] 陈曦，穆怀中，范璐璐. 延迟退休的养老保险缴费率地区差异收敛效应研究 [J]. 人口与发展，2017（4）：2-10.

[47] 陈元刚，李雪，李万斌. 基本养老保险实现全国统筹的理论支撑与实践操作 [J]. 重庆社会科学，2012（7）：19-25.

[48] 成泽枫. 中国基础养老金全国统筹问题研究 [D]. 苏州：苏州大学，2014.

[49] 程睿娴. 中国"养老金悖论"问题研究 [D]. 昆明：云南财经大学，2012.

[50] 程煜，何益欣，刘玉萍. 社保降费改革的政策效果评估：基于企业异质性的视角 [J]. 山西财经大学学报，2021（8）：1-15.

[51] 褚福灵. 关于基本养老保险全国统筹的思考 [J]. 中国社会保障，2013（6）：36-38.

[52] 丛春霞，邵大妞. 养老金收支失衡对地区发展环境的影响研究 [J]. 社会保障研究，2019（4）：19-31.

[53] 丛春霞，于洁，曹光源. 基础养老金统筹困境及推进全国统筹若干思考 [J]. 地方财政研究，2016（11）：4-10.

[54] 戴由武. 基础养老金全国统筹可一步到位 [J]. 中国社会保障，2014（1）：48-49.

[55] 诺思. 制度、制度变迁与经济绩效 [M]. 杭行，译. 上海：格致出版社，上海人民出版社，2008.

[56] 诺思. 经济史上的结构变迁 [M]. 厉以平译. 北京：商务印书馆，2010.

[57] 德云，陈志强，王宗军. 政府参与下双元创新驱动的经济高质量发展 [J]. 北京邮电大学学报（社会科学版），2021（3）：35-44.

[58] 邓大松，李芸慧. 新中国 70 年社会保障事业发展基本历程与取向 [J]. 改革，2019（9）：5-18.

[59] 邓大松，仙蜜花. 民族地区基础养老金统筹中的问题及对策 [J]. 西南民族大学学报（人文社科版），2016（8）：101-105.

[60] 邓俊丽. 中国特色社会养老保障制度优势研究 [D]. 西安：陕西师范大学，2016.

[61] 邓悦，汪佳龙. 城镇职工基础养老金全国统筹中的央地关系研究：基于博弈论

的分析视角 [J]. 社会保障研究，2018（4）: 3-12.

[62] 董保民，王运通，郭桂霞. 合作博弈论 [M]. 北京: 中国市场出版社，2008.

[63] 董才生，常成. 多维二元结构视角下养老保险全国统筹的现实困境与路径选择 [J]. 经济纵横，2020（3）: 50-56.

[64] 董登新. 找准对策推动养老金实现全国统筹 [N]. 中国证券报，2019-01-30: A4.

[65] 董登新. 尽快实现养老保险全国统筹 [J]. 中国社会保障，2018（1）: 42-44.

[66] 董登新. 美国养老保险的"全国统筹"特点 [J]. 中国社会保障，2021（2）: 56-57.

[67] 董克用，张燕婷，施文凯. 税务征收体制下的基本养老保险个人缴费基数: 问题、机制与对策 [J]. 税务研究，2020（5）: 19-24.

[68] 杜娟. 我国城镇职工基本养老保险财务可持续性研究 [D]. 成都: 成都电子科技大学，2019.

[69] 房连泉，魏茂淼. 基本养老保险中央调剂制度未来十年的再分配效果分析 [J]. 财政研究，2019（8）: 86-98.

[70] 房连泉. 实现基本养老保险全国统筹的三种改革路径及利弊分析 [J]. 北京工业大学学报（社会科学版），2019（3）: 8-16.

[71] 封进，张素蓉. 社会保险缴费率对企业参保行为的影响: 基于上海社保政策的研究 [J]. 上海经济研究，2012（3）: 47-55.

[72] 封进. 中国城镇职工社会保险制度的参与激励 [J]. 经济研究，2013（7）: 104-117.

[73] 冯杰，赵代博，成全. 政府与企业养老保险参与博弈分析 [J]. 电子科技大学学报（社科版），2014（3）: 10-14.

[74] 付文林，周珂. 对以社会保险"费改税"推进基本养老保险全国统筹的思考 [J]. 税务研究，2021（2）: 122-126.

[75] 郭秀云，于丽平. 从中央调剂到全国统筹的实现路径研究: 来自养老金省级统筹的启示 [J]. 兰州学刊，2020（5）: 174-185.

[76] 郭秀云. 城镇职工基本养老保险降费空间的地区差异研究: 基于参数匹配模

型的比较静态分析 [J]. 保险研究, 2020 (5): 94-109.

[77] 韩喜平, 陈茉. 党的十八大以来中国完善养老保险制度的实践探索 [J]. 理论学刊, 2019 (1): 89-95.

[78] 韩小凤, 赵燕. 我国基本养老保险的区域差异及治理之道 [J]. 东岳论丛, 2020 (4): 87-95.

[79] 何文炯, 杨一心. 基本养老保险全国统筹学理基础辨析 [J]. 中国社会保障, 2015 (7): 30-32.

[80] 何文炯. 基本养老保险全国统筹要明确三个问题 [J]. 中国社会保障, 2018(11): 35.

[81] 何文炯. 权责清晰是全国统筹的基础 [J]. 中国社会保障, 2018 (4): 35.

[82] 侯晓娜, 穆怀中. 社会保险逃费行为的博弈分析 [J]. 财会月刊, 2019 (19): 172-176.

[83] 湖南省人民政府关于完善企业职工基本养老保险省级统筹制度的通知 [J]. 湖南省人民政府公报, 2019 (11): 11-21.

[84] 黄万丁, 王雯. 基本养老保险省级统筹的收入再分配效应研究 [J]. 社会保障研究, 2015 (5): 12-21.

[85] 霍旋. 关于完善企业职工基本养老保险个人账户管理工作的思考 [J]. 才智, 2012 (26): 340-341.

[86] 贾晗睿, 詹鹏, 李实. "多轨制" 养老金体系的收入差距: 基于中国家庭收入调查数据的发现 [J]. 财政研究, 2021 (3): 101-114.

[87] 贾洪波, 方倩. 基础养老金省级统筹到全国统筹再分配效应的比较静态分析 [J]. 保险研究, 2015 (1): 100-111.

[88] 江红莉, 何建敏, 姚洪兴. 社会养老保险征缴过程中 "逃费" 问题的演化博弈分析 [J]. 统计与决策, 2017 (4): 161-163.

[89] 姜春力. "一步到位" 实现基本养老金全国统筹调整参数结构完善 "统账结合" 制度 [A]. 中国智库经济观察, 2016.

[90] 金博轶, 闫庆悦. 养老保险统筹账户收支缺口省际差异研究 [J]. 保险研究,

2015 (6): 89-99.

[91] 金辉. 社保基金管理与投资应有新思路 [N]. 经济参考报, 2012-02-20: 8.

[92] 景鹏, 陈明俊, 胡秋明. 延迟退休能破解养老保险降费率 "不可能三角" 吗？ [J]. 财经研究, 2020 (10): 64-78.

[93] 景鹏, 胡秋明. 生育政策调整、退休年龄延迟与城镇职工基本养老保险最优缴费率 [J]. 财经研究, 2016 (4): 26-37.

[94] 景鹏, 朱文佩. 财政补贴能否破解养老保险降费的 "不可能三角" [J]. 财经科学, 2021 (8): 64-77.

[95] 雷晓康, 席恒. 基本养老保险全国统筹方案比较与选择 [J]. 中国社会保障, 2011 (6): 34-36.

[96] 李国和. 从收缩到强化：改革开放以来城镇养老保障与政府责任探析 [J]. 广西社会科学, 2021 (4): 51-57.

[97] 李纪恒. 实施积极应对人口老龄化国家战略 [N]. 光明日报, 2020-12-17.

[98] 李静. 内蒙古养老保险省级统筹相关问题研究 [D]. 成都：西南财经大学, 2012.

[99] 李连芬, 刘德伟. 我国基本养老保险全国统筹的成本—收益分析 [J]. 社会保障研究, 2015 (5): 3-11.

[100] 李连芬, 刘德伟. 我国基本养老保险全国统筹的动力源泉与路径选择 [J]. 财经科学, 2013 (11): 34-43.

[101] 李连芬. 我国基本养老保险全国统筹问题研究：基于制度变迁的研究视角 [M]. 北京：经济日报出版社, 2015.

[102] 李林. 城镇职工基本养老保险系统有序性与财务可持续性分析 [D]. 武汉：华中农业大学, 2020.

[103] 李琼, 周宇, 张蓝澜. 中国城镇职工基本养老保险基金区域差异及影响机理 [J]. 地理学报, 2018 (12): 2409-2422.

[104] 李实, 吴凡, 徐晓静. 中国城镇居民养老金收入差距的变化 [J]. 劳动经济研究, 2020 (5): 3-21.

[105]李实，赵人伟，高霞.中国离退休人员收入分配中的横向与纵向失衡分析 [J].金融研究，2013（2）：1-18.

[106]李心萍.健全多层次养老保险体系 [N].人民日报，2021-07-13：2.

[107]李雪，陈元刚.我国基本养老保险实现全国统筹的方案设计 [J].科学发展，2010（12）：71-84.

[108]李珍，黄万丁.城镇职工基本养老保险个人账户向何处去 [J].国家行政学院学报，2016（5）：49-54.

[109]林宝.基础养老金全国统筹的待遇确定方法研究 [J].中国人口科学，2016(2)：61-71.

[110]林毓铭.完善养老保险省级统筹管理体制的思考 [J].市场与人口分析，2007（4）：57-63.

[111]林治芬.基础养老金全国统筹的三大关键 [N].第一财经日报，2015-12-03：A15.

[112]刘畅.实现基础养老金全国统筹的阻碍因素研究 [D].大连：东北财经大学，2018.

[113]刘洪伟，刘一蓓.基础养老金全国统筹的主要障碍与对策研究 [J].中州学刊，2020（2）：76-83.

[114]刘伟兵，杨扬.地区差异与城镇职工基础养老金全国统筹：矛盾及其化解 [J].社会保障研究，2019（1）：13-25.

[115]刘学良.中国养老保险的收支缺口和可持续性研究 [J].中国工业经济，2014（9）：25-37.

[116]刘晏斌.渐进式延迟退休政策实施后福建养老保险基金收支平衡研究 [D].福州：福建师范大学，2018.

[117]刘长庚，张松彪.我国企业职工基本养老保险制度中企业缴费率应降低 [J].经济纵横，2014（12）：112-115.

[118]龙玉其，王延中，宁亚芳.“十四五”时期社会保障发展的目标思路与关键举措 [J].经济学动态，2020（8）：105-118.

[119]龙玉其.从形式公平走向实质公平：我国养老保险制度改革的反思与前瞻[J].长白学刊，2019（2）：117-124.

[120]娄飞鹏.做好划转部分国有资本充实社保基金的建议[N].证券时报，2019-10-08：A3.

[121]鲁於，冀云阳，杨翠迎.企业社会保险为何存在缴费不实：基于财政分权视角的解释[J].财贸经济，2019（9）：146-161.

[122]路锦非.合理降低我国城镇职工基本养老保险缴费率的研究：基于制度赡养率的测算[J].公共管理学报，2016（1）：128-140+159.

[123]吕学静，单苗苗.提高职工基本养老保险制度统筹层次的思考[J].中国人力资源社会保障，2017（2）：17-19.

[124]马光荣，杨恩艳.打到底线的竞争：财政分权、政府目标与公共品的提供[J].经济评论，2010（6）：59-69.

[125]马骏，肖明智.城镇职工养老金体系改革迫在眉睫[J].上海国资，2013（3）：29-31.

[126]穆怀中，范璐璐，陈曦.人口预期寿命延长、养老金保障风险与政策回应[J].人口研究，2021（1）：3-18.

[127]穆怀中，闫琳琳，张文晓.养老保险统筹层次收入再分配系数及全国统筹类型研究[J].数量经济技术经济研究，2014（4）：19-34.

[128]穆怀中，闫琳琳.基础养老金全国统筹收入再分配给付水平及适度性检验[J].人口与发展，2012（6）：2-15.

[129]穆怀中，张文晓，沈毅.基于财政支付适度水平的养老保险全国统筹路径选择[J].城市发展研究，2016（12）：100-107.

[130]庞凤喜，贺鹏皓，张念明.打破区域限制切实推进基础养老金全国统筹[J].中国财政，2015（8）：48-50.

[131]庞凤喜，贺鹏皓，张念明.基础养老金全国统筹问题研究[M].北京：经济科学出版社，2018.

[132]庞凤喜，贺鹏皓，张念明.基础养老金全国统筹资金安排与财政负担分析

[J].财政研究,2016 (12): 38-49.

[133]彭浩然,邱桓沛,朱传奇,等.养老保险缴费率、公共教育投资与养老金替代率 [J].世界经济,2018 (7): 148-168.

[134]彭浩然,申曙光.中国养老保险隐性债务问题研究 [M].广州:中山大学出版社,2009.

[135]彭浩然,岳经纶,李晨烽.中国地方政府养老保险征缴是否存在逐底竞争?[J].管理世界,2018 (2): 103-111.

[136]彭希哲,宋靓珺.退休年龄改革:社会观念的变革与制度实践的创新 [J].社会保障评论,2021 (3): 39-50.

[137]彭希哲.应对人口老龄化要有中国思考 [J].中国社会工作,2018 (8): 27.

[138]彭雪梅,刘阳,林辉.征收机构是否会影响社会保险费的征收效果?基于社保经办和地方税务征收效果的实证研究 [J].管理世界,2015 (6): 63-71.

[139]平新乔.微观经济学十八讲 [M].北京:北京大学出版社,2001.

[140]齐海鹏,杨少庆,尹科辉.我国基础养老金全国统筹障碍分析及方案设计 [J].地方财政研究,2016 (11): 26-33.

[141]秦愿.养老保险全国统筹政策设计研究:基于边际均衡的视角 [J].财会月刊,2020 (16): 140-144.

[142]邱牧远,王天宇,梁润.延迟退休、人力资本投资与养老金财政平衡 [J].经济研究,2020 (9): 122-137.

[143]施锡铨.合作博弈引论 [M].北京:北京大学出版社,2012.

[144]宋晓梧.企业社会保险缴费成本与政策调整取向 [J].社会保障评论,2017(1): 63-82.

[145]孙茂阳.我国新生代农民工社会保险制度研究 [D].哈尔滨:东北农业大学,2013.

[146]孙维.企业职工基本养老保险全国统筹:"渐进式"改革的困境与对策 [J].中央财经大学学报,2021 (8): 15-25.

[147]唐珏,封进.社保缴费负担、企业退出进入与地区经济增长:基于社保征收

体制改革的证据 [J]. 经济学动态，2020 (6)：47-60.

[148] 田月红，赵湘莲. 人口老龄化、延迟退休与基础养老金财务可持续性研究 [J]. 人口与经济，2016 (1)：39-49.

[149] 汪敏. 新业态下劳动与社会保险政策的检视与选择 [J]. 社会保障评论，2021 (3)：23-38.

[150] 汪伟，王文鹏. 预期寿命、养老保险降费与老年劳动供给：兼论中国退休政策改革 [J]. 管理世界，2021 (9)：119-133.

[151] 王翠琴，李林，薛惠元. 城镇职工基本养老保险系统有序性分析：1998～2018：二元征收和费率调整下基于耗散结构理论的测度 [J]. 经济体制改革，2021 (1)：185-192.

[152] 王翠琴，岳晓，薛惠元. 城镇职工基本养老保险基金可持续性仿真测算 [J]. 统计与决策，2021 (12)：131-135.

[153] 王红茹. 养老金是亏空还是结余？关于养老金，哪个才是真相？基本养老基金全国统筹未能实现，养老金中央调剂制度方案提上日程 [J]. 中国经济周刊，2017 (25)：58-61.

[154] 王平. 基于系统动力学的中国城镇职工基本养老保险可持续运营研究 [D]. 长春：吉林大学，2012.

[155] 王平. 财政补助基本养老保险：成因、风险和机制建设 [J]. 广西大学学报 (哲学社会科学版)，2012 (1)：119-123.

[156] 王雯，黄万丁. 基本养老保险全国统筹的再认识 [J]. 中州学刊，2016 (2)：62-67.

[157] 王雯. 养老保险基金，迈出"共济"第一步 [J]. 金融博览 (财富)，2018 (7)：69-71.

[158] 王晓芳，翟永会，闫海峰. 企业年金制度的经济效应：基于一般均衡模型的研究 [J]. 南开经济研究，2010 (5)：46-55.

[159] 王晓军，姜增明. 长寿风险对城镇职工养老保险的冲击效应研究 [J]. 统计研究，2016 (5)：43-50.

[160] 王晓军，赵彤 . 中国社会养老保险的省区差距分析 [J]. 人口研究，2006 (2)：44-50.

[161] 王晓军 . 地区差距制约统筹层次 [J]. 中国社会保障，2005 (12)：34-36.

[162] 王亚柯，李鹏 . 降费综合方案下城镇职工养老保险的精算平衡和再分配研究 [J]. 管理世界，2021 (6)：99-112.

[163] 王兆鑫 . 新时代我国城镇职工基本养老保险制度改革探究 [J]. 河北工业大学学报 (社会科学版)，2019，11 (1)：29-36.

[164] 王贞琼 . 商业保险与社会保险协同发展探讨：基于养老保险制度可持续发展视角 [J]. 当代经济，2021 (7)：21-25.

[165] 吴钢强，董金岗 . 城镇职工基本养老保险全国统筹方案的构想 [J]. 中国市场，2015 (51)：147.

[166] 吴妍 . 国家将建立企业职工基本养老保险基金中央调剂制度 [J]. 福建轻纺，2018 (7)：1.

[167] 武汉大学国家发展战略研究院中国人口发展研究课题组 . 实现适度生育水平积极应对人口老龄化 [J]. 财政研究，2021 (5)：17-25.

[168] 席恒，雷晓康 . 基本养老保险全国统筹的思路与支持条件 [J]. 行政管理改革，2011 (3)：34-38.

[169] 席恒，魏雨 . 垂直管理模式下养老保险经办能力综合评价：基于陕西省的调查分析 [J]. 河北大学学报 (哲学社会科学版)，2017 (3)：43-51.

[170] 夏杰长，徐金海 . 基础养老金全国统筹：国际经验与我国之对策 [J]. 中国发展观察，2016 (16)：38-41.

[171] 夏珺，李春根 . 基本养老保险全国统筹：理论依据、实施难点与政策要点 [J]. 地方财政研究，2016 (11)：18-25.

[172] 肖潇 . 健全中国养老金体系的思路研究 [J]. 宏观经济研究，2021 (6)：117-123.

[173] 肖严华，张晓娣，余海燕 . 降低社会保险费率与社保基金收入的关系研究 [J]. 上海经济研究，2017 (12)：57-65.

[174]肖严华，左学金.全国统筹的国民基础养老金框架构建[J].学术月刊，2015（5）：63-72.

[175]肖严华.21世纪中国人口老龄化与养老保险个人账户改革：兼谈"十二五"实现基础养老金全国统筹的政策选择[J].上海经济研究，2011（12）：88-100+116.

[176]肖严华.企业职工基本养老保险基金中央调剂制度的政策效应[J].上海经济研究，2019（9）：80-90.

[177]肖严华.社保减免政策对上海养老保险基金的影响及政策选择[J].上海经济研究，2020（7）：58-65.

[178]徐颢，刘洪清.为了能者适劳、康者乐活、弱者安养的未来：实施积极应对人口老龄化国家战略[J].中国社会保障，2021（4）：14-21.

[179]徐雷，李军艳，杨家辉.城镇职工基本养老保险基金收支的时空差异及动态演变[J].商学研究，2021（2）：105-117.

[180]徐倩文.强制地方政府在职工基础养老金全国统筹中履责研究[D].武汉：华中师范大学，2018.

[181]徐万里，钱锡红.劳资博弈与企业规模对养老参保影响研究：来自中国私营企业的证据[J].中山大学学报（社会科学版），2014（5）：135-143.

[182]徐延君.科学确定养老金调整政策[J].中国社会保障，2010（5）：27-28.

[183]薛惠元，郭文尧.城镇职工基本养老保险基金收支状况、面临风险及应对策略[J].经济纵横，2017（12）：74-84.

[184]闫琳琳，穆怀中.养老金统筹层次提升的收入再分配效应研究[J].社会保障研究，2012（6）：23-35.

[185]阳义南.我国城镇企业职工基本养老金替代率的实证研究[J].调研世界，2011（12）：49-51.

[186]杨继军，孙冬，范兆娟.养老金体系改革的地区分割及其对经济动态效率的影响[J].财政研究，2019（4）：79-90.

[187]杨立雄，何洪静.中国城镇职工基本养老保险管理体制创新研究[J].中国软

科学，2007（3）：45-52.

[188] 杨一帆，周伟岷. 基本养老保险系统集成度的演化博弈分析及仿真研究 [J]. 中国管理科学，2018（4）：131-138.

[189] 杨宜勇，李洁. 中国社会保险制度的反思与政策建议 [J]. 中州学刊，2019(8)：67-72.

[190] 姚明明. 博弈论视角下基本养老保险全国统筹发展研究 [J]. 党政干部学刊，2019（8）：55-61.

[191] 要恒. 养老保险全国统筹的必要性及其实现路径 [J]. 人民论坛，2020（19）：98-99.

[192] 弋戈. "中国式智慧" 破冰 "全国统筹"：养老保险基金中央调剂制度 7 月 1 日起施行 [J]. 中国社会保障，2018（7）：18-19.

[193] 殷宝明，刘昌平. 养老金红利：理论与来自中国的实证 [J]. 中国软科学，2014（10）：12.

[194] 殷宝明. 社会养老保险关系转续的资金转移困境 [J]. 人口与经济，2020（6）：112-120.

[195] 应逸. 基本养老保险关系转移接续问题研究 [D]. 上海：华东政法大学，2017.

[196] 尤方明. 3.76 亿流动人口背后的保障变局：养老保险全国统筹亟待提速 [N].21 世纪经济报道，2021-06-30：6.

[197] 于彬. 企业职工基本养老保险基金中央调剂制度的转移支付效应分析和方案优化 [D]. 成都：西南财经大学，2019.

[198] 于新亮，张文瑞，郭文光，等. 养老保险制度统一与劳动要素市场化配置：基于公私部门养老金并轨改革的实证研究 [J]. 中国工业经济，2021（1）：36-55.

[199] 张冬敏，张思锋. 省际人口迁移对基本养老保险基金缺口的影响研究：以陕西省为例 [J]. 统计与信息论坛，2012（1）：89-94.

[200] 张立琼，田宋，席恒. 基础养老金全国统筹：问题缘起、政策框架与制度创新 [J]. 社会保障研究，2021（4）：3-10.

[201] 张梦洁. 职工基础养老金全国统筹方案初稿形成平衡央地利益是关键 [N].21 世纪经济报道, 2015-10-28.

[202] 张生银. 基础养老金全国统筹应"软着陆"[J]. 中国社会保障, 2014 (1): 46-47.

[203] 张松彪, 曾世宏, 袁旭宏. 农村居民谁更容易落户城镇: 男性还是女性? 基于中国家庭动态跟踪调查数据的实证研究 [J]. 农村经济, 2019 (5): 128-136.

[204] 张松彪, 刘长庚, 邓明君. 全国统筹有利于化解基础养老金缺口吗 [J]. 科学决策, 2021 (1): 1-30.

[205] 张松彪. 全国统筹背景下省级养老金调整政策协调研究: 基于消费与共享的视角 [J]. 消费经济, 2020 (4): 48-57.

[206] 张松彪. 养老保险基金中央调剂的省际再分配效应 [J]. 企业经济, 2019 (7): 145-153.

[207] 张松彪. 整合养老保险"多轨制"需建立普惠制公共养老金 [J]. 湖南行政学院学报, 2020 (5): 119-125.

[208] 张松彪, 刘长庚. 中国基本养老金区域差异的变化及其影响因素 [J]. 经济地理, 2021 (12): 43-54.

[209] 张苏, 李泊宁. 人口老龄化与养老金可持续性研究进展 [J]. 经济学动态, 2021 (2): 126-142.

[210] 张向达, 刘儒婷, 胡鹏. 实现基本养老保险基金全国统筹路径探讨 [J]. 财经问题研究, 2011 (8): 60-65.

[211] 张心洁, 曾益, 石晨曦. 可持续视角下城镇职工基本养老保险的财政兜底责任评估: 对"全面二孩"和延迟退休政策效应的再考察 [J]. 财政研究, 2018 (12): 97-113.

[212] 赵静, 毛捷, 张磊. 社会保险缴费率、参保概率与缴费水平: 对职工和企业逃避费行为的经验研究 [J]. 经济学 (季刊), 2016 (1): 341-372.

[213] 赵萌. 延迟退休年龄对我国城镇职工基本养老保险统筹基金的影响 [D]. 石家庄: 河北经贸大学, 2020.

[214]赵仁杰，范子英.养老金统筹改革、征管激励与企业缴费率[J].中国工业经济，2020（9）：61-79.

[215]赵绍阳，佘楷文，周博.养老保险费率下降、缴费遵从度与企业异质性反应：基于全国税收调查的微观证据[J].财经科学，2021（9）：66-79.

[216]赵绍阳，杨豪.我国企业社会保险逃费现象的实证检验[J].统计研究，2016（1）：78-86.

[217]赵耀辉，徐建国.我国城镇养老保险体制改革中的激励机制问题[J].经济学（季刊），2001（1）：193-206.

[218]郑秉文，董克用，赵耀辉，等.养老金改革的前景、挑战与对策[J].国际经济评论，2021（4）：9-31.

[219]郑秉文，孙永勇.对中国城镇职工基本养老保险现状的反思[J].上海大学学报（社会科学版），2012（3）：1-16.

[220]郑秉文，周晓波，谭洪荣.坚持统账结合与扩大个人账户：养老保险改革的十字路口[J].财政研究，2018（10）：55-65.

[221]郑秉文.社会保险基金中央集中投资为上策[N].中国证券报，2015-04-15：A5.

[222]郑秉文.提高养老保险统筹层次化解多重风险[N].经济参考报，2013-07-05：8.

[223]郑秉文.供给侧：降费对社会保险结构性改革的意义[J].中国人口科学，2016（3）：2-11.

[224]郑秉文.社会保险缴费与竞争中性偏离：对征收体制改革过渡期政策的思考[J].中国人口科学，2019（4）：2-16.

[225]郑功成.全国统筹：优化养老保险制度的治本之计[N].光明日报，2013-07-23：15.

[226]郑功成.从地区分割到全国统筹：中国职工基本养老保险制度深化改革的必由之路[J].中国人民大学学报，2015（3）：2-11.

[227]郑功成.尽快推进城镇职工基本养老保险全国统筹[J].经济纵横，2010（9）：

29-32.

[228] 郑功成. 社会保障与国家治理的历史逻辑及未来选择 [J]. 社会保障评论，2017（1）: 24-33.

[229] 郑功成. 实现全国统筹是基本养老保险制度刻不容缓的既定目标 [J]. 理论前沿，2008（18）: 12-15.

[230] 郑功成. 中国养老金：制度变革、问题清单与高质量发展 [J]. 社会保障评论，2020（1）: 3-18.

[231] 仲超. 基本平等与有限差异：养老保险内生公平的理论逻辑与模拟评估 [J]. 浙江社会科学，2021（7）: 66-78.

[232] 周芬. 城镇企业职工基本养老保险基金收支平衡研究 [D]. 成都：西南财经大学，2019.

[233] 周卉，石岩涛. 新型城镇化背景下社会养老保险相关主体的合作博弈分析 [J]. 商业时代，2014（12）: 119-121.

[234] 周明. 基本养老保险服务均等化区域差异分析：陕西省省级统筹前后的对比 [J]. 社会保障研究，2011（1）: 50-56.

[235] 周心怡，蒋云赟. 基本养老保险全国统筹、人口流动与地区不平衡 [J]. 财政研究，2021（3）: 84-100.

[236] 周心怡. 发达国家养老保险体系责任分担机制的基本经验及启示 [J]. 东南学术，2021（3）: 96-104.

[237] 朱恒鹏，岳阳，林振翮. 统筹层次提高如何影响社保基金收支：委托—代理视角下的经验证据 [J]. 经济研究，2020（11）: 101-120.

[238] 邹丽丽，顾爱华. 基础养老金统筹层次提升中政策执行风险研究 [J]. 上海行政学院学报，2016（1）: 96-104.

[239] 邹丽丽. 基本养老保险统筹层次提高中的收入再分配问题研究 [J]. 人口与经济，2014（1）: 108-115.

[240] 左学金. 我国基本社会保障制度深化改革：去身份化 [J]. 金融发展，2018（2）: 1-7.

附录：参考的主要政策文件

国家级或部级相关政策文件

[1] 国营企业实行劳动合同制暂行规定

[2] 国务院关于企业职工养老保险制度改革的决定

[3] 国务院关于深化企业职工养老保险制度改革的通知

[4] 附件一：企业职工基本养老保险社会统筹与个人账户相结合实施办法之一

[5] 附件二：企业职工基本养老保险社会统筹与个人账户相结合实施办法之二

[6]《关于深化企业职工基本养老保险制度改革的通知》的实施细则

[7] 国务院关于建立统一的企业职工基本养老保险制度的决定

[8] 国务院关于实行企业职工基本养老保险省级统筹和行业统筹移交地方管理有
关问题的通知

[9] 国务院关于印发完善城镇社会保障体系试点方案的通知

[10] 关于完善城镇社会保障体系的试点方案

[11] 国务院关于完善企业职工基本养老保险制度的决定

[12] 关于推进企业职工基本养老保险省级统筹有关问题的通知

[13] 城镇企业职工基本养老保险关系转移接续暂行办法

[14] 中华人民共和国社会保险法（基本养老保险）

[15] 国务院关于印发基本养老保险基金投资管理办法的通知

[16] 基本养老保险基金投资管理办法

[17] 城镇企业职工基本养老保险关系转移接续暂行办法

[18] 人力资源社会保障部关于城镇企业职工基本养老保险关系转移接续若干问题

的通知

[19] 人力资源社会保障部办公厅关于职工基本养老保险关系转移接续有关问题的补充通知

[20] 人力资源社会保障部财政部关于进一步完善企业职工基本养老保险省级统筹制度的通知

[21] 国务院关于印发划转部分国有资本充实社保基金实施方案的通知

[22] 关于全面推开划转部分国有资本充实社保基金工作的通知

[23] 国务院关于建立企业职工基本养老保险基金中央调剂制度的通知

[24] 国务院办公厅关于印发降低社会保险费率综合方案的通知

省级相关政策文件

[1] 北京市企业城镇劳动者养老保险规定

[2] 北京市基本养老保险规定

[3] 天津市人民政府印发关于贯彻落实企业职工基本养老保险基金中央调剂制度实施方案的通知

[4] 天津市企业职工基本养老保险通过省级统筹验收

[5] 河北省人民政府关于河北省企业职工基本养老保险省级统筹的实施意见

[6] 河北省人民政府关于建立企业养老保险基金收支挂钩机制的实施意见

[7] 河北省人民政府关于进一步完善企业职工基本养老保险省级统筹制度的通知

[8] 山西省企业职工基本养老保险省级统筹基金预算管理办法（试行）

[9] 山西省人民政府关于完善企业职工基本养老保险省级统筹制度的通知

[10] 山西企业职工基本养老保险省级统筹 2020 年实现统收统支入轨运行

[11] 内蒙古自治区企业职工基本养老保险自治区级统筹办法（试行）

[12] 内蒙古自治区企业职工基本养老保险自治区级统筹办法

[13] 辽宁省人民政府关于实行城镇企业职工基本养老保险省级统筹制度的通知

[14] 关于印发《辽宁省规范企业职工基本养老保险省级统筹制度实施方案》的通知

[15] 关于印发《吉林省统一企业职工基本养老保险制度实施办法》的通知

[16] 吉林省人民政府关于完善企业职工基本养老保险省级统筹制度的若干意见

[17] 吉林省人民政府关于建立企业职工基本养老保险基金统收统支省级统筹制度的实施意见

[18] 黑龙江省城镇企业职工基本养老保险省级统筹办法

[19] 黑龙江省城镇企业和个体劳动者基本养老保险省级统筹实施意见

[20] 黑龙江省人民政府关于完善企业职工基本养老保险省级统筹制度的通知

[21]《黑龙江省人民政府关于完善企业职工基本养老保险省级统筹制度的通知》政策解读

[22] 上海市城镇职工养老保险制度改革实施方案

[23] 国务院关于同意上海市做实企业职工基本养老保险个人账户试点实施方案的批复

[24] 上海市做实企业职工基本养老保险个人账户试点实施方案

[25] 江苏省企业职工基本养老保险省级统筹实施意见

[26] 江苏省人民政府关于进一步完善企业职工基本养老保险省级统筹的意见

[27] 浙江省人民政府关于印发浙江省企业职工基本养老保险省级统筹实施方案的通知

[28] 浙江省人民政府关于规范企业职工基本养老保险省级统筹制度的实施意见

[29] 安徽省人民政府关于企业职工基本养老保险实行省级统筹的意见

[30] 安徽省人民政府关于进一步规范企业职工基本养老保险省级统筹制度的实施意见

[31] 福建省城镇企业职工基本养老保险条例 (修正)

[32] 福建省降低社会保险费率综合工作方案

[33] 江西省人民政府办公厅关于印发企业基本养老保险基金省级统筹预算管理办法 (试行) 的通知

[34] 江西省人民政府办公厅关于完善职工基本养老保险省级统筹制度有关问题的通知

[35] 江西省人民政府办公厅关于印发降低社会保险费率综合实施方案的通知

[36] 山东省企业职工基本养老保险省级统筹实施办法

[37] 山东省企业职工基本养老保险省级统筹实施意见

[38] 山东省人民政府关于实行企业职工基本养老保险基金省级统收统支的意见

[39] 河南省企业职工基本养老保险实行省级统筹的实施意见

[40] 河南省人民政府关于印发河南省城镇企业职工基本养老保险省级统筹实施意见的通知

[41] 河南省人民政府关于规范完善企业职工基本养老保险省级统筹制度的通知

[42] 河南省企业职工基本养老保险工作责任和激励约束机制实施办法

[43] 湖北省人民政府关于实行企业职工基本养老保险费用省级统筹的通知

[44] 湖北省人民政府关于印发湖北省城镇企业职工基本养老保险省级统筹实施意见的通知

[45] 湖北省人民政府关于完善企业职工基本养老保险省级统筹制度的通知

[46] 湖南省建立统一企业职工基本养老保险制度的实施意见

[47] 湖南省城镇私营企业、个体工商户从业人员基本养老保险实施办法

[48] 湖南省人民政府关于完善企业职工基本养老保险省级统筹制度的通知

[49] 广东省企业职工基本养老保险省级统筹实施方案

[50] 广东省完善企业职工基本养老保险省级统筹实施方案

[51] 广西壮族自治区人民政府关于完善企业职工基本养老保险自治区级统筹有关问题的通知

[52] 广西壮族自治区人民政府关于规范企业职工基本养老保险自治区级统筹制度的通知

[53] 海南省人民政府关于实行城镇从业人员基本养老保险省级统筹的通知

[54] 关于确认海南省企业职工基本养老保险实现省级统筹的函

[55] 海南省降低社会保险费率综合方案

[56] 重庆市人民政府办公厅关于印发重庆市降低社会保险费率综合方案的通知

[57] 四川省完善企业职工基本养老保险省级统筹实施方案

[58] 四川省人民政府关于规范企业职工基本养老保险省级统筹制度的通知

[59] 四川省企业职工基本养老保险省级统筹基金预算管理办法

[60] 四川省企业职工基本养老保险省级统筹责任分担办法

[61] 贵州省人民政府关于实行企业职工基本养老保险省级统筹的通知

[62] 贵州省人民政府关于完善企业职工基本养老保险省级统筹制度的通知

[63] 云南省人民政府《关于完善企业职工基本养老保险制度的实施意见》

[64] 云南省人民政府办公厅关于印发《云南省完善企业职工基本养老保险省级统筹办法》的通知

[65] 云南省人民政府办公厅关于印发云南省降低社会保险费率实施方案的通知

[66] 西藏自治区人民政府关于批转自治区劳动和社会保障厅财政厅、经济贸易委员会《西藏自治区统一基本养老保险制度和养老保险自治区级统筹方案》的通知

[67] 关于印发《西藏自治区统一基本养老保险制度和养老保险自治区级统筹方案实施细则》的通知

[68] 西藏自治区人民政府关于印发西藏自治区完善企业职工基本养老保险制度实施方案的通知

[69] 西藏自治区降低社会保险费率综合方案

[70] 陕西省统一城镇企业职工基本养老保险制度实施办法

[71] 陕西省劳动和社会保障厅关于严格执行养老保险省级统筹政策规定有关问题的通知

[72] 甘肃省国有企业职工养老保险金省级统筹办法

[73] 甘肃省基本养老保险省级统筹基金调剂管理暂行办法

[74] 甘肃省人民政府办公厅关于印发《完善企业职工基本养老保险制度实施办法》的通知

[75] 甘肃省降低社会保险费率综合实施方案

[76] 青海省人民政府关于印发青海省深化企业职工养老保险制度改革办法的通知

[77] 青海省人力资源和社会保障厅关于公布2015年度全省企业职工基本养老保险缴费基数等有关事项的通知

[78] 宁夏回族自治区人民政府关于建立统一的企业职工基本养老保险制度的实施意见

[79] 宁夏关于贯彻落实《自治区人民政府关于推进完善全区企业职工基本养老保险省级统筹制度的实施意见》有关问题的通知

[80] 新疆维吾尔自治区人民政府关于企业职工基本养老保险实行自治区级统筹有关问题的通知

[81] 新疆维吾尔自治区人民政府办公厅关于印发《自治区降低社会保险费率实施方案》的通知

后　记

　　历经三个春秋，本书的撰写工作终于接近尾声。这是我独立撰写的第二本专著，也是专门针对养老保险领域撰写的第一本专著。曾记得当年进入该领域的研究纯粹是出于巧合，时间回到 2010 年，正值我开始通过硕博连读的形式攻读博士学位期间。我的博士生导师刘长庚教授在研究收入分配问题时敏锐地察觉到企业职工基本养老保险缴费率过高的问题，并坚定地认为沿着这一方向进行研究将会大有收获，很荣幸，导师将这一研究任务分配给了我。然而，当时受研究能力所限，刚开始在这一块的研究并不顺利，也未能在短时间内取得预期成果。很大程度是因为当时我感觉自己对这一研究领域相对陌生，故而花了大量的时间来阅读相关文献和厘清研究脉络，并及时跟踪相关研究信息和政策。在有了这些知识积累和储备之后，我也越来越感觉到这一研究领域的魅力，并积极投身于这一领域的研究。

　　功夫不负有心人，在导师的指导下，2013 年与导师合作撰写了一份全国政协提案提交到了当年的两会，主题就是建议适当降低企业职工基本养老保险企业缴费率，这一建议得到了国家相关部门的高度重视和肯定性回复。从后面国家出台的政策文件来看，基本养老保险企业缴费率确实在不断下降，从 20% 下调至了19%，后来又进一步下调至 16%。当然，这是该领域有关的专家和学者共同推动的结果，也是国家和相关部门科学决策的结果，我们的研究可能仅仅起到了一点点推动作用，更有可能的是这一作用微乎其微。尽管如此，看到这一政策走势与自己的研究相一致，我的内心还是无比高兴的，这也更加坚定我在养老保险领域进行深入研究的信心和决心。后来，我在 2014 年发表了有关养老保险的 2 篇论文，并在此后逐步出来了更多自己研究的成果，对该领域的研究也越来越深入。

　　博士毕业入职湖南科技大学以后，我依然沿着这一领域进行研究，并先后获得了与此研究相关的 8 项科研项目的立项，其中，2 项为国家级项目。非常感谢这些基金项目的资助，给我提供很好的科研环境和条件，让我能够在这一领域进行潜心研究。本书的研究很大程度上也是国家社科基金项目资助的结果，是在研究报告的基础上修改后得来的。值得一提的是，在本书的定题、撰写和修改过程中得到了我的博士生导师刘长庚教授的精心指导和帮助，能够在这一领域取得这些成果离不开刘长庚教授对我的长期关心和支持。在本书的出版过程中，本书得到了湖南科技大学社科处的大力支持，也得到了学院领导和同事们的悉心帮助，在此深表谢意。我带的研究生包括黄宇轩、王玺宁、黄文强、黄佳雯等参与了本书的校对，感谢他们出色的助研工作。另外，本书能够顺利出版也得到了出版社相关人员的帮助和指导，对他们认真负责的态度和细致入微的服务也表示衷心的感谢。最后，我要特别感谢我的家人，是他们在背后默默地支持，我才能在这一研究领域持之以恒地进行研究，才能心无旁骛地完成本书的撰写工作。

张松彪

2022 年 8 月